세계의 정치는 어떻게 움직이는가

세계의 정치는

남태현 지음

어떻게 움직이는가

창비

1992년의 종숙과 2017년의 종숙에게

2016년 가을부터 대한민국은 대통령 탄핵정국으로 휘몰아쳤습니다. 대통령의 선출되지 않은 측근이 국정을 농단한 사실이 밝혀졌죠. 시민들은 부도덕한 대통령을 끌어내리기 위해 촛불을 들고 매주 광장에 나왔습니다. 하지만 한쪽에는 박근혜를 '마마'라고, 우병우를 '영웅'이라고 부르며 정권교체를 종북세력의 음모로 몰아붙이는 이들도 있었습니다. 반대쪽에선 그들을 가리켜 돈 받고 시위에 나온다며 조롱하기도 했습니다. 하지만 촛불 집회 참석자의 진정성만큼이나 뜨거웠던 것이 많은 태극기 시위자의 애국심이었습니다. 이쪽에서 보면 저쪽의 억지가 어디서 나올까 신기할 따름이죠.

돌이켜보면 저도 말도 안 되는 억지를 부리곤 했습니다. 어렸을 때 북한 사람은 빨간 피부를 가진, 사람 아닌 사람이라고 생각했습니다. 박정희가 암살됐을 땐 김씨 성의 학교 친구에게 화를 냈습니다. 주한미군 방송이 나오던 2번 채널을 통해 미국을 동경하기도 했죠. 꼬마가 어떻게 그랬을까 싶지만, 그때는 자연스러웠습니다. 저만 그런 것도 아니었죠. 많은 이들이 사회와 정치에 대한 생각을 공유하고 있습니다. 어린 시절 저 역시 그 사회의 일부였죠. 공산당을 때려 부숴야 한다는 사회적 메시지와 절박함을 소년이 거부하기란 쉽지 않습니다.

이런 생각·억지·사상은 어느 사회에나 존재합니다. '사회가 어떤 방향으로 어떻게 가야 하는가'에 대한 집단적 사고, 즉 정치 이데올로기는 그런 면에서 우리 사회를 거울처럼 반영하면서 동시에 횃불처럼 비춘다고 하겠습니다. 그래서 학교와 책에서 플라톤이 뭐라고 했는지, 맑스가 뭐라고 했는지를 탐구합니다. 성리학을 되짚어보기도 하고 실사구시를 논하기도 하죠.

하지만 정치 이데올로기의 내용을 넘어서는 이해가 필요합니다. 정치 이데올로기의 특성인 사상적 동질성은 그 내용만큼이나 중요하기 때문이죠. 박정희의 한국사회가 공유하던 반공정신과 박근혜의 대구가 공유하는 보수주의. 이런 사상적 동질성이 당연한 듯 보일 수도 있지만 사실 자연스러운 것은 아닙니다. 저녁 메뉴 정하는 데만 한시간을 쓰는 게 사람이죠. 주변 친구들을 돌아보면 취미도 다 제각각 입니다. 다양성과 이질성이 자연스러운 상태이며, 애국가만 울리면 모두 일어서는 행태와 여기에 녹아 있는 동질성은 자연스럽지 않은 상태입니다.

그러므로 정치 이데올로기의 내용뿐 아니라 전파되는 과정과 결과 또한 꼭 고찰해보아야 합니다. 그래야 정치 이데올로기의 온전한 모습을 드러낼 수 있습니다. 그 온전한 모습이란 우리 곁에 살아 있는, 하나의 도구인 정치 이데올로기죠.

이런 생각으로 이 책을 썼습니다. 그래서 정치 이데올로기가 어떤 내용인지를 알아보는 것을 넘어 누가 어떻게 정치 이데올로기를 가지고 선동하는지, 그래서 그 사회에는 어떤 결과가 일어나는지를 탐구하려 노력했습니다.

사실 한국에 사는 한 누구나 정치 이데올로기 문제를 생각할 수밖에 없습니다. 사상 대결로 혹독한 전쟁을 치렀고, 그 때문에 아직도 우리는 사상 대결에 익숙하니까요. 다만 이 책을 통해 우리가 느끼고 보아온 현실이 조금 더 뚜렷하게 조명되면 좋겠다는 바람입니다.

영화가 감독만의 것이 아니듯 책도 저자만의 것은 아닙니다. 황혜숙, 최지수, 김정희를 비롯한 창비의 많은 분의 성원과 도움으로 이 책을 시작하고 끝낼 수 있었습니다. 권오재 솔즈베리 연구교수도 한 장을 꼼꼼히 살펴주셨습니다. 인용한 글의 수많은 저자 덕에 집필이 가능했습니다. 글을 쓸 수 있게 도와준, 첫 원고를 보아준 아내, 김종숙이 없었다면 이 책은 없었을 겁니다. 이 모든 분께 깊은 감사를 드립니다.

수많은 선생님과 교수님의 관용과 배려 덕에 제가 이 자리에 있음을 다시 한번 기억합니다. 그리고 학생들 덕에 더 많은 생각을 할 수 있는 복도 누렸습니다.

수많은 분의 피와 인내로 한국사회가 이만큼 왔음을 생각하면 감격스럽고 숙연해집니다. 그 선배님들과 동료 시민에게도 머리 숙여 감사를 드립니다.

2017년 여름, 더운 서재에서 남태현 드림

1부

정치
이데올로기

1장

정치 이데올로기란

정치 이데올로기의 무거움

'정치 이데올로기' 또는 '정치사상'이란 참 무겁게 다가오는 말입니다. 느낌만 무거운 게 아니라 이 사상을 담은 책의 무게도 그렇습니다. 정치학을 전공하면 누구나 정치사상을 다루는 수업을 필수적으로 듣게 되어 있습니다. 한국도 그렇고 미국도 그렇죠. 정치사상 교과서는 다른 교과서에 비해 유난히 두껍고 큽니다. 무게도 보통이 아니고요. 과장을 살짝 보태면 보통 교재 두배 정도 되지 않을까 합니다. 그 무거운 책에 그림이나 차트는 코빼기도 보이질 않습니다.

교과서 무게만 많이 나가는 게 아닙니다. 내용도 묵직합니다. 플라톤 『국가론』, 아리스토텔레스 『정치』 등 고대 그리스의 정치사상가들로부터 시작해 아우구스티누스의 『신국』, 마키아벨리의

『군주론』으로 이어지고 홉스의 『리바이어던』, 로크의 『정부론』, 루소의 『사회계약론』으로 넘어갑니다. 그런 뒤 맑스의 『자본론』으로 끝나는 것이 정석이죠. 동양 정치사상은 공자·맹자의 유교에서 시작해 도교 등으로 방향을 튼 다음 퇴계와 율곡에 이어 실학과 정약용이 나오고 개화파로 끝을 내는 게 보통이고요. 동서양을 막론하고 중·고등학교에서 이름을 들어본 듯한 철학자들이 몇천년을 거슬러 전부 소환됩니다. 소개되는 이들의 책 하나하나는 당대의 대표작이자 지금까지 세월을 뛰어넘어 살아남은 '고전'들이죠.

한국에는 정치 이데올로기를 더욱 무겁게 하는 추가적 요소가 있습니다. 바로 우리의 현대사입니다. 한반도 현대사는 크게 보면 미국과 소련의 냉전The Cold War과 궤를 같이 합니다. 2차 세계대전이 끝나가면서 미국과 소련의 대립이 서서히 첨예해졌고, 곧이어 한반도는 분단의 길로 내몰렸습니다. 오랜 군사독재를 거치며 우리는 공산주의를 이데올로기로서 이해할 기회를 박탈당했고, 북한의 정신으로 이해하기를 강요받았습니다. '공산주의자' '사회주의자' '빨갱이' 등의 딱지가 붙는 순간 자기 안위뿐 아니라 친지의 안녕도 빼앗기는 세월이 이어졌습니다.

"사람들은 사상문제하면 좌익을 떠올렸고, 좌익 하면 아는 척도 들은 척도 본 척도 하지 말아야 한다고 못 박혀 있었다. 똑똑한 사람치고 좌익 안 한 사람 없고, 좌익 안 해가지고는 똑똑하다는 말 못 듣는다는 말은 해방이 되고 얼마 동안까지만 통한 말이었고, 경찰에서 본격적으로 잡아들기 시작하면서부터는 좌익 해서 남아나는 집 없고, 좌익 해서 목숨 부지하는 사람 없다는 말로 변하게 되었다."[1]

조정래의 『태백산맥』에 나오는 구절입니다. 당시 사정이 어땠는지 막연하게나마 짐작할 수 있게 해줍니다. 지금은 좀 덜해진 듯해도 통합진보당이 공개적으로 해체된 것, '종북좌파'라는 딱지가 남발되는 것을 보면 한국은 아직 냉전의 그늘에서 벗어나지 못했다는 사실을 새삼 되새기게 됩니다. 2017년 탄핵정국에서도 박근혜 지지자들은 헌법재판소 심리를 '인민재판'이라며 폄하했죠. 자신의 이데올로기에 갇혀 상대방에 대한 비방만 늘어놓는 것은 인터넷, 길거리, 심지어 국회 본회의장에서도 흔히 볼 수 있습니다. 슬픈 일이죠. 이는 저급한 정치문화 형성의 원인이 되고, 더 나아가 생산적인 담론과 토론의 생성을 방해합니다.

소위 '수구꼴통'이라는 이름을 붙여, 그들을 바보로 여기는 목소리도 흔합니다. 그 사람들은 바보니 다 무시하고, 바보 아닌 사람들하고만 사회를 이룰 수 있을까요? 가능하지 않지만, 그런 사회를 만든다 칩시다. 그렇다면 우리가 갖고 있는 문제들이 같이 사라질까요? 그럴 리가 없습니다. 반대로 '종북좌빨'이라는 딱지를 붙여, 그 사람들을 다 내쫓았다고 칩시다. 그러면 다음날부터 남한이 온전한 사회로 잘 굴러갈까요? 어느 경우든 말이 안 되죠. 종북좌빨이든 수구꼴통이든, 대립되는 의견을 지닌 사람들이 평화롭게 공존할 수 있는 사회를 만들어야 한다는 것을 우리는 현대사의 질곡을 통해 뼈저리게 배웠습니다. 나와는 다른 이들을 처단하고 몰아내고자 하는 욕망은 역사 속에서 김구와 여운형의 암살, 제주 4·3사건, 한국전쟁 등으로 드러났죠. 우리가 이러한 역사를 겪으며 민주체제[2]를 정착시키고도 일차원적 논쟁에 매몰되어 있는 것은 안타깝고 걱정스러운 일입니다.

부정의 정치

'일차원적 논쟁'의 또다른 문제는 이것이 '뺄셈'의 논의, 즉 '부정'의 논의라는 데 있습니다. 수구꼴통이라고 조롱하고 종북좌빨이라고 욕하는 사람들이 원하는 것은 상대방이 '없는' 사회인 듯합니다. 즉 이는 내가 싫어하는 것이 없는 사회를 추구하는 논리이지 내가 원하는 것이 무엇인지를 밝히는 논쟁이 못되는 것이죠. 이런 식의 논쟁은 그 전통이 오래됐습니다.

1956년 당시 제3대 대통령 선거를 앞두고 야당인 민주당 신익희·장면 후보는 "못 살겠다 갈아보자"라는 구호로 시민들의 눈길을 끌었습니다. 물론 갖가지 공약을 내놓기는 했지만 이들의 핵심 비전은 '이승만 없는 사회'였죠. 폭압을 일삼는 정권을 교체하는 것은 당연하고도 당면한 과제였으나, 이를 강조하는 만큼 부정의 논쟁에 스스로를 가둘 수밖에 없었죠. 1971년 대선에서도 김대중 후보는 "이번에 정권 교체를 하지 못하면 이 나라는 박정희 씨의 영구집권의 총통 시대가 오는 것입니다"라며 목청을 높였고, 박정희 측은 "전라도 놈"의 집권을 막는 데 초점을 맞췄습니다.[3]

1980년대 민주화 항쟁에서도 쌍방 부정의 논쟁은 계속되었습니다. 민주화 요구가 거세지자 1987년 4월 전두환 대통령은 "평화적인 정부 이양과 서울올림픽이라는 양대 국가 대사를 성공적으로 치르기 위해서 국론을 분열시키고 국력을 낭비하는 소모적인 개헌 논의를 지양할 것을 선언"한다며 민주화 요구 자체를 부정했고, 이후 이어진 6월항쟁의 핵심은 자연스레 전두환 정권 타도가 되었습니다. 이때의 대표적 구호는 "호헌철폐, 독재타도"였죠.

민주체제가 성립되지 않은 상태에서 이런 식의 부정의 논쟁 말고 정책에 관한 토론은 쉽지 않았습니다. 정책 논의란 유권자들에게 검사받는 일기장과도 같은 것인데, 명맥유지에만 급급한 야당이나 아직 성숙하지 못한 시민사회 모두에게 이는 벅찬 일이었습니다. 생존을 위한 부정이 주를 이룰 수밖에요. 권위주의적 여당 및 각계 지도자들에게도 정책은 일방적으로 하달하는 것일 뿐, 반대 목소리를 듣고 토론을 통해 합의를 이끌어낸다는 생각은 없었습니다.

민주화 후에도 부정의 논쟁은 쭉 이어졌습니다. 그 대표적 예가 '정권심판론'입니다. 선거 유세를 들어보면 정권의 실정을 지적하고 대안을 제시하는 대신 '정권을 심판해야 한다'는 메시지만 요란한 경우가 많습니다. 2014년 6월 열렸던 지방선거에서 야당들은 정부와 새누리당의 무능이 드러났다며 정권심판을 위해 자신들을 뽑아달라고 했습니다. 이는 김한길, 안철수 새정치민주연합 대표나 통합진보당의 이정희 대표 모두 비슷했습니다. 물론 세월호 참사 때 드러난 정부의 무능함은 상상을 초월했죠. 선거를 통해 정부의 책임을 묻자는 야당 측 요구는 당연한 것이었습니다. 하지만 야당들은 현 사태를 수습할 방법과 미리 예방할 방도를 제시하는 대신 주로 상대를 부정하는 전략을 택했죠. 박근혜도 마찬가지였습니다. 2006년 지방선거에서 당시 한나라당 대표였던 박근혜는 노무현정부를 비판하며 "이런 정권을 심판하지 않는다면 우리의 미래는 없을 것"이라고 외쳤습니다. 정책의 성공과 실패에 대해 논하는 대신 레임덕에 시달리던 노무현 대통령을 물고 늘어진 결과 한나라당은 전남·전북을 제외하고 서울을 비롯한 전국에서 대승을 거두었습니다.

부정의 논쟁은 그 자체로 반드시 나쁜 것만은 아닙니다. 하지만 앞서 말했듯, 이런 식의 논쟁은 정작 필요한 대안을 내놓지 못한다는 데 함정이 있습니다. 서로 부정하려고만 하니 정작 '무엇을 하려는 것인가'를 물으면 갑자기 질긴 고기를 씹는 듯 조용해지죠. 새누리당이나 민주당이 추구하는 사회는 어떤 것인가요? 새누리당에서 떨어져 나간 바른정당, 민주당에서 나간 국민의당의 비전은 무엇인가요? 분명하지도 않고 서로 크게 다르지도 않습니다.

추구하는 비전이 명확하지 않다는 점은 미국과 비교해보면 더욱 잘 드러날 듯합니다. 정쟁의 치열함과 비열함은 미국도 더하면 더했지 못하지 않습니다. 하지만 이들은 지향점이 분명하다는 점에서 한국과 다르죠. 미국 정치의 두 축은 민주당Democratic Party과 공화당Republican Party입니다. 두 당이 국회와 대통령직을 독점해왔으니까요. 그만큼 두 정당 간 경쟁은 치열합니다. 크고 작은 일마다 서로 사사건건 물고 늘어지는 것은 한국과 크게 다르지 않습니다.

2014년에 큰 사건이 있었습니다. 이라크 내전이 재현되려는 조짐이 보였던 것이죠.[4] 2014년의 무장봉기는 여러 면에서 놀라운 것이었습니다. 공개처형 등 극단적 행동을 일삼아 심지어 알카에다로부터도 외면받은 '이라크·레반트 이슬람국가'Islamic State of Iraq and the Levant, ISIL 는 전광석화 같은 군사작전으로 북부에 위치한 이라크 제2의 도시 모술을 며칠 만에 손쉽게 점령했죠. 이후 파죽지세로 남진, 주요 도시들을 하나하나 점령하고 14일에는 수도 바그다드 코앞까지 밀고 내려왔습니다.[5] 미국이 지난 10여년간 돈과 시간을 들여 양성한 이라크 군대는 괴멸됐죠. 게다가 이들의 극단적 행적이 잘 알려져 있음에도 수니파 시민들은 이들의 진격을 환영하기까지 했습니다. 이라크라는 나라의 존속 자체가 위협받는 상황이었죠. 일이 이렇게 악화되자 공화당은 들고일어나 민주당의 오바마 행정부를 맹비난했습니다. 2011년 미군이 철수할 때 최소한의 미군을 남겨놓고 나왔어야 했지만 오바마가 성급하게 철군을 단행하는 바람에 일이 이렇게 됐다고 주장했습니다. 백악관과 민주당은 이번 사태는 이라크 정부의 잘못이라며 선을 그었죠. 따지고 보면 일이 이렇게 된 것은 후세인 대통령을 무력으로 몰아낸 2003년 미국의 이라크 침공과 점령에 원인이 있습니다. 이 모든 것을 딱 잘라먹고 전쟁을 끝낸 오바마를 비난하는 것은 사실 억지지만 공화당은 신나서 정치 공세를 펴부었죠.

이민 규제에서도 민주당은 이민자에게 시민권을 부여하는 방안을 모색하고자 했지만 공화당은 말도 안 되는 소리라며 일축하고 있습니다. 2016년 대선에서 도널드 트럼프 Donald Trump는 무슬림의 이민은 무조건 금지하고, 멕시코 국경에는 높은 담을 쌓아야 한다고 목소리를 높였죠. 대통령 당선 직후 트럼프는 발빠르게 움직였습니다. 이란·이라크 등 일곱개 무슬림 국가 시민의 미국 입국을 금하고 난민 입국도 완전 봉쇄했습니다. 당장 공항에서 난리가 났고 민주당과 인권단체들의 성토가 이어졌습니다. 그뿐만 아니라 의료보험 개혁, 총기 규제, 동성결혼, 경기 부양 등 민감한 사안에서 양측의 충돌은 끊이지 않죠.

양당 지지자들의 사이도 비슷합니다. 가족들이 모여 뉴스를 보다 감정이 상하는 것도 종종 있는 일입니다. 특히 2016년 대선 때는 명절 가족모임을 취소하는 일도 벌어졌죠. 하지만 한국과 결정적으로 다른 점은 이들이 지향하는 바가 비교적 뚜렷하다는 것입니다.

공화당과 민주당의 지향점

공화당이 원하는 미국은 중앙정부 개입이 최대한 제한되고 개인의 자유가 최대한 보장된 사회입니다. 이들은 기본적으로 연방정부에 깊은 회의를 가지고 있습니다. 나라가 워낙 큰 탓도 있죠. 동부의 뉴욕과 알래스카 북부 도시 페어뱅크스는 전혀 다른 미국입니다. 애초에 연방정부에 모든 것을 기댈 수도 없는 상황이고, 그 역할도 제한적일 수밖에 없다고 공화당은 봅니다. 이들은 연방정부와 국가는 개인과 기업의 자유와 안전을 보장하는 역할에 머물러야 한다고, 지방 일에 연방정부가 개입하면 오히려 부정적 결과를 낳기 쉽다고 주장합니다.

극단적 예로 2016년 초, 미국 북서부 오리건주에서 총기로 중무장한 사람들이 연방정부의 지나친 간섭을 비난하며 국립공원 일부를 점령한 일도 있었습니다. 내 총으로 내 가족과 권리를 지키고, 내 일은 누구의 간섭도 받지 않고 스스로 한다는 '공화당 정서'와 딱 맞아떨어지는 이 사태에 공화당 측이 지지를 보낸 것은 물론이죠.

미국은 헌법이 총기 소유를 보장하고 있는 터라 총기사고와 범죄가 끊이지 않죠. 그러니 정부가 규제해야 한다는 목소리가 힘을 얻을 법도 한데 생각보다 반대가 만만치 않습니다. 바로 공화당의 반대 때문이죠. 그 논리가 놀랍습니다. 총기사고와 관련 범죄는 '나쁜' 사람들이 총을 가졌기 때문이며, 해결책은 규제 완화를 통한 '착한' 사람들의 무장 확대라고 주장합니다. 그 덕에 캔자스 등 공화당 강세의 주에서는 총기 휴대가 아주 쉬워졌죠. 2017년 여름부터는 총을 휴대한 학생들이 강의실에 들어와도 막을 수가 없게 됐습니다.

총기 규제만큼 뜨거운 감자는 의료보험입니다. 민주당의 오바마 정부는 의료보험제도에 적극적으로 개입해 보험 가입자 수를 대폭 늘렸죠. 공화당은 이 또한 연방정부의 쓸데없는 간섭이라며 비판해왔습니다. 공화당은 2016년 선거 이후 백악관과 의회를 모두 장악하자 '오바마케어'의 철폐를 지상 과제로 삼아 맹렬히 추진하고 있습니다.

그럼 이들과 대척점에 서 있다고 할 수 있는 민주당의 주장은 어떨까요? 민주당이 추구하는 사회는 공화당의 비전과 많이 다릅니다. 단순화한다면 '적극적인 연방정부 개입을 통해 복지를 증진하는 사회'를 지향한다고 말할 수 있습니다. 위에서 논의한 총기 문제를 보면 공화당과의 차이가 확 드러납니다. 민주당은 '백그라운드 체크'Background check, 신원 확인 등 다양한 정부 규제를 통해 문제를 해결하고자 하죠.[6] 2012년 코네티컷의 샌디훅 초등학교에서 20명의 어린 학생들을 비롯한 26명이 정신질환을 오랫동안 겪어온 사람에게 사살되었고, 그 사건으로 미국은 깊은 충격에 빠졌습니다. 오바마 대통령은 이 사건이 반복되지 않도록 총기 규제를 강화해야 한다면서 일련의 법안을 내놓았습니다. 그 주요 내용을 살펴보면 1) 사적 매매에서도 백그라운드 체크 적용 2) 공격용 라이플의 판매금지 3) 탄창 내 탄환 10발로 제한 4) 정부부처 간 총기와 총기 소유자에 대한 정보 공유의 확대 등이 있습니다.[7] 경제도 마찬가지입니다. 2014년 오바마 대통령은 행정명령을 통해 연방정부의 시간당 최저 임금을 7.25달러에서 10.10달러로 올렸습니다. 이 조치는 연방정부와 고용관계를 맺은 사업체에만 국한되지만 정치적으로 큰 파장을 일으켰습니다. 최저임금의 득과 실에 대한 대대적인 논의가 이어졌고, 시애틀과 미시간 등 지방정부에서도 비슷한 조치가 뒤따르면서 최저임금 인상이 탄력을 받았죠.

오바마와 민주당의 이러한 정책 드라이브는 자유 시장경제가 빈곤 문제를 스스로 치유할 수 없다는 인식에 기반을 둔 것입니다. 자료를 보면 미국 경제는 꾸준히 성장해왔습니다. 흔히 하는 말로 '파이의 크기'가 커진 것이죠. 하지만 커진 파이는 부자들을 더 큰 부자로 만들었고, 가난한 사람들 몫으로는 점점 더 작은 부스러기가 떨어졌습니다.[8] 개인과 기업의 자율에 맡기면 힘이 센 이들이 굳이 약자를 보호할 이유가 없고, 결국 강자는 더욱 강해지고 약자는 더욱 약해지는 것이 자연스러운 결과죠. 그러니 최저임금의 보장 및 인상과 같은 연방정부의 개입이 꼭 필요하다는 것이 민주당의 주장입니다.

공화당과 민주당, 어느 쪽 주장이 옳으냐는 질문에 답하기란 쉽지 않습니다. 다만 여기서 우리가 관심을 가져야 할 것은 공화당과 민주당의 명확한 '지향점'입니다. 각자 지향점이 다르니 정책도 다를 수밖에 없죠. 시민들 누구나 각 당이 어떤 사회를 꿈꾸는지 대략적으로나마 이해하고요. 공화당의 주장에 기회를 주고, 잘되지 않으면 민주당이 지향하는 바를 따라가봅니다. 그 반대의 경우도 일어납니다. 서로 다른 대안이 있기에 비교도 가능합니다. 비교를 해봐야만 어느 쪽 안이 더 나은지 알 수 있고, 그런 비교와 경쟁을 통해 더 발전된 사회를 모색할 수 있습니다.

저쪽이 무조건 틀리니 나를 따르라고 말하는 것보다는, 저쪽보다는 내 말이 더 옳으니 나를 따르라고 말하는 것이 낫습니다. 부정의 정치보다는 '지향의 정치'가 좀더 생산적이라는 데에 이론의 여지가 있을 수 없겠죠.

정치 이데올로기의 개념

정치 이데올로기란 한 집단이 지향하는 이상적 사회의 모습과 그 사회를 이루기 위한 주된 방법에 대한 비전을 말합니다.[9] 미국 민주당 정치 이데올로기는 '적극적인 중앙정부의 개입을 통한 개인의 복지를 증진하는 사회'죠. 지향하는 바는 '개인의 복지 증진'이고 그 주된 방법은 '중앙정부의 다양한 개입'입니다. 여기서 구체적 정책(총기 규제, 최저임금 확보 등)도 나옵니다. 이렇게 지향점과 해법을 구체적으로 제시한다는 측면에서 정치 이데올로기는 현실적으로 큰 의미가 있습니다. 책 안에만 머무르는 것이 아니라, 의회에서 논의되고 사람들의 일상생활에 영향을 미치니 중요할 수밖에요.

정치 이데올로기의 핵심은 군중의 '선동'과 '동원'입니다. 선동과 동원이라는 단어는 '사람들을 꼬드기고 속인다'는, 부정적 이미지가 강하죠. 하지만 거대한 군중사회에서 선동과 동원은 항상 일어나고, 개인도 여기에 알게 모르게 동조 또는 기여를 하고 있습니다. 예를 들어 '선거는 민주주의의 꽃'이라는 명제에, 민주체제의 시민이라면 대부분 동의할 것입니다. 구체적 검증이나 토론 없이 받아들여지고 있는 대표적 명제죠. 어째서 민주주의의 꽃이 선거인지, 꽃이라면 얼마나 아름다운 꽃인지, 얼마나 큰 꽃인지, 선거 말고 다른 꽃은 없는지, 혹시 그 꽃 때문에 해로운 벌레가 꼬이지는 않는지, 꽃 말고 뿌리가 더 중요한 것은 아닌지 등에 대한 논의는 아예 해볼 생각도 하지 않는 경우가 대부분입니다.[10] 심지어 선거 결과에 몇번이나 실망하고, 선거 자체에 회의를 갖는 경우가 있더라도 대부분 그 선에서 멈춥니다. 즉 우리는 '선거'라는 것을 습관적으로, 당연하게 받아들입니다. 민주체제가 우리 사회의 지향점이고 선거는 이를 유지하는 데 있어서 가장 중요한 수단이라는 인식이 깊이 깔려 있는 것이죠. 이는 학습을 통해 내재화한 인식입니다.

돌이켜볼까요. 어렸을 때부터 학교에서 선거의 중요성을 학습합니다. 교과서를 통해, 시험을 통해, 반장선거를 통해 선거라는 제도가 가장 공정하고 훌륭하다고 끊임없이 곱씹게 됩니다. 학교 바깥은 말할 것도 없죠. 정부·방송·신문·부모·친구 등 사회 전체가 때만 되면 선거의 중요성을 일깨웁니다. 그 메시지는 초등학교 때 들은 것과 그렇게 다르지 않죠. 그리고 다들 이렇게 말합니다. "투표했어?"라고요. 이런 식으로 선거의 미담에 평생 노출되고 나면 선거는 나에게 당위가 됩니다. 선거에 참여하는 것이 의무이고 안 하면 어쩐지 찜찜한 느낌마저 들죠. 이런 논의가 민주주의를 폄하하는 듯해 거북하게 느껴질 수도 있지만, 그러한 거북함 또한 정치 이데올로기로서 민주주의가 내재화되었음을 드러냅니다.

위의 예처럼 한 이데올로기가 사회 전반에 강력한 세력을 떨치고 있으면 이에 반하는 정치 이데올로기는 그만큼 괄시를 받는 것이 보통입니다. 위에서 미국의 예를 들었으니 좀더 덧붙여보겠습니다. 공화당과 민주당이 서로 물고 뜯는 데 정신없긴 하지만 이 둘은 중도보수당이라는 중요한 공통점을 가지고 있습니다. 사회 변혁보다는 기존 질서 유지를 기본 목표로 한다는 것이 비슷하죠. 급진적 사회개혁을 추구하는 공산당이나 사회주의 정당과는 큰 차이가 있습니다. 오바마에게 쏟아지는 사회주의자라는 '비난'은, 사실 오바마에게나 사회주의자들에게나 다소 억울한 것입니다. 미국 보수 기독교계의 거두인 팻 로버트슨Pat Robert-son 목사도 2012년 오바마 재선 직후 오바마를 사회주의자라며 비난했고, 옛 부시 행정부의 모사였던 칼 로브Karl Rove 도 비슷한 말을 했습니다. '사회주의자'라는 용어가 욕이 되고 이에 반응을 해야 한다는 상황 자체가 코미디입니다. 사회주의는 하나의 정치 이데올로기일 뿐 그 사람의 능력을 평가할 근거는 되지 않으니까요. 예를 들어 같은 사회주의를 따랐음에도 브라질의 룰라Luiz Inacio Lula da Silva 대통령은 최고의 인기를 누렸지만 그 뒤를 이었던 호세프Dilma Vana Rousseff 대통령은 각종 문제와 도전에 시달리다 결국 해임됐습니다. 한편 미국 사회에서 사회주의라는 정치 이데올로기는 대통령마저 부담을 느낄 만한 것입니다. 전국구 정치인 가운데 "나는 사회주의자다"라고 말하는 사람은 2016년 대선 때 유명해진 샌더스Bernard Sanders 의원 말고는 거의 없죠. 중도보수의 정치 이데올로기와 기독교 전통이 강한 탓에 우파 쪽으로 크게 쏠려 있는 미국 정치 이데올로기 지평에서 좌파는 설 자리가 작은 것입니다.

＊＊＊

이렇듯 정치 이데올로기는 따르는 사람의 수가 관건입니다. 따르는 사람이 많을수록 선동과 동원이라는 측면에서 효율성 및 효용가치가 높아지고 따르는 사람의 수가 더욱 늘어날 가능성이 많습니다. 거꾸로 인기 없는 정치 이데올로기는 따르는 사람이 적으니 그 효용가치도 떨어지는 것이 보통이죠. 자연히 정당 등 정치단체들은 자신의 정치 이데올로기를 가능한 많은 사람들에게 퍼뜨리려 온갖 노력을 기울입니다. 그래야 사람들이 자신들의 주장을 지지할 테고, 이는 투표와 기부 등의 결과로 이어질 테니까요. 그만큼 정치권력도 성장하고요. 그럴수록 그 정치 이데올로기는 더욱 유용한 도구가 됩니다.

하지만 우리가 잊지 말아야 할 것은 정치 이데올로기가 '도구'라는 사실입니다. 먼 길을 갈 때 차를 타듯 복잡한 사회현상을 생각할 때 이용하는, 좋은 사회에 대한 비전을 제시하여 사고와 토론을 돕는 도구 말입니다. 사람을 죽이고 살릴 만큼 중요하거나 그 자체로 목적이 되어야 하는 무엇은 아닙니다.

2장

정치 이데올로기의 기능

한국처럼 정치 이데올로기에 대한 알레르기 반응이 심한 곳에서는 정치 이데올로기의 '쓰임' 또는 '기능'이라는 말이 어색하게 들릴 수도 있습니다. 하지만 그 쓰임은 우리가 생각하는 것보다 다양하고 일상적이기까지 합니다. 긴장을 풀고 그 기능이 무엇인지 살펴볼까요?

존재론적 효용

사람은 누구나 불확실성에 시달립니다. 당연한 것이죠. 매순간 생존에 집중하는 다른 동물들과 달리 사람은 과거와 현재를 통해 미래를 생각할 수 있는 지각능력이 있습니다. 하지만 미래란 아직 오지 않았다는 본질 때문에 '불투명하게' 보일 수밖에 없습니다. 자연히 불안감을 동반하죠. 미래에 대한 인간의 불안감은 지적 진화의 결과물입니다. 하지만 인간은 지적으로 진화하면서 불안감을 해소할 장치도 만들어냈죠. 종교도 그 가운데 하나입니다. 지금 내 행위를 통해 미래를 조정할 수 있다는 종교의 사탕발림은 인간이 만든 그 어떤 초콜릿보다 달콤한 것입니다. 종교에 개인의 불안을 삭이는 기능이 있다면 정치 이데올로기에는 집단의 존재를 굳건히 해주는 효용이 있습니다. **불확실한 정치 현실에서 확고한 방향성을 지닌, 또는 확신을 가져다주는 정치 이데올로기는 중요할 뿐 아니라 매력적일 수밖에 없습니다.**[11]

현실적 어려움을 뚜렷한 정치 이데올로기를 통해서 극복하는 극적인 예가 바로 북한입니다. 냉전 후 사회주의 국가들의 잇따른 붕괴와 폐쇄된 경제로 궁핍과 가난은 일상화되었죠. 외교적 고립과 문화적 폐쇄성 또한 북한 민중을 괴롭히는 요인입니다. 바깥에서 보면 정말 이해가 가지 않는 나라입니다. 저런 상황에서 김씨 가문이 정권을 유지하는 것은 정말 신기하죠. 소위 전문가들은 북한 정권이 언제 어떻게 붕괴할까를 두고 진지하게 논의하곤 하죠. 하지만 이는 북한 정권을 잘 이해하지 못하는 희망조 토론에 불과합니다. 세워진 지 불과 20년도 안 된 탈레반 정부조차 미국의 공격에도 무너지지 않았죠. 탈레반과 김씨 정권이 버틸 수 있는 가장 중요한 이유는 강력한 정치 이데올로기입니다. 북한의 사상적 기초인 주체사상의 바탕에 민족주의라는 이데올로기가 있는 것이죠.

민족주의는 20세기를 휩쓴 주요 정치 이데올로기였습니다. 민족주의는 이론적으로 두가지 특성을 바탕으로 합니다. 첫째는 집단의 동질성입니다. 둘째는 그 집단이 스스로의 운명을 결정할 수 있는 정치권력을 가져야 한다는 당위죠. 우리는 민족주의에 굉장히 익숙합니다. 고려와 조선조를 거치는 오랜 역사 속에서 한민족이라는 정치 단위로서 동질감이 극대화됐고 일본의 지배를 통해 민족의 정치권력 유지가 얼마나 중요한지를 다시 학습했습니다. 자연히 좌우 가릴 것 없이 민족주의를 받아들였고 해방 직후 이들의 정치세력화가 빠르게 이루어졌습니다. 북한은 김일성의 반일투쟁이 정권 정당성 확보의 기초였던 만큼 그의 투쟁을 건국신화로 격상시켰습니다. 항일혁명을 기리는 혁명전적지를 조성했고, 학교·군대 등 각종 교육기관뿐 아니라 언론·예술 등 모든 매체를 총동원해 그의 항일투쟁을 기렸습니다. 민족주의적 시각에서 보면 한국전쟁 또한 또다른 외세와의 싸움이었죠. 일본에 이어 한민족을 통치하고 있는 미국으로부터 민족을 해방시키기 위해 벌인 무력투쟁이라는 북한의 해석은(북한에서 한국전쟁이 '조국해방전쟁'이라 불리는 이유입니다) 민족주의의 개념에 딱 들어맞는 영웅담이 아닐 수 없습니다.

물질적 궁핍과 외교상의 고립이 가중될수록 민족주의는 더 중요해졌죠. 한민족의 해방을 위해 투쟁하고 있으니 아무리 고생이어도 참고, 해방과 강성대국을 이루는 그날까지 당을 따라야 한다는 '당위'로 밀어붙이는 것이죠. 이 커다란 역사적 과제 앞에서 가난과 식량 부족 등은 넘어서야 할 고난의 일부일 뿐입니다. 정권에 대한 도전은 단지 정치적인 것이 아니라 역사적·민족적 반역이 되는 셈이죠. 북한 정권이 놀라운 안정을 이루어올 수 있었던 것은 사상적 정당성을 확보하기 위한 전방위적 노력 때문입니다. 물론 정치감옥·감시 등 여러 물리적 기제도 안보에 중요하지만, 이러한 정치 이데올로기 없이는 아무리 많은 감옥을 짓고 철저한 감시를 한다 해도 저 정도의 안정을 유지할 수 없습니다. 지난 70여년간 북한이 "사상이 모든 것을 결정한다는 김정일 국방위원장의 사상론"을 따라 정치 이데올로기 공세에 공을 들인 데에는 다 이유가 있었던 것입니다.[12]

하나의 정치 이데올로기가 집단 내에서 존재론적 효용을 갖게 되면 자연히 구성원 개인 차원에서도 중요해질 수밖에 없습니다. 외신에 보도된 북한 주민의 인터뷰를 보면 하나같이 조국에 대한 자긍심이 넘칩니다. 특히 2016년 핵폭탄 실험 성공 후의 반응을 보면 그러한 자긍심이 두드러지죠. 우리는 그것을 보면서 조롱하기 일쑤입니다. '검열을 받았다' '보복이 두려워 진실을 말하지 못하는 것이다' '세뇌를 받아 저렇게 믿고 있는 것뿐이다'라고요. 많은 북한 주민들이 두려움에 떨고 있는 것은 사실입니다. 하지만 많은 이들은 김씨 정권과 자국인 북한을 진심으로 지지하고 있죠. 조국과 정권에 정당성을 주는 순간, 거기에 속한 개인의 존재도 영향을 받을 수밖에 없습니다. 자신이 속한 정치 조직을 비난하면서 자존감을 지키기란 쉽지 않죠. 우리에게는 이와 비슷한 경험이 없을까요? 한 집단의 구성원으로서 존재의 근거를 공급하는 정치 이데올로기를, 구성원으로 남기 위해 소비하는 경험 말입니다.

2014년 6월 월드컵이 한국을 달구었습니다. 16강에 드는 데 실패했지만 매 경기마다 많은 이들이 경기를 관전했죠. 축구를 관전했다기보다는 한국팀을 응원했다는 것이 맞는 표현일지 모릅니다. K리그 관람객 수는 애처로울 정도로 적습니다. 유럽의 꽉 찬 관중석과는 크게 다르죠. 대학 및 고교 축구 등에 대한 사회의 관심은 더더욱 적습니다. 한산한 관중석과 미디어의 무관심이 '기본값'인 상태입니다. 입시에 시달리는 학생들도 예전처럼 축구를 열심히 하지 않죠. 즉 축구는 사실 국내에서 하는 사람도, 보는 사람도 별로 많지 않은 스포츠입니다. 그러면 월드컵 시기 응원의 열기는 어떻게 설명해야 할까요? 그 답은 민족주의 의식을 통해 자신의 존재를 정립하고자 하는 개인의 욕망에 있습니다. 자신이 한민족이라는 정치집단에 속했으니 그 집단이 다른 집단과의 경쟁에서 (그것이 축구든 양궁이든) 이기길 바라고, 그 승리를 자신의 승리로 여기는 것이죠. 축구뿐 아니라 민족의 성과는 어떻게든 부각시키고 싶어하고, 증거가 있든 없든 한민족이 우수하다 믿어버립니다. 자신이 언어학을 공부한 적이 없음에도 한글이 세계 최고의 언어라고 확신하고, 학문 분야에서 노벨상을 받은 사람은 없지만 한민족이 가장 똑똑하다고 믿는 것이 그런 예입니다. 내가 속한 집단과 나를 잇는, 나와 우리 존재를 미화하는 정치 이데올로기의 '존재론적 효용'이 발휘된다는 점에서는 북한이든, 남한이든, 핵폭탄이든, 축구든 별 차이 없습니다.

인간관계에서의 효용

개인의 가치는 어릴 때의 경험에 크게 좌우됩니다. 특히 부모는 개인 성장 과정에서 많은 경우 함께 오랜 시간을 보내므로 지대한 영향을 줄 수밖에 없습니다. 연구에 따르면, 부모와 자식은 비슷한 정치 이데올로기를 가질 때가 많습니다.[13] 가까운 친구들도 서로 영향을 주죠. 그밖에도 개인의 정치 이데올로기에 영향을 미칠 수 있는 사람들은 꽤 다양합니다. 선후배, 직장 동료, 배우자, SNS에서 교류하는 사람 등 주변 사람들에 의해 자신의 정치 이데올로기가 정립되지만 거꾸로 정치 이데올로기가 사람들 사이의 관계에 영향을 미치기도 합니다. 비슷한 정치 이데올로기를 갖는 사람들끼리는 아무래도 더 편할 수밖에 없죠. 세상을 보는 눈이 비슷하니 그만큼 이견도 적고, 이는 관계를 발전시킬 디딤돌이 될 수 있습니다. 물론 그런 디딤돌이 될 수 있는 사회적 기제는 다양합니다. 취미가 같다든지, 자식들이 같은 학교에 다닌다든지 하는 것들 말입니다. 정치 이데올로기는 그 사회적 중요성, 그리고 선택지가 많지 않다는 특징 때문에 여러 디딤돌 가운데서도 눈에 띄죠.

취미와 비교해보죠. 최근 인기를 끌고 있는 브라질리언 주짓수를 예로 들어볼까요? 이 운동을 좋아하는 사람끼리 만나면 할 이야기가 정말 많습니다. 유도와 같은 뿌리에서 나온 이 무술은 관절을 꺾고 목을 조르는 등 거친 운동인데, 계속 진화하는 터라 앉아서 이야기할 것도 많고 수련자들의 자부심도 대단합니다. 그렇다고 해서 주짓수를 모르는 사람들을 이상하게 보지는 않죠. 개인적으로는 무척 중요하지만 사회 전체에 주짓수가 근본적 영향을 미치지 않는다는 것을 아니까요. 정치 이데올로기는 브라질리언 주짓수와는 다릅니다. 같이 술을 먹다가 일행 가운데 한 사람이 "저것도 대통령이라고"라면서 자신과 다른 정치 이데올로기를 드러내면 심기가 굉장히 불편해집니다. 내가 주짓수를 좋아하고 저 사람이 바둑을 좋아하는 것과는 완전히 다른 상황이죠. 그뿐 아니라 정치 이데올로기는 선택지가 많지 않습니다. 보통 한 사회에 크게 네댓개 될까요? 한국의 경우 대부분 중도우파와 중도좌파에 속합니다. 편이 갈리기 쉬운 만큼 더 눈에 띄고 내 편과 저쪽 편이 확실히 구분되죠. 하지만 취미의 경우 주짓수라고 해봐야 수많은 격투기 종목 중 하나에 불과하고 격투기 외에도 너무나 다양한 취미가 있습니다. 구기(골프·축구·야구·농구·배구 등)가 있고 요즘은 사이클도 인기더군요. 등산·수영·산책도 많이들 합니다. 하지만 이것은 스포츠에만 국한된 취미를 나열한 것뿐입니다.

세상에는 수없이 많은 취미 활동이 존재하죠. 너무나 많은 선택지가 있고 각각의 취미들이 그 사람의 정체성이나 가치관을 직접 드러내지는 않기 때문에 상대를 판단하는 기준으로 삼기에 적절하지 않습니다. '난 자유한국당 지지자야'라는 말과 '난 바둑 두는 게 좋아'라는 말의 무게는 다를 수밖에 없습니다. 정치 이데올로기의 경우 변수가 작기 때문에 상대방의 정체성을 이해하는 데 큰 도움을 줍니다. 이를 선입견이라고 부를 수도 있고, 이러한 판단으로 인해 차별이 발생할 수도 있습니다. 인간관계를 맺는 데 정치 이데올로기는 알게 모르게 큰 영향을 미칩니다.

　정치 이데올로기가 인간관계에 직접적으로 영향을 미친다는 증거는 여러 연구에서 나타났습니다. 미국의 최근 연구에서는 사람들이 정치 이데올로기가 비슷한 이웃과 살고자 하는 욕구를 지니고 있고, 그 욕구는 특히 정치적 성향이 뚜렷하고 중도적 입장에서 멀어질수록 더욱 강해진다는 것이 밝혀졌습니다.[14] 이 조사에서 응답자 전체의 28%가 자신과 비슷한 정치 성향을 보이는 지역에서 살고 싶다고 했죠. 이 수치는 좌우로 멀어질수록 올라갔습니다. 진보적인 성향을 가진 사람들의 경우 35%가 진보적 지역에서 살고 싶다고 했고, 보수층에서는 무려 50%가 보수적인 곳에서 살고 싶다고 응답했습니다. 또다른 조사에서는 보수적인 사람들은 큰 집, 한적한 곳에 사는 것을 선호하고 진보적인 사람들은 집은 좀 작더라도 이웃과 가깝고 학교 등 사회 인프라가 잘 갖춰진 곳에서 살고 싶어 한다는 것이 드러났죠.[15] 또다른 설문조사에 의하면 정치 이데올로기는 친구 사이를 규정하는 중요한 요소이기도 합니다.[16] 이 조사에서 응답자 전체의 35%가 친구들 대부분이 자신과 비슷한 정치 이데올로기를 지니고 있다고 했습니다. 진보주의자들은 49%가 친구들 대부분이 진보적 성향을 갖고 있다고 했고 보수주의자로 가면 63%로 올라갑니다. 보수주의자들은 자신들끼리 뭉치는 성향이 더더욱 뚜렷하다는 것이 드러나죠. 괜스레 골치 아프게 진보주의자들과 어울리고 싶지 않은 것입니다. 비슷한 사람끼리

어울리는 것은 인지상정이라 하겠지만 정치 이데올로기가 그 기준 가운데서 매우 특별한 위치에 있는 것은 분명해 보입니다.

인식의 요약본으로서의 효용

정치 현상을 인식하는 데 있어서도 정치 이데올로기는 중요한 역할을 합니다. 정치 현상은 아주 복잡합니다. 일단 한 사안에 연관된 주체가 많습니다. 이득을 얻는 쪽이 있고 잃는 쪽이 있습니다. 이익과 손해의 경중도 다양해서 양보하고 타협할 여지 또한 사안마다 다릅니다. 이익과 손해 역시 경제적인 것일 수도 있고 문화적인 것일 수도 있습니다. 단기적인 것도 있고 장기적인 것도 있죠. 이렇게 다양한 집단의 다양한 손익 계산은 정치환경의 지배를 받습니다. 비슷한 정치적 충돌(예를 들어 강의 수질에 관한 것)이라도 경상남도 낙동강에서 벌어지는 것과 테네시주의 미시시피강에서 벌어지는 것은 아주 다를 수밖에 없습니다. 그 정치환경이라는 것이 법·전통·문화·사회적 인식 등 다양한 요소로 구성되어 있으니까요. 이것만 해도 충분히 복잡한데 각각 복잡한 일들이 서로 얽혀 있는 것이 보통입니다. 그뿐인가요? 이렇게 복잡한 것에 예전의 일까지 연결되어 있죠. 그 때문에 하나의 정치 현상을 제대로 이해하기란 쉽지 않습니다.

따로 자세히 논하겠지만 미국 의료보험 개혁은 아주 복잡하게 꼬여 있는 문제입니다. 전국민의 의료비가 달려 있는 이 문제에,

의료계와 보험업계뿐 아니라 의회를 비롯한 각종 정치단체가 서로를 겨눈 채 매달려 있죠. 오바마 대통령은 이 문제를 정치투쟁의 전면으로 끌고 와 개혁을 시도했습니다. 한동안은 뉴스만 틀면 전문가들이 나와 침이 마르도록 토론하는 것을 볼 수 있었습니다. 워낙 복잡하게 꼬인 문제라 일반인들이 이 사안에 대해 완벽하게 이해하기는 쉽지 않았죠. 정치인의 지도력이 필요한 순간이었고, 공화당과 보수 진영은 개혁 반대의견을 분명히 밝혔습니다. 미국 보수 진영을 대표하는 매체인 '폭스 뉴스'Fox News 의 유명 진행자 오라일리Bill O'Reilly 는 개혁을 미국 공산화의 첫걸음이라고까지 말했죠.[17] 이들의 반대의견은 '결국 정부가 개인의 자유를 빼앗을 것이다'라는 것으로 요약할 수 있습니다. '연방정부의 역할이 비대해져서 건강보험을 사라 마라 하는 지경까지 왔다. 이를 방치하면 헌법이 보장한 개인의 자유(예를 들어 총기를 소지할 자유)를 하나씩 빼앗아갈 것이다'라는 협박 아닌 협박을 되풀이했죠. 많은 공화당 지지자들이 여기에 공감했습니다. 사실과 다른 주장이 대부분이었지만 별문제가 되지는 않았습니다. 반대하는 이들과 말을 해봐도 구체적인 내용을 잘 모를 뿐 아니라 관심조차 없는 경우가 흔했죠.

어쩌면 복잡한 정책 문제를 개인이 이해하길 바라는 것 자체가 애초에 무리인지도 모릅니다. 사실에 입각한 정치적 판단은 굉장히 힘듭니다. 하지만 판단은 해야 하니 판단에 활용할 도구를 찾을 수밖에 없고, 정치 이데올로기는 그 중요한 도구가 됩니다. 개인은 많은 경우 자신과 같은 정치 이데올로기를 가진, 또는 그렇게 보이는 주장을 받아들여서 정치적 인식에 필요한 시간과 에너지를 절약합니다. 정치 이데올로기는 복잡한 세상의 아주 간략하고 간편한, 그래서 꼭 필요한 인식의 요약본이라고 할 수 있습니다.[18]

바쁜 일상을 꾸려나가면서 공공정책을 공부하고 완벽히 이해할 수는 없습니다. 이해를 한다고 해도 그 정책이 어떻게 진행될 것이며 어떤 결과를 낳을 것인지 예측하기는 힘들죠. 게다가 공부해야 할 이슈가 한두개도 아닙니다. 자연히 '요약본'인 정치 이데올로기에 기대게 됩니다.

정치 이데올로기의 효용가치가 가장 돋보이는 때는 선거 기간입니다. 하나의 이슈도 복잡한 판인데 수많은 정책 가운데서 판단해 한 후보를 지지해야 하니 판단이 쉽지 않을 수밖에요. 유권자로서는 정당의 과거 행적과 정책 등을 비교·분석해 자신의 이익을 가장 많이, 적극적으로 대변하는 정당에 표를 던지는 것이 맞습니다. 이상적 경우죠. 하지만 살펴본 바와 같이 이는 거의 불가능하고, 대부분의 경우에는 정치 이데올로기를 판단의 근거로 이용합니다. 즉 한 정당의 정치 이데올로기를 살펴봄으로써 그 정당의 정책들, 그 평가, 앞으로의 전망 등을 대치하는 것이죠. 사실 생략하는 것이라고 말하는 게 더 옳을 수 있습니다. 물론 이는 그리 이상적인 상황이 아니지만 정치 이데올로기는 단시간 내에 대략적인 인식과 판단을 가능케 해준다는 면에서는 뛰어난 효용이 있습니다.

정보 공급의 효용

정당과 같은 정치조직에게 정치 이데올로기는 중요한 정보 전달 도구입니다. 정책이란 것이 늘 복잡하기에 이를 명확하게 유권자들에게 설명하기란 매우 어렵죠. 유권자들 대부분은 그러한 설명을 귀담아들을 시간이나 여유가 없고, 듣는다 하더라도 많은 이는 이해하지 못할 공산이 큽니다. 그렇다고 유권자들에게 설명을 안 할 수도 없습니다. 그럼 대안은 무엇일까요? 정치 이데올로기입니다. 이 정책이 이렇고 저건 저렇고 하는 길고 지루한 설명 대신 정치 이데올로기를 통해 정책의 큰 방향성을 제시하는 것이죠. 미국 공화당은 의료보험 개혁에 대해 정책적으로 논박하는 대신, 지지자들의 정치 이데올로기에 호소했습니다. 방대하고 복잡한 법안을 뭉뚱그려 '오바마케어'(오바마와 메디케어의 합성어)라 부르며 조롱했죠. 오바마 대통령을 싫어하는 공화당의 정서와 연방정부의 간섭을 싫어하는 정치 이데올로기를 이용한 것이죠. 이들은 되풀이해서 '연방정부가 이래라 저래라 간섭한다' '이제는 시민들에게 의료보험을 강제하려고 한다' '연방정부가 제대로 하는 게 무엇이 있느냐' 하는 주장만 앵무새처럼 되풀이했고, 공화당 지지자들은 그것을 열렬히 받아들였습니다. 다소 어이없게 들리고, 공화당 지지자들이 바보 같아 보이지만, 이게 사실 정치 이데올로기의 본질입니다. 누가 더 똑똑하고 솔직한가 하는 문제가 아닙니다. 선거가 정책의 내용과 그 평가를 통해 이루어진다면야 이상적이겠지만 그것이 현실적으로 불가능한 상태에서 불거진 현실이죠.

　정치 이데올로기를 분명하게 전달하는 것은 정치인에게 중요한 일입니다. 유권자들의 신뢰를 얻기 위해서는 정치 이데올로기와 실제 정책 간의 간극이 작아야 하죠. 선거 사이클(국회의원의 경우 4년)에서 초기 또는 선거운동 중에 밝혔던 정치 이데올로기로 요약되는 각종 약속들이 실제 정책으로 이어지면 신뢰가 쌓이고, 반대의 경우 신뢰가 약해지기 마련입니다. 이러한 신뢰는 다음 선거에서 아주 중요한 요소가 됩니다. 선거라는 것이 과거를 보고 미래를 판단하는 아주 불확실한 과정이기 때문입니다. 지금 열띤 연설을 하고 있는 저 후보가 앞으로 몇년간 어떤 식으로 정치를 펼쳐나갈지는 아무도 알 수 없습니다. 유권자는 당연히 과거 행적과 말, 그리고 정치 이데올로기를 보고 예측 및 판단을 할 수밖에 없죠. 유권자가 속았다고 판단한 순간 그 후보가 내세운 정치 이데올로기는 소통의 도구로서 쓸모가 없어집니다. 중요한 도구인 정치 이데올로기가 무용지물이 되어버렸으니 그 후보는 곤란한 처지에 놓이게 되죠. 온갖 억지와 중상모략, 흑색선전 등이 총동원될 수밖에 없습니다.

　박원순 시장이 쉽게 재선에 성공한 2014년 서울시장 선거가 좋은 본보기입니다. 박원순의 승리는 여러가지 요소에 힘입은 것이었죠. 첫째, 현직 시장이라는 타이틀이 주는 유리함이 있었습니다. 각종 행사에 시장으로서 참가하는 것 자체가 유권자 눈에 띌 수밖에 없고 이는 선거운동 아닌 선거운동이 되죠. 둘째, 상대 후보였던 정몽준 후보의 여러 실수도 도움이 되었습니다. 특히 가족들의 실언은 큰 흠이었죠. 세월호 참사 직후, 그의 막내아들은 페이스북에 세월호 침몰 피해자들의 가족을 언급하며 "국민이 미개"하다고 했고 정몽준의 부인 또한 아들의 발언을 두둔했습니다.[19] 공분을 산 것은 물론입니다. 셋째, 박원순 시장의 공약이 정책으로 잘 실현되었음이 드러났습니다. 자신이 내세웠던 공약과 이를 아우르는 그의 정치 이데올로기, 그리고 시장으로서 보여주었던 행보 사이의 간격이 작았던 것이죠. 2011년 그의 선거공약을 보면 교육·주택 부문의 서민 대상 복지 확충에 초점을 맞추었고, 고용 문제에서도 진보적 성향을 드러냈습니다. 그런 공약이 정책으로 잘 반영됐다는 평가가 많았죠. 서울시는 2014년 3월 자체 공약 평가 결과를 발표하고 공약 이행 사항을 점검한 결과 327개 공약 중 85.6%인 280개 공약은 완료, 나머지 47개 공약은 사업 추진 중이라고 했고, 한국매니페스토실천본부의 평가에서도 서울시는 공약 이행에서 최고등급 바로 밑인 A등급을 받았습니다.[20] 후보로서 약속했던 것과 시장으로서 한 일이 크게 다르지 않았다는 평가를 받은 것이죠. 이런 신뢰가 박원순 시장이 선거에서 정몽준을 이길 수 있는 큰 자산이었습니다.

* * *

정치 이데올로기는 여러 효용이 있는 중요한 도구입니다. 현실을 단순화한다는 문제가 있지만, 그럼에도 현실을 인식하고 편딘하는 데 없어서는 안 될뿐더러 개인이 사회와의 관계를 정립하고 유지하는 데에도 중요하죠. 정치에는 관심이 없고 정치 이데올로기는 더더욱 먼 것처럼 느껴진다고 해도 어쩔 수 없습니다. 눈에 보이지도 않는 공기가 생존에 필수적이듯, 사람들이 모여 사는 사회에서 정치 이데올로기는 없어서는 안 될 도구입니다. 다만 공기가 중요해도 공기 자체가 삶의 목표일 수는 없습니다. 이는 정치 이데올로기도 마찬가지입니다. 중요하지만 도구일 뿐 내 삶과 사회의 목표 그 자체가 될 수는 없죠. 한국의 현대사를 돌아보면 정치 이데올로기가 목적 그 자체가 됐던 순간이 지나치게 많지 않았나 싶습니다. 이것이 정치 이데올로기를 돌아보아야 할 또 하나의 중요한 이유입니다.

2부

정치
이데올로기들

FREE T

3장

민족주의: 중국과 티베트의 충돌

지금부터 본격적으로 다양한 정치 이데올로기를 살펴보겠습니다. 한국에서 가장 먼저 논해야 할 민족주의부터 시작해보죠. 민족이란 일정 지역에서 언어·관습·제도의 동질성을 바탕으로 오랫동안 운명을 같이해온 공동체를 말합니다. 우리는 민족이라는 개념에 굉장히 익숙하죠. 민족이라고 하면 떠오르는 이름 중에 '단군 할아버지'가 있습니다. 마치 단군이 우리의 직계 조상이라도 되는 듯한 표현이죠. 환인−환웅−단군으로 이어지는 핏줄에서 그 기원을 찾음으로써 한민족은 혈연 공동체임을, 이웃 문명들과는 다르다는 점을 분명히 하는 것입니다. 북한에서는 단군 설화를 전설이 아닌 역사적 사실로 정립하고, 단군의 능을 재건하기도 했습니다. 단군을 내세워 한민족의 혈연을 강조하는 데는 남과 북이 따로 없죠. 갈라져 싸운 기억은 애써 잊어버리고 고려 왕조가 세워진 이후 쭉 하나로 뭉쳐 한반도를 지켜온 역사를 중요하게 여깁니다. 통일의 염원도 강렬하죠. 설문조사를 보면 국민 가운데 70~80% 정도가 통일의 필요성에 공감합니다.[21] 하나의 민족으로서 단일한 정치공동체를 이루어야 한다는 정치적 열망, 즉 민족주의가 별 의문 없이 마치 자연현상인 듯 받아들여지는 현실을 반영한다고 하겠습니다. 하지만 정말 우리는 한 핏줄로 영원한 정치공동체를 꾸리고 살아야 할 운명을 지고 태어났을까요? 이 장에서는 우리가 이렇게 자연스럽게 여기는 민족주의가 어떤 정치 이데올로기인지 자세히 들여다보겠습니다.

'민족'과 '민족주의'의 기원

우리가 흔히 잊고 있는 것 가운데 하나는 '민족' 자체가 최근에 만들어진 개념이라는 사실입니다.[22] 서양에서 온 이 민족이라는 개념은 'nation'의 번역어이고 근원은 프랑스혁명으로 거슬러 올라갑니다. 혁명 이전에 인민은 그저 통치의 대상으로서 신민·백성의 지위를 지녔고, 이들이 자주적·적극적 정치집단이 된다는 것은 상상할 수 없었죠. 프랑스혁명은 기존 체제를 뒤엎는 대변혁이었습니다. 신진 자본가 세력이 혁명을 주도했고 이들은 인민의 도움을 필요로 했습니다. 인민들로서는 환영할 일이었죠. 기존 권력관계를 뒤집을 뿐 아니라 자신들을 옭아맸던 신분제를 파괴하여 새로운 인민, 즉 시민으로 다시 태어날 기회였으니까요. 이들의 수직적 통합은 혁명의 동력이 되었고 혁명의 성공은 민족의 탄생으로 이어졌습니다. 혁명을 저지하고자 했던 이웃 왕가들과의 전쟁과 프랑스어 교육 확대로 민족으로서의 일체감이 강화되었죠.

　민족주의가 유럽에서 늘 성공적인 것만은 아니었습니다. 기존 귀족 계층과 민중의 수직적 통합이 없거나 느슨한 경우에는 민족주의 정치의 발전이 지연됐습니다. 폴란드 등 동부 유럽이 좋은 예입니다. 19세기 이 지역의 오스트리아-헝가리 제국, 러시아 제국 등에서는 외세에 저항하는 민족적 움직임이 끊이지 않았습니다. 이 지역의 민족주의 의식이 커졌음을 보여주는 사례이지만, 투쟁이 실패로 점철된 것은 이들의 민족주의가 지닌 한계 때문입니다. 이때 외세에 대한 저항을 주도한 것은 귀족이었고, 농민들과의 연대가 없는 귀족들만의 잔치였기에 민중의 참여는 저조했습니다. 민중이 민족주의 지도자 대신 외세에 동조하는 일도 흔했죠. 반민족적 행위라고 할 수 있지만 그것은 민족이라는 개념에 익숙해진 오늘날의 판단일 뿐입니다. 이와는 반대로 인민의 민족적 단결을 반동의 도구로 이용한 경우도 흔했죠. 프랑스의 나폴레옹 3세나 독일의 비스마르크는 민족의 단결을 통해 새로운 세상을 여는 대신 구체제를 강화했습니다.

　이전에는 귀족의 영토였던 것이 국가로 통합되면서, 고유 언어를 사용하는 민족국가라는 새로운 공동체가 전유럽으로 퍼져나갔습니다. 서양의 민족주의는 열강의 제국주의적 팽창과 더불어 전세계로 번졌죠. 아프리카도, 아시아도 신출한 유럽 제국주의자들이 자신들의 편의를 위한 행정조직을 구축하는 과정에서 기존의 부락과 왕조가 무너져 식민체제로 통합됐고, 이 안에서 핍박받던 이들은 자신의 공동체에 대한 새로운 인식을 갖게 됐습니다. 이전에는 별 관심도, 교류도 없던 옆 종족과 같은 운명의 공동체로 묶이면서 '지배받는 자'로서의 자의식이 커졌고, 외세를 떨치고 정치주권을 가져야 한다는 주장, 즉 민족주의도 함께 커갔죠. 아프리카 북단 알제리에서 남쪽 끝 로데사에 이르기까지, 아시아의 남쪽 베트남에서 북쪽의 만주에 이르기까지 20세기는 민족의 세기였습니다. 국가가 많아지고 일반적인 것이 되면서, 민족이라는 개념은 더욱 강화되고 미화되었습니다. 민족은 국가라는 울타리의 모든 가치나 계급, 종교, 지방색, 정치 성향 등을 포함하는 최상위의 정체성으로 격상됐습니다. 민족이라는 이름 앞에서는 상식도, 법리도, 정의도 사라지기 일쑤였죠. 일본 역시 일본민족의 이익을 위해 무력침공을 서슴지 않으며 평화와 정의를 위협하고도, 오히려 '대동아공영권'이라며 자신들의 행위를 미화했죠.

어떤 이들은 한민족은 다르다고 합니다. 다른 나라들과 달리 한민족은 수천년간 문화적·정치적 단일성을 유지한 채 살아왔다고 생각할 수도 있습니다. 과연 그럴까요? 신라, 고구려, 백제는 다른 나라였고 문화도 언어도 이질적이었습니다. 당나라나 왜와 비교하면 좀더 유사성이 있었지만, 어떤 의미로도 공동체는 아니었죠. 아마도 반도의 한인들이 정치공동체로 묶이기 시작한 것은 고려의 건국이라고 봐야 하겠지만 그나마도 봉건사회였기에 민족 정체성이 뚜렷하지는 않았습니다. 13세기의 대몽 항쟁이 민족적 저항이라고 주장하기도 하지만 이는 살기 위한 부락 차원의 투쟁이었지 민족의식의 발현이라고 보기에는 무리가 있습니다. 항쟁이 고립적·산발적이었던 것이 그 증거죠. 조선도 크게 다르지 않았습니다. 관료들은 유교사상과 중화사상으로 무장한 채 민중을 통치했습니다. 양반을 제외한 이들에게는 백성으로서 의무만 강요되고 교육 기회가 박탈되었기에 집단으로서 자의식이 발달하기 어려웠죠. 학교에서는 임진왜란 때 의병대의 활약을 가르치면서 민족적 자긍심과 안타까움을 동시에 키우지만 당대 현실은 달랐습니다. 선조가 떠난 한양을 가장 먼저 접수한 것은 백성들이었습니다. '왜적'이 아닌 백성들이 궁궐을 부수고 불태웠죠. 많은 조선 백성들이 왜군의 깃발 아래서 싸우기도 했습니다.

민족이라는 개념이 처음 등장한 것은 1908년 『매일신보』였습니다. 조선조가 망하는 것과 궤를 같이한 것이죠.[23] 이후 신채호를 중심으로 민족사관이 자리잡으면서 민족주의도 성장했습니다. 신채호는 우리 민족의 역사를 이 지역 다른 민족을 정복한 단군의 후손인 "신성한 부여족"의 "소장성쇠消長盛衰의 역사"로 보았죠. 한민족의 순수한 혈통이 강조되었고, 이러한 '순혈주의'는 항일운동과 맞물려 빠르게 퍼졌습니다. 이후 정도의 차이는 있지만 삼국시대를 시작으로 모든 국가를 단일 민족으로 보는 시각이 주류로 자리잡게 됐죠. 민족의 역사가 수천년이라는 인식은 말 그대로 학술적 주장에 의해 형성된 대중적 신념인 것입니다. 민족이라고 부를 만한 공동체가 나타난 것은 일제강점기와 맞물리는 때 정도입니다. 그 이전 한반도의 역사를 민족 공동체라는 측면에서 보는 것은 과거를 현재의 시점으로 해석하는 것일 뿐이죠.

왕조의 멸망과 외세 침략에 대한 대응으로 민족주의가 발전했다는 점에서, 한국 민족주의도 발전 양상 및 그 시기가 다른 국가와 크게 다르지 않다는 것을 알 수 있습니다.

민족주의를 이루는 요소 1: 자주에 대한 열망

민족주의는 현대국가의 질서를 유지하는 이데올로기로서 두 축 위에 있습니다. 하나는 단일 집단으로서의 정체성이고 또 하나는 정치적 자주에 대한 열망입니다. 우선 '정치적 열망'부터 살펴보겠습니다. 민족주의가 현대국가 건설을 위한 이데올로기였던 만큼 이러한 열망은 자연스러운 것이죠. 1918년 미국의 윌슨 대통령은 14개조 평화원칙에서 유럽 열강의 지배하에서 신음하고 있는 민족들을 언급하며 이들이 스스로 정치적 미래를 결정할 자결권을 인정해야 한다고 역설했습니다. 이는 곧 구체적 행동으로 이어졌죠. 1919년 한반도에서는 3·1운동이 일어났고, 중국에서는 5·4운동이 있었습니다. 중국공산당과 국민당은 서로 앙숙이었지만 '민족자주'를 위해 뜻을 모으고 연합하여 민족주의 투쟁을 벌였습니다. 세르비아의 민족주의자들은 오스트리아-헝가리 왕조에 저항했고, 인도 국민회의는 자국을 식민지로 만든 영국 제국주의자들과 싸웠습니다. 2차 세계대전 이후에도 이런 항쟁은 이어졌습니다. 베트남은 민족의 자주를 위해 프랑스·미국을 상대로 힘겨운 전투를 벌였고, 냉전이 끝난 유고슬라비아는 민족주의 내전으로 붕괴했습니다. 오늘날에도 중국의 티베트, 러시아의 체첸, 스페인의 까딸루냐, 영국의 스코틀랜드, 캐나다의 퀘벡, 모로코의 서西사하라, 나이지리아의 오고니, 수단의 다르푸르 등 세계 곳곳에서는 민족 자치를 요구하는 목소리가 끊이지 않고 있습니다.

소수민족의 자치 요구를 기존 국가가 받아들이기란 쉽지 않죠. 국가체제의 존폐가 달린 문제이니까요. 물론 영국이나 캐나다처럼 투표를 허용하는 등 정치적 해결 방법을 모색하는 경우도 있지만 아주 드물고, 강압적·폭압적으로 대응하는 것이 보통이죠. 뒤에서도 살펴보겠지만 중국의 티베트 탄압이 그 대표적 예입니다.

현대의 민족주의 분쟁은 국가의 딜레마를 드러냅니다. 민족을 앞세워 국가를 세웠으니 민족의식을 일깨울 수밖에 없었는데, 그 탓에 바라지 않던 소수민족의 민족의식까지 강화했죠. 하지만 이들에게까지 민족자결의 원칙을 적용하면 국가 자체가 붕괴됩니다. 민족자결의 원칙을 부분적으로 부정해야 하니 아주 곤란한 일입니다. 쉽게 말해서 "나는 되는데 넌 안 돼"라고 말하는 셈이죠. 정부에서 민족주의 원칙을 포기하거나 대폭 수정하지 않는다면 소수민족과의 마찰은 계속 이어질 수밖에 없습니다.

한반도에서는 일제 강점에 대한 반작용으로 자주에 대한 열망이 폭발했습니다. 저항은 계속해서 이어졌고 3·1운동처럼 대중적인 것부터 안중근의 이또오 히로부미 저격 등 비밀리에 진행된 것까지 다양한 형태로 전개되었죠. 1930년대 만주에서 활약했던 독립군처럼 무력투쟁에 앞장선 이들도 있었고, 상하이 임시정부를 수립한 지도자들처럼 정치·외교 활동에 중점을 둔 이들도 있었습니다. 형태는 달랐지만 민족의 정치적 독립을 염원했다는 점에서는 한마음이었죠.

일제가 물러난 이후에도 민족의 자주는 중요한 쟁점이었습니다. 김일성은 북한의 지도자로서 정당성을 확보·유지하기 위해 자신이 반일무력투쟁을 이끌었다는 점을 활용했습니다. 이 사실은 미군정과 미군 주둔이 이어진 남쪽에 대한 정치 공세의 무기로도 쓰였죠. 남쪽에서도 사정은 비슷했습니다. "우리의 소원은 통일"을 입에 달고 다녔죠. 최근에는 연령층이 낮을수록 통일이 필요하다는 인식이 엷어진다는 조사도 있습니다. 하지만 이를 '현상'으로 받아들이는 대신 '문제'로 보는 게 보통이죠. 남북 통일이 가능한가, 바람직한가, 어떤 바람직한 면이 있는가, 바람직하지 못한 점은 어떤 것인가 등 실제적 논의는 상대적으로 듣기 힘듭니다. 통일해야 한다는 당위가 논의의 장에서 부각된다는 것은 민족적 자주의 열망이 얼만큼 강한가를 반증합니다.

민족주의를 이루는 요소 2: 포괄적 정체성

민족주의의 또다른 기본 요소는 정체성입니다. 앞에서 본 민족자결이라는 정치적 열망도 '민족은 하나다'라는 굉장히 포괄적인 정체성을 기반으로 하고 있습니다. 국가 내의 모든 정체성은 민족이라는 정체성에 귀속되죠.

개인 안에는 다양한 정체성이 공존합니다. 어떤 정체성을 취득

하고 강화하느냐는 개인의 선택에 달린 것이죠. 노동자라면 회사 또는 노조의 일원이라는 정체성을 강하게 가질 수 있습니다. 동시에 그 사람은 가족의 일원, 동창회의 일원이라는 정체성도 지닐 수 있죠. 가족의 유대가 돈독하다면 가족으로서의 정체성이 상대적으로 강할 것이고, 동창들을 자주 만난다면 친구들 속에서 소속감을 느낄 것입니다. 정체성은 흘러가는 시냇물처럼 조금씩 변화합니다. 노조원으로의 정체성은 평소에는 크지 않지만, 회사와 임금 교섭을 할 때에는 강해집니다. 교섭이 잘 안 되어 분쟁이라도 일어나면 그 정체성은 더욱 강해지죠.

하지만 이렇게 여러 정체성들이 각축전을 벌이다가도, 올림픽 시즌이 되면 한민족의 구성원으로 휙 돌아가버리곤 합니다. 한일전 경기라도 열리면 경쟁심은 더더욱 뜨겁게 불타오르죠. 민족 정체성은 이렇듯 다양한 정체성들을 흡수하는 강력한 힘이 있습니다. 현대 국가의 기본이다 보니 그럴 수밖에 없는 것이죠. 민족이라는 이름 밑으로 모든 것이 들어갑니다. 내 부서 전체뿐 아니라 울산 전체의 공장과 거제도에 있는 라이벌의 공장까지 다 포함되죠. 우리 업계와 전혀 관련 없는 노동자도, 농부도, 회사원도, 심지어 자본가까지 말입니다. 그리고 우리는 늘 '한민족은 하나다'라고 외칩니다. 박근혜 대통령은 2015년 광복절 경축사에서 "우리 민족이 다시 하나가 되면, 희망과 기적의 또다른 역사를 만들어낼 수 있습니다"라고 외쳤고 안희정 충남 도지사는 "반만년 유구한 역사의 흐름 속에 진보와 보수는 모두 작은 지류에 불과합니다"라고 했습니다. 북한의 가요 「조선은 하나다」의 가사는 다음과 같습니다.

"반만년의 피줄을 이어온 우리는 하나의 민족/백두산의 줄기가 내리여 이 땅은 하나의 강토/갈라져 몇해더냐 헤여져 몇해더냐/겨레여 나서라 통일의 한길로 조선은 하나다."

민족적 정체성은 포괄적인 만큼 강제성도 띱니다. 다른 정체성은 어느정도 개인이 선택할 수 있습니다. 공장을 옮기거나 이사를 하면 정체성도 바뀌죠. 동창들과 다투고 나면 친구들 사이의 소속감은 약해집니다. 프로야구에서 넥센이 우승하고 나면 넥센 팬으로서의 정체성이 강해지기도 하죠. 하지만 민족으로서의 정체성은 다릅니다. 이민을 가지 않는 이상 변하지 않습니다. 이민을 간 뒤에도 이를 버리기가 쉽지 않죠. 재미교포 사회를 보면 영어를 잘해도 한국 교회에 나가고, 2세가 한국말을 잘하면 가정교육 잘 시켰다며 칭찬을 듣습니다. 한국 안에서는 더하죠. '김치를 좋아해야 한다' '젓가락질을 똑바로 해야 한다' '태권도를 자랑스러워해야 한다' '어른을 공경해야 한다' 등등 '민족'이라는 이름 아래에서 기대되거나 강요되는 사고와 인식이 포괄적으로 존재합니다. 이러한 일련의 기대에서 어긋나는 행동은 혼란을 일으키기도 하고 때로는 격한 반감을 불러오기도 합니다.

이런 정황과 사정을 다들 알고 있기에 민족 정체성에 부합하는 행동과 사고를 하기 위해 알게 모르게 노력하죠. 아이들에게도 김치 먹을 것을 과도하게 강요하거나 우리 민족의 우수성을 증명하는 음식이라는 설명을 붙이기도 합니다. 자신의 젓가락질이 표준에서 먼 경우 괜스레 눈치를 보게 되죠. 음식 먹는 데 아무 지장이 없어도 말입니다. '야, 한국사람 맞냐, 젓가락질이 그게 뭐야'라는 면박도 종종 듣죠. '한일전을 보지 않았다, 관심없다'라고 말하는 데에도 큰 용기가 필요합니다. 반대로 박유하의 『제국의 위안부』를 읽어보지도 않고 심한 비난을 퍼붓는 것은 쉬운 일이죠.

"박유하의 『제국의 위안부』가 출판금지 가처분 결정을 받았다. 그러자 이재명 성남시장이 기다렸다는 듯이 자신의 트위터에 "어쩌다 이런 사람과 하나의 하늘 아래서 숨 쉬게 되었을까"라면서, 지은이를 "청산해야 할 친일 잔재"로 몰아세웠다. 그러면서 책을 읽어보았느냐는 누리꾼에게 "똥은 안 먹고 냄새만으로 압니다"라고 일갈한다."[24]

『제국의 위안부』는 '위안부' 문제에 관심이 있는 사람이라면 읽어볼 만한 책입니다. 저자의 주장에 동의하거나 동의하지 않거나 위안부와 정신대의 차이와 기원, 일본군 위안소의 다양성, 한국인의 협력, 위안부의 다양한 경험 등 몰랐던 사실을 생각해볼 수 있는 기회를 제공하죠. 책을 읽은 뒤에 꼼꼼하게 반박하거나 논의하면 보다 나은 담론을 생성하고 유통하는 데 기여할 수 있을 것입니다. 무시와 증오가 아닌 반추와 토론이 필요한 사안이죠. 하지만 이재명을 비롯해 많은 지도자들은 쉬운 길을 택했죠. 나라를 이끌겠다는 지도자들이 민족주의 흐름에 빠르게 몸을 담그는 모습은 너무나 흔한 일이라 하겠습니다.

민족의 자긍심

민족 정체성이란 다른 민족과의 '구분' 속에서 드러나는 것입니다. 우리가 존재하려면 우리가 아닌 남과의 구분이 있어야 하죠. 한민족과 타민족의 경계는 굉장히 분명하게 보입니다. 한국인과 일본인은 아무리 비슷해 보여도 그 경계는 새로 칠한 중앙선처럼 선명합니다. 그리고 이 경계 위에서는 '우리가 저들보다 낫다'라는 가치판단도 늘 이루어집니다. 이는 '민족애' '한겨레' '자랑스러운 한민족' 등 여러가지 표현으로 변주됩니다. 세계 최고의 언어는 당연히 세종대왕이 창제한 한글이고, 세계 최고의 불상은 금동미륵보살반가사유상입니다. 가보지도 못했지만 세상에서 제일 아름다운 산은 금강산이고 머리가 좋기로는 한국인을 따라올 민족이 없습니다. 여기에다 이제는 세계가 극찬하는 김치에 어깨가 으쓱하고, 케이팝에 환호하는 서양인들을 보며 자긍심을 느낍니다. 또한 잊을 만하면 '환단고기'류의 주장이 고조됩니다. 한국인 개인의 성취 또한 한민족의 업적이 됩니다. 세계 최초로 줄기세포 복제에 성공했다던 황우석, 세계 최초로 피겨스케이팅 여자 싱글 그랜드슬램을 달성한 김연아, 동양인 최초의 UN 사무총장 반기문, 동양인 최초의 아이비리그 총장 김용, 하버드 로스쿨 최초 동양인 여성 종신 교수 석지영 등 모두 민족을 빛낸 자랑스러운 한국인입니다. 그러니 그들의 업적은 같은 민족 일원인 내 자랑거리이기도 하죠.

민족의 정체성과 자긍심은 민족주의 이데올로기의 필수요소입니다. 자긍심이 없다면 해당 공동체, 즉 민족국가와 그 담론 자체에 회의적일 수밖에 없죠. 자연히 이를 관장하는 국가권력, 즉 정부의 권위도 떨어집니다.[25] 자긍심이 높아지면 정부의 권위도 높아집니다. 이를 일찍 알아챘던 소련은 냉전으로 경제 사정이 나쁜 와중에도 스포츠, 교향악단, 발레 등 문화 인프라에 국가적 지원을 아끼지 않았죠. 북한의 핵미사일 프로그램이 전략적 가치를 넘어 통치수단으로 이어지는 것 또한 비슷합니다. 박근혜 대통령이 김연아 선수의 손을 애타게 잡으려 했던 것도 이런 정치적 맥락에서 볼 수 있죠. 동네에서 축구 경기를 하는 데 국민의례를 거행한다거나 베를린 영화제에서 여우주연상을 수상한 배우에게 문화체육관광부에서 굳이 축전을 보내는 일도 민족적 자긍심과 국가권력의 고리를 보여주는 예입니다. 다시 말해 현대 민족주의는 국가권력의 유지에 필수적입니다.

국가권력은 한발 더 나아가 민족적 적대감을 공공연히 부추기기도 합니다. 그렇게 함으로써 '우리'의 단결을 도모하려는 것이죠. 그 뒤에는 단결이라는 미명하에 국가권력에 대한 반대나 반발을 잠재우려는 의도가 있기 마련입니다. 중국공산당이 가끔씩 대규모 반일 시위를 유도하는 것이 좋은 예입니다. 2012년 중·일 영토분쟁은 해상 충돌로도 이어져 중국 내 반일 시위가 전국으로 확산되었죠. 일본대사관뿐 아니라 일본 기업들은 연일 이어진 대규모 시위와 공격에 시달렸습니다. 그 성노 시위가 공산당의 암묵적 허락 없이 불가능하다는 것은 상식이죠. 이는 민족주의를 공산주의를 대체할 정치 이데올로기로 띄우려는 공산당의 정치적 안배라고 볼 수 있습니다. 하지만 수많은 사람들은 그것이 공동체가 아닌 정권의 안정을 위하는 일이라는 것을 아는지 모르는지, 애국애족을 외치는 흐름에 동참했습니다.

민족주의의 허상[26]

우리는 여러 공동체 속에서 살고 있습니다. 가깝게는 가족이 있고 살고 있는 지역을 중심으로 하는 공동체도 있습니다. 회사에 가면 동료가 있고 학교에 가면 학우가 있습니다. 군대에는 전우가 있고 절에 가도 동료 신자가 있죠. 같이 해야 할 일이 있고, 함께 놀 때도 다툴 때도 있습니다. 공동체는 이렇게 일정한 공간 내에서 구성원들이 지속적으로 무엇인가를 같이 할 때 형성되고 또 성장합니다. 공동체로서 추구하는 것 ─ 화목한 가정, 조용한 동네, 핵발전소 없는 도시, 월급 인상, 아이스크림 내기 축구 승리 ─ 이 있기 마련이고 협동을 통해 정체성과 자부심을 키웁니다. 그렇기에 공동체는 커질수록, 역설적이게도 그 생기와 본연의 의미를 잃기 쉽죠. 가깝게 지내던 친구들의 범위를 훌쩍 뛰어넘는 동창회의 분위기가 좋은 예입니다. 즐거우리라던 예상과 다르게 어색한 분위기가 길게 이어지기 마련입니다. 말이 동문이지 남과 다름없죠.

이렇게 생각해보면, 민족이란 참 묘한 공동체입니다. 한번 본적도 볼 일도 없는 사람들, 같이 일한 적도 같이 일할 생각도 없는 사람들, 밥 한번 먹자고 불러도 오지도 않을 사람들이 다 민족의 구성원이죠. 이게 정말 공동체일까요? 운명을 같이하고 서로를 돌보고 희생할 수 있는 그런 공동체일까요? 50명 남짓한 동창회만 가도 낯설고 정신없는데 5,000만명이나 되는 모임이 정말 공동체가 될 수 있을까요? 아파트 한 라인에서도 의견이 갈리고 교회 안에서도 원수가 생기는데 5,000만 한민족이 진정 공동체일 수 있을까요? 가족도 붕괴되고 정당도 갈라지는데 5,000만 민족 공동체가 한결같이 유지될 수 있을까요? 피크시즌에 해운대에 가보셨나요? 해변에서 자리를 잡는 것도, 사람 사이로 파도 한줄기 타는 것도 쉽지 않습니다. 그 엄청난 인파가 기껏해야 100만이 좀 넘는 겁니다. 그러니 5,000만명을 서로 도와가며 공동의 목표를 추구하는 집단, 즉 공동체로 싸잡아 부르는 것은 무리가 아닐까요? 민족주의가 내세우는 포괄적 정체성은 허구일 가능성이 높습니다.

'우리는 혈연공동체다. 그래서 한민족이다. 허황된 공동체라니 말도 안 된다'라는 반론도 물론 가능합니다. 논의를 하려면 한민족의 정의로부터 시작해야겠죠. 무엇이 한민족을 만들까요? 우선 외모를 들 수 있습니다. 머리색과 피부색, 눈·코·입 등에 공통적인 특징이 존재하죠. 하지만 외모만 가지고 한민족을 정의할 수는 없습니다. 동아시아인들의 외형적 특징은 유사한 것이 많습니다. 그렇다면 중국민족과 한국민족을 가르는 것은 무엇일까요? 사는 지역이 다르고, 먹는 음식이 다르며, 쓰는 말이 다릅니다. 기념하는 명절과 역사관도 판이하게 다르죠. 중국에 사는 한민족,

소위 중국 동포들은 이곳의 우리와 외모는 비슷하지만 먹는 음식은 다른 경우가 많고 중국명절이나 중국의 역사에 더 익숙한 경우도 많습니다. 한국어에 익숙지 않은 사람도 많죠. 그렇다면 그들과 우리는 같은 민족이라는 집단에 속하는 것일까요? 인식·풍습·역사가 전부 다른데, 도대체 무엇이 그들을 한민족으로 만드는 것일까요? 우리가 흔히 생각하는 것으로는 '핏줄'이 있습니다. '다 달라도 핏줄이 같으면 한민족이다'라는 인식은 매우 흔하죠. 미국 이민 2세대는 '한인 2세'로 불리고요. 그렇다면 그 핏줄의 '순수성'이란 얼마나 순수한 것일까요?

할아버지·할머니 등 기억하는 모든 조상이 한국인인 경우가 많은 한국에서는 핏줄의 '순수성'에 보통은 의심을 품지 않습니다. 정말 한민족이라는 혈연 공동체는 그렇게 순수한 것일까요? 우선 고대까지 거슬러가면 몸에 '몽골점'이 있는 북방계 민족이 한반도로 들어왔고 남방계 민족과 섞여 문명의 기반을 닦았습니다. 이후 한반도에 나라가 들어선 이후에도 외부로부터 수많은 침략을 받았죠. 거란족·여진족 등 만주족의 침략은 줄기차게 되풀이되었고, 그중 가장 심각했던 것은 조선조의 정묘호란(1627)과 병자호란(1636~37)입니다. 몽골족 또한 긴 흔적을 남겼습니다. 이들의 간섭은 1231년에 시작하여 원나라에 충성을 맹세한, 즉 왕호에 '충'자가 들어가는 여섯 왕의 재위 기간 동안 지속되었죠. 공민왕이 원나라의 기황후奇皇后를 등에 업고 권세를 부리던 기철奇轍 등의 세력을 숙청한 것은 1356년이었습니다. 100년 넘게 원나라의 간섭을 받은 것입니다. 일본의 흔적도 만만치 않습니다. 임진왜란

(1592~98)이 한반도를 초토화했고 근대에 들어서는 35년간 한반도 전체를 지배했습니다. 1945년 한국을 점령해 전쟁을 치른 미국도 있습니다. 이런 외국의 점령과 침략은 많은 인적 교류로 이어졌습니다. 납치·강간 등 폭력적이고 강제적인 경우도 많았고, 그렇지 않은 경우도 있었죠. 여기에 인도(수로왕首露王의 부인인 허許씨), 베트남(화산 이씨) 등에서 한반도로 이주해온 사람들의 후예도 있습니다. 이렇듯 다양한 형태의 교류를 통해 혈통은 계속해서 섞였고 그 자손들이 대대로 '한민족'을 만들어갔습니다. 즉 한민족 혈통의 순수성이란 사실상 존재하지 않는 것입니다. 유전학적으로도 그런 순수성이란 없다는 결론이 났습니다.[27] 그러니 한민족을 **핏줄로 규정하는 것은 말도 안 되는 것이죠.** 핏줄이라는 것은 지속적으로 외부 집단과 섞이기 마련이므로, 딱 잘라서 이 집단과 저 집단을 구분하기에는 합당치 않은 기준입니다. 한민족을 이루는 객관적 근거는 전무한 것이죠. 우리가 생각하는 '공동체'로서의 민족은 허구일 가능성이 크고요.

공동체가 애초에 허황된 것이니 그 공동체의 이익도 허구입니다. 이에 기초하는 자긍심도 비슷하죠. 일본을 이기면 시원하고, 삼성이 잘 팔리면 자랑스럽고 막연하게 나도 잘되는 것 같습니다. 하지만 공동체의 이익이란 그 이익이 공동체에 속함과 동시에 구성원 대부분이 득을 볼 때나 그렇게 부를 수 있는 것입니다. 그 안의 극소수만 이익을 얻는다면 개인의 이익이지 공동체의 이익이 아닙니다. 축구 내기를 해서 딴 아이스크림을 축구를 했건, 옆에서 응원만 했건, 관심도 없었건 상관없이 반 전체가 나누어

먹는 경우처럼 다들 누려야 공동체의 이익이죠. 하지만 민족이라는 단위는 워낙 커서 그 전체에게 이익이 돌아가기가 어렵습니다. 삼성이 세계 제일을 운운해도 나와는 상관없는 경우가 대부분이죠. 삼성 직원들의 단골 식당을 운영하는 사람이 아니고서야 나에게 이익이 될 일은 거의 없습니다.

그렇다면 '민족'이라는 이름으로, 운명의 공동체로서 다 같이 웃고 기뻐한 일이 한번이라도 있었을까요? 굳이 찾아보자면 아마 8·15해방 정도가 아닐까 싶습니다. 일본이라는 공공의 적을 내보내고 '우리'가 자유를 찾았으니 당연히 민족의 이름으로 축하하고 기뻐할 일이었죠. 8월 15일은 남북 모두의 국경일이고요. 하지만 과연 '다들' 그랬을까요? 과연 해방이 민족의 모든 이들에게 축하하고 기뻐할 일이었을까요? 일제강점기에 권력을 위임받아 행사했던 조선인들을 생각해볼까요? 그들은 경찰로서 독립운동을 하던 조선인들을 무자비하게 고문하기도 했고, 일본군으로 만주벌판을 누비며 독립군을 쫓기도 했습니다. 관공서 말단직원부터 판사까지 일제의 관료체제를 유지한 것도 이들이었죠. 야스쿠니신사를 받들며 대지주로, 기업가로 거부가 된 이들도 수두룩합니다.[28] 이들이 예외적이고 극소수인 것도 아니었습니다. 체제 유지에 봉사했던 만큼 도시마다 마을마다 퍼져 있었죠. 이들에게 일제의 몰락은 땅을 치고 분통해할 일이었겠죠. 민족 공통의 이익이란 것도 이렇듯 허황된 개념입니다.

중국 민족주의의 충돌

남베트남의 정치적 혼란이 가중되기 시작하던 1963년 한장의 사진이 미국 시민들을 충격에 빠뜨렸습니다. 바로 한 승려가 가부좌를 튼 채로 불길에 휩싸여 있던 사진이었죠. 틱꽝득^{釋廣德}이라는 승려가 응오딘지엠^{吳廷琰} 정부의 가톨릭 우대 정책에 반대하여 자신의 몸을 희생하는 소신공양을 한 것입니다. 미국 시민들은 미국의 지원으로 대통령에 취임한 응오딘지엠과 그 정부가 도대체 어떻게 했기에 이런 일이 벌어졌는가 묻기 시작했고, 당황한 미국정부는 응오딘지엠 정부를 압박했습니다. 틱꽝득의 죽음은 큰 파장을 남겼죠. 지금도 비슷한 일이 계속 일어나는 곳이 있습니다. 바로 티베트입니다. **티베트의 민족주의는 중국의 그것과 강렬하게 충돌하고 있습니다.** 이를 살펴봄으로써 이 지역 사정과 민족주의라는 정치 이데올로기에 대해 좀더 자세히 논의해보겠습니다.

중국의 서쪽 끝, 티베트에서는 왜 '분신' 사건이 계속해서 벌어지는 것일까요? 2008년 티베트 시위가 중국 당국에 의해 무자비하게 진압된 이후 분신 시위자의 수는 폭발적으로 증가했습니다. 그들이 유서를 통해 공통적으로 밝힌 분신 이유도 바로 그것, 중국 당국의 무자비한 탄압이었죠. 예를 들어 팅진 돌마라는 이가 남긴 유언을 보면 불교가 삶과 문화의 근간을 이루는 티베트인들에게 종교 탄압이 얼마나 고통스러운지 짐작할 수 있습니다.

"아버지, 티베트인으로서 살아가기란 왜 이리 힘든 건지요. 달라이 라마의 초상화에 기도를 올리는 것조차 할 수 없어요. 우리에겐 자유가 없어요."[29]

분신은 티베트 저항의 일부이며, 시위는 갖가지 형태로 전개되고 있습니다. 최근 가장 눈에 띄었던 저항을 꼽으면 바로 2008년의 대규모 시위일 것입니다.[30] 독립운동 기념 연례행사에서 시작하여 약 100여건의 시위가 티베트 자치주 밖으로까지 확대되며 유혈사태를 낳았습니다. 시위대, 경찰, 한족 모두 많은 사상자를 냈던 심각한 사건이었죠. 이전 10여년 동안에는 소규모 시위가 승려에 의해 주도된 경우가 많았습니다. 하지만 2008년 시위는 승려들뿐 아니라 학생들의 참여도 활발했고, 학생들이 주도한 시위도 많았습니다. 시위대에 의한 폭력으로 경찰 2명을 포함해 20명이나 목숨을 잃었고 공공기관에 대한 공격도 기록된 것만 18차례에 이릅니다. 이전에는 볼 수 없었던 폭력입니다. 시위대의 피해도 컸습니다. 정확한 숫자는 알 수 없지만 수십명이 사망한 것으로 추정되며, 사망자 수가 수백명에 달할 것이라는 주장도 있습니다.

현재 티베트자치구는 중국 당국이 획정해둔 행정구역입니다. 본래 티베트 영토에 비해 훨씬 작은 지역이어서 옛 티베트 영토이자 현 티베트자치구에 근접한 지역에도 티베트인이 아직 많이 살고 있죠. 이 근접 지역은 라싸 및 인근 지역과는 문화 차이도 있고 중국 당국도 훨씬 유화적인 정책으로 다스려왔습니다. 이곳으로까지 시위가 번졌다는 사실이 중국 당국으로서는 충격이었습니다. 게다가 2008년은 베이징 올림픽이 열리는 해였죠. 4월에는 베이징 올림픽 성화 봉송이 시작되었고, 선진국 도약에 대한 기대가 넘실거렸습니다. 그러나 바로 이 시기에 시작된 시위가 세계의 관심을 분산시켰고 티베트인들의 저항의식에는 불이 붙고 말았습니다.

티베트의 역사[31]

티베트는 7세기경 지금의 티베트 땅, 즉 중국 서쪽 끝인 네팔·인도와 이웃하는 히말라야 고산지대에서 통일된 왕국으로 성장합니다. 이때 이미 불교는 국교로서 융성했죠. 지금의 티베트를 생각하면 상상하기 어렵지만 한때는 당의 영토를 침략(763)할 정도로 강성한 왕국을 이룬 때도 있었습니다. 이후 다른 아시아 왕조들과 마찬가지로 몽골의 지배하에 들어갔지만 내치와 종교 문제에서는 큰 간섭을 받지 않았습니다. 이후 분란이 지속되는 와중에 중앙과 서쪽 영토에는 여러 왕조가 연달아 들어섰고, 중국과는 주종관계를 이어갔습니다. 이 주종관계는 중국 중심의 동아시아에서는 흔한 것이었죠. 한때 청 왕조는 티베트 서쪽 지역을 흡수(1724)하고 관리를 수도 라싸로 보내는 등 적극적 지배를 시도했고, 티베트인들이 반란을 일으키자 진압군을 보내 사태를 진정시켰습니다(1751). 이후 군사·행정 부문에서는 지배를 강화했지만 종교·문화 영역에서는 달라이 라마의 지도를 인정하는 등 자치를 허용했죠. 19세기 들어 청조가 쇠약해지면서 자연히 티베트 내 영향력도 줄어들었습니다. 1904년에 영국에서 티베트를 무력침공하자, 이에 위기를 느낀 청조는 군대를 보내 티베트가 청나라에 속한 지방이라고 선포했습니다(1910). 청 왕조가 몰락하자 13대 달라이 라마는 청군을 몰아내고 티베트의 독립을 선포합니다(1913). 이 무력 충돌과 패배는 중국 한족들에게 수치스러운 동시에 강렬한 기억을 남겼습니다. 티베트는 이웃인 몽골과 외교 관계를 맺고 중국의 무장세력과 치열한 경쟁을 벌이는 등 독립국가로서의 모습을 찾아가는 듯했죠. 하지만 중국 내전에서 승리한 공산당은 인민군을 보내 티베트를 점령합니다(1950). 이후 마오쩌둥은 유화정책을 펼치며 티베트를 중국의 한 지역으로 귀속시켰으나 곧 점령군에 대한 반발이 시작되었습니다. 1959년의 대규모 반란이 실패하자 달라이 라마는 이웃인 인도로 도피해 망명정부를 꾸렸고 지금까지 중국 지배에 반대하는 티베트인들을 이끌고 있습니다.

티베트 역사를 티베트인들의 입장에서 보면 중국은 외국이자 점령세력일 뿐입니다. 원-명-청으로 이어지는 중국 왕조들과 주종관계에 있기는 했지만 독립된 왕조를 오랫동안 이어갔으니까요. 중국제국이 주변국들의 자치와 독립을 인정하는 대신 조공을 통해 주종관계를 유지한 것은 상당히 일반적인 일이었습니다. 우리가 조선이 독립국가였다고 생각하는 것처럼 티베트인들도 티베트가 독립국가였다고 여기죠. 티베트는 중국 대륙과는 판이한 정체성과

1864년 S.A. 미첼(Mitchel)이 그린 아시아 지도. 크게 그려진 티베트 영토가 눈에 띈다.

문화를 유지했으니까요. 티베트인들에게 중국의 침공(1950)과 병합(1951)은 정당한 것일 수 없습니다.

중국 당국의 입장은 전혀 다릅니다. 티베트가 이미 13세기 원 제국 때부터 중국 왕조에 귀속되었다고 봅니다. 이후 명조와 청조의 정치적 영향력이 유지되었고 주종관계를 이어왔으니 역사적으로 볼 때 티베트는 중국의 일부가 당연하다는 것입니다. 1913년 티베트의 독립선언에 대해서는, 이를 인정한 나라도 거의 없고 영국 침략의 슬라이브로 성낭하지 않다고 수장하고 있죠. 중국에서는 티베트의 독립 요구를 서구 열강의 음모라고 보는 경향이 강합니다.

미국 중앙정보국CIA이 티베트 반란군을 지원한 사실은 잘 알려져 있죠. 티베트 지역에서 1950년대에 두번의 대규모 무력 반란이 일어났습니다. CIA는 이제 막 시작된 냉전체제에서 티베트를 지원하는 것이 전략적으로 유리하다고 판단했죠. 미국은 '프로젝트 서커스'Project Circus라는 이름하에 총기와 박격포, 무전기 등을 티베트에 공수했고 반군에게 지도 읽는 법 등을 가르치기도 했습니다. 1959년에는 티베트의 고도와 비슷한 콜로라도에 훈련장을 개설하고 170여명을 데려와 훈련도 시켰습니다.[32] 이미 오래전에 끝난 일이기는 하지만, 중국 당국이 아무 근거 없이 의심을 거두지 못하는 것은 아닙니다.

중국 민족주의의 발전[33]

중국 민족주의는 고대로부터 이어온 중화정신에서 그 근원을 찾을 수 있습니다. 우리가 잘 알고 있듯이 동아시아 역사를 통틀어 중국 지배가 흔들린 적은 거의 없습니다. 몽골족과 만주족 등 비非한족이 대두하기도 했지만 중국제국이라는 큰 정치적 틀은 유지되었죠. 정복자들이 그 문화에 동화된 것을 보면 중화 질서라는 것이 얼마나 굳건한 것인지 알 수 있죠. 그러니 1840년 아편전쟁의 패배로 시작된 중국의 몰락은 충격적일 수밖에 없었습니다. 그 충격의 깊이만큼 강렬한 민족주의가 폭발했죠. 중국 민중 사이에서 외세를 규탄하는 목소리가 높아졌고, 외세와 자기 자신을 구분하는 민족주의 의식도 따라서 성장했습니다.

이러한 민족주의적 팽창은 여러가지 형태로 일어났는데 그 가운데 가장 극단적이고 폭력적인 예는 1900년에 일어난 의화단의 난일 것입니다. 의화단은 철도나 전선 등의 시설도 중국적이지 않다며 파괴했고 서양 종교라며 기독교도들을 무자비하게 탄압했습니다. 더욱이 이 반란을 진압할 능력이 없던 청 왕조를 대신해 서구의 군대가 이를 진압한 것은 중국 민족주의를 더욱 자극하는 결과를 낳았습니다. 난을 진압한 열강은 적극적으로 중국을 분할했고, 중국 민중의 서구에 대한 적대감과 부국강병을 원하는 민족의식은 커져만 갔습니다. 이렇게 성장한 중국 민족주의의 칼날은 서구만을 향하지 않았습니다. 인구의 대부분을 차지하는 한족 입장에서는 만주의 청 왕조 또한 외래 세력이었고 이들에 대한 저항의식도 깊어갔죠.

민족주의는 다른 한편으로 민족개혁을 도모하는 노력으로도 표출되었습니다. 이는 더욱 실용적 노선을 추구한 개혁적 민족주의자들에 의해 주도되었죠. 이들은 서구의 뛰어난 기술과 산업을 받아들이고자 했습니다. 물론 보수적 움직임도 일었습니다. 이들은 전통을 강화하는 것으로 위기를 돌파하고자 했고, 공자의 가르침을 재해석하는 데 관심을 쏟았습니다. 유교의 주요 덕목인 화합과 균형을 강조함으로써 하나의 정치단위로서 무너지고 있던 중국을 지키고자 한 것이죠.

이렇게 싹튼 근대적 의미의 중국 민족주의가 결정적으로 성장하게 된 계기는 일본의 침략이었습니다. 동아시아 근대화를 들여다보면 일본의 성장은 중국 쇠락과 그 궤를 같이했습니다.

　서구가 중국 침략 후 영토 및 경제적 이권을 나누던 그때, 일본은 개방을 통해 급속한 성장을 이루었습니다. 이후 청일전쟁 (1894~95), 러일전쟁(1904~05)에서 차례로 승리함으로써 사실상 서구와 맞먹는 열강으로 성장하여 기존의 동아시아 질서를 흔들어놓았죠. 대만(1895), 조선(1910), 만주(1931)를 점령한 일본은 중국을 침략하기에 이릅니다(1937). 이 사건으로 공산당과 국민당이 맞서던 중국 내전은 복잡하게 꼬이는 형국이 되었죠. 장제스가 이끌던 국민당은 일본군의 파죽지세에 남쪽으로 밀리고 또 밀려 수도를 충칭으로 옮긴 후 사실상 일본과의 전쟁을 접습니다. 하지만 마오쩌둥이 이끌던 공산당은 북부 내륙을 거점으로 일본과의 전투를 지속했죠. 많은 중국인들이 공산당을 민족의 기수로 바라보게 되는 결정적인 계기였습니다. 공산당은 집요한 공작을 통해 독자적 행정구역을 구축·확대하고, 민족투쟁의 기치 아래 상대적으로 보수적이던 북부 농민들마저 자신들의 세력으로 끌어들이는 데 성공합니다. 이러한 정치투쟁을 바탕으로 공산당은 1949년 국민당을 물리치고 기나긴 내전을 끝냈죠. 중국 공산주의 정권은 그 태생부터 상당히 민족주의적일 수밖에 없었습니다.

　마오쩌둥의 시대는 그야말로 혼돈의 시대였습니다. 1960년대 대륙을 휩쓴 '문화대혁명'이 한 예죠. 모든 것이 마오쩌둥 사상 아래로 흡수되었고 중국은 현대적 전체주의 국가가 되었습니다. 민족주의마저 개인 숭배로 수렴되었던 시기죠. 문화대혁명이 정리되고 덩샤오핑의 지도하에 안정을 찾자, 중국 지식인들은 서구

문명을 주시하기 시작했습니다. 그리고 지난 수십년간 중국이 또한번 역사적으로 퇴보했음을 자각했죠. 이러한 자각은 1980년대의 진보적 민족주의로 귀결되었습니다. 중국의 발전을 위해서는 서구 문명을 받아들여야 한다는 목소리가 높았던 이 시기에 민주주의 등 각종 서구 사상이 중국으로 흘러들어왔습니다. 그러나 중국의 진보적 민족주의는 1990년대를 지나면서 점차 설 자리를 잃었고 더 호전적이고 배타적인 민족주의가 주된 흐름이 됐죠.

흐름을 바꾼 시발점이 된 것은 1989년의 톈안먼天安門 사태입니다. 민주화를 요구하던 100만명의 시위대 가운데 수천명의 학생과 시민이 인민해방군의 총칼에 목숨을 잃었죠. 이러한 비인도적인 처사에 서방 국가들은 갖가지 경제제재 조치를 취했습니다. 세계무역기구 가입도 미국 주도의 서방 국가들의 반대로 수차례 좌절되고 대만 위기(1994~95) 때에도 미국은 대만을 보호한다는 명분하에 항공모함 선단을 보내는 등 대규모 군사행동을 서슴지 않았습니다. 또한 2000년 올림픽 유치 실패, 노벨상 수상 실패 등을 중국공산당 당국과 중국인들은 중화문명을 시기하고 견제하는 서구의 간섭의 결과로 보았습니다.[34]

미국 등 서구세력에 대한 경계와 민족의식의 성장은 당시 중국 안팎의 구조적 변화와도 깊이 이어져 있습니다. 그 가운데 핵심은 소련의 몰락과 공산주의체제의 급격한 해체였죠. 중국 민중은 자연히 공산주의 사상 자체를 의심하기 시작했고, 당국에게는 새로운 정치 이데올로기가 필요했습니다. 경제발전의 그늘도 깊어지고 있던 때였습니다. 지방분권화가 진행되고 빈부의 격차가 눈에 띄게 커지자 공산당 내에서는 마오쩌둥 집권 시기처럼 중앙에서 정치 이데올로기를 통해 나라의 통일을 도모해야 한다는 목소리가 높아졌죠. 곧이어 중국 당국의 적극적인 '애국민족' 공세가 시작됩니다. 당시 주석이던 양상쿤楊尙昆이 직접 애국애족을 강조하기 시작했고 당도 애국 교육을 강조하라는 지침을 하달합니다. 이렇게 중국 당국이 '중국민족'이라는 의식을 강조하기 시작하면서 오래된 적수 국민당에 대한 적대감마저 묘하게 바뀌기 시작했습니다. 같은 민족이라는 인식이 싹텄죠. 대일항쟁도 재평가되기 시작합니다. 마오쩌둥 시대에는 항일투쟁이 마오쩌둥의 지도력을 중심으로 다루어졌지만, 이제 중국 민족의 투쟁으로 재해석되면서 장제스와 국민당 지도자들에 대한 대일본 투쟁도 긍정적으로 평가되기 시작했습니다. 시진핑習近平 주석 역시 민족주의를 적극적으로 이용하는 것이 눈에 띕니다. '중국의 꿈'中國夢이라는 민족주의적 슬로건을 전면에 내세우며 중국의 성장과 정권의 안정을 도모하고 있죠. 더군다나 트럼프 미 대통령의 노골적인 중국 견제로 정권의 민족주의적 호소가 더욱 큰 호소력을 갖게 됐습니다.

중국의 민족주의 또한 '우리'와 '적'과의 대립을 부각하여 성장한 것입니다. 냉전 기간에 미국과 일본은 동아시아에서 자본주의 동맹세력을 이끌었고, 중국과 일본 사이의 민족적 적개심은 수그러들 틈이 없었죠. 이는 중국의 영토분쟁으로 다시 한번 격렬하게 분출되었습니다.

중국의 영토분쟁

거대한 중국사회에는 수많은 집단과 '우리'가 존재합니다.[35] 이들을 하나로 묶는 것은 외부 적의 존재입니다. 적들과 가장 첨예하게 부딪히는 영역은 주로 영토에 관한 것이죠. 중국이 겪고 있는 영토분쟁은 크게 두가지입니다. 하나는 일본과의 센까꾸열도 분쟁(중국어로 '댜오위다오' 분쟁), 또 하나는 남지나해 분쟁입니다.

일본은 센까꾸열도에 대해 다음과 같이 주장하고 있습니다. '청조는 소유권을 가진 적이 없고 메이지 왕조가 관리했다.' '미군이 2차 세계대전 이후 오끼나와 점령의 일환으로 이 섬들도 관리했고, 점령이 끝난 1972년 이들을 일본에 돌려주었다는 것은 이곳이 일본 영토임을 증명하는 것이다.' '현재 일본정부가 실질적 영유권을 법적·행정적 절차를 통해 행사하고 있다.' 중국 당국은 물론 이 주장을 받아들이지 않고 있죠. 중국 측은 다음과 같은 주장으로 맞서고 있습니다. '이미 14세기에 중국에 알려진 섬들이고 고대 지도에 이 섬들이 중국 영토로 표시되어 있다.' '일본 지배는 1895년, 즉 청일전쟁과 함께 시작한 것으로 일본 제국주의 침략의 잔재일 뿐이다.' '2차 세계대전의 일본 항복 조건을 제시한 포츠담선언문을 보면 일본의 영토는 중국을 포함한 전승국들이 정한다고 되어 있다.' 일본으로서는 황당한 일이죠. 19세기부터 아무 소리 없던 중국이 이제 와서 멀쩡하게 있던 섬을 내놓으라고 하고 있으니끼요. 중국으로서도 화가 나는 일입니다. 중국 입장에서 보면 일본은 수백년간 중국 영토였던 땅을 빼앗아갔으면서도 그 과거를 반성하기는커녕 뻔뻔하게 자기 영토라고 주장하고 있으니 말입니다.

중국과 일본 양측은 점차 대응의 수위를 높이고 있습니다. 일본 순찰선과 센까꾸열도 근처에서 활동하는 중국 어선 또는 섬에 상륙하려는 운동가들 사이의 숨바꼭질은 드문 일이 아니죠. 2010년에는 중국 선원들이 체포당해 중국에서 대일본 시위가 대규모로 열리기도 했고, 2013년에는 중국정부 선박의 무단 침입 때문에 일본 자위대 소속 전투기가 출동하는 등 긴장이 이어졌습니다.

2012년 일본정부는 센까꾸열도의 섬들을 구매해버렸고, 이로 인해 중국의 분노가 폭발했습니다. 사실 이는 국수적인 일본 정치인들이 영토분쟁을 정치적으로 이용하려 하자 예방 차원에서 중앙정부가 선수를 친 성격이 강합니다. 하지만 중국 영토는 누구도 매매할 수 없다는 중국 측 대변인의 발표를 시작으로 중국인들의 분노가 끓어오르기 시작했죠. 시위가 시작되었고 8월이 되자 시위는 '일본제국주의 타도' 등의 구호와 함께 중국 전역으로 확산되었습니다. 일본인 소유의 상점, 일본 물건을 파는 가게뿐 아니라 일제 자동차 등 일본을 상징하는 물건들까지 공격 대상이 됐죠. 시위는 9월에도 그치지 않았고, 일제 상품 불매운동과 함께 토요타·파나소닉 등 일본 기업의 공장이 공격받는 일이 발생해 생산이 중단되기도 했습니다. 중국공산당 기관지인 『인민일보』는 "조국이 위협을 받았을 때 애국애족의 열기는 들끓는다. (…) 용기가 없는 민족은 위협을 받을 수밖에 없고 몸을 낮추고 시간만 끄는 국가는 반드시 공격을 받는다"[36]라며 민족의 단합을 강조했습니다.

'조국의 일체성'에 대한 강조는 센까꾸 분쟁에서만 드러나는 것이 아닙니다. 남지나해 국가들과도 마찬가지고, 중국-인도 국경분쟁에서도 크게 다르지 않습니다. 여기에 미국과의 긴장도 더해지고 있고요. 아직 충돌이라고 할 수는 없지만 미국에 대한 중국 내 회의적 시각은 뿌리가 깊죠. 미국은 내전 중에는 국민당을, 한국전쟁과 이후의 냉전 시기에는 남한을 지원하면서 중국과 각을 세웠습니다. 이제는 미국이 중국을 겨냥해 봉쇄정책을 펴고 있다고 보고 있고요. 해군을 강화하고 한반도 사드THAAD, 고고도 미사일 방어체계 배치에 극렬히 반응하는 것 등은 이러한 민족적 위기감의 표출이라고 볼 수 있습니다.

내부의 분쟁

앞에서 보았듯 '우리'라는 개념은 굉장히 유동적입니다. 하지만 그 단위가 민족이라는 거대 집단이 되면 그 유동적인 성격은 급격히 퇴색하고, 굉장히 고정적·배타적이 되죠. 흔히 민족주의는 대내적으로 '우리'를 나누는 그 어떤 의도도 용납하지 않는 단호한 일국주의를 추구하게 됩니다. 포괄적 정체성이 강제성을 띠는 것입니다.

2014년 12월 마카오를 방문한 중국의 시진핑 주석은 '하나의 중국'을 강조하면서 모든 이들이 '올바른 길'에서 벗어나지 말아야 한다고 주문했습니다. 마카오는 홍콩과 더불어 서구의 영토였다가 비교적 최근에 중국으로 반환된 곳이죠. 오랜 자치와 서구 민주주의 전통으로 인해 중국 본토와 정치적 상황이 완전히 다른 곳입니다. 소위 '1국 2체제'의 원칙하에 이들의 자치는 아직도 이어지고 있지만, 이러한 이질적 체제의 공존이 중국을 다시 조각낼 수도 있다는 두려움이 존재합니다. 이는 2014년 민주화를 요구하는 홍콩의 대대적 시위와 시가지 점령에 대한 중국 당국의 강경한 반응에서도 잘 나타났죠.

사실 중국 민족주의 공세의 최대 피해자는 대만입니다. 1949년 중국 공산당과의 내전에서 패한 후 대만 섬으로 망명한 중국공화국 정부는 온전히 한 나라의 몫을 하고 있을 뿐 아니라 아시아경제의 한 축을 담당하고 있죠. 대만정부는 UN의 창설멤버이자 안전보장이사회의 상임이사국이었습니다. 하지만 1971년을 기점으로 점차 대만이 아닌 중국을 유일한 국가로 인정하는 분위기가 형성되었고, 이에 따라 UN은 대만의 상임이사국 지위와 UN 내에서의 모든 지위를 박탈했습니다. 물론 그 자리를 중국이 차지했고요. 중국정부가 대만정부를 인정하지 않고 있다는 것은 말할 것도 없죠. 인정하기는커녕 반란 지역으로 보고 조국의 품으로 돌아와야 한다고 강조하고 있습니다. 이런 국제 정세에 대응해 대만 민주진보당의 천수이벤 총통(2000~08)은 대만 독립의 공식 선언을 정치적 목표로 내세웠습니다. 중국 당국으로서는 받아들일 수 없는 것이었죠. 비난 성명이 줄을 이었고 양국 관계는 바닥을 쳤습니다.

티베트의 상황은 이런 중국의 정치 지형을 알아야만 이해할 수 있습니다. 중국공산당은 티베트와 신장 등 소수민족 지역에서 독립 및 자치를 요구하는 것을 '하나의 중국'이라는 원칙에 반하는 배신 행위이자 분리주의적 요구로 봅니다. 중국 당국으로서는 어떠한 형태의 독립도 허용할 수 없는 입장이죠. 티베트에 허용하면 이는 곧 선례가 되어, 신장의 위구르족을 비롯해 수많은 소수민족을 자극하는 꼴이 될 테니까요. 중국의 민족주의는 소수민족들에게는 억압의 기제일 수밖에 없고, 특히 중국의 폭력에 신음하고 있는 티베트의 입장에서는 무서운 정치 이데올로기이죠.

― ―

티베트의 개발

"위대한 스승이신 달라이 라마는 티베트자치구의 독립에 있어 '중론'에 입각한 비폭력 정책을 주장했으며 600만 티베트인들은 이를 충실히 따랐다. 하지만 중국공산당은 어떠한 반응도 보이지 않았으며, 오히려 티베트인의 권리를 주장한 이들을 체포하고 고문했다. 중국은 달라이 라마를 중상하고 모욕했으며 티베트의 독립을 주장하는 이들은 어느 순간 사라지거나 암살당할 것이다. 중국은 티베트인의 주장에 전혀 귀를 귀울이지 않고 있다. 이곳에서 벌어지는 실제 현상을 전 세계에 알리기 위해 우리는 결국 지금껏 지속해온 평화적인 노선을 포기하고 우리의 몸을 불살라 목소리를 낼 수밖에 없다."[37]

티베트 지도자 달라이 라마는 평화주의자로 유명합니다. 중국

과 티베트의 관계를 대화를 통해 풀고자 평생 노력했죠. 달라이
라마와 티베트인들이 요구하는 것은 티베트의 종교적·문화적 자
유 및 정치적 독립성 보장입니다. 하지만 위의 유서에서 볼 수 있
듯이, 티베트인들의 눈에는 중국 당국과의 협상은 아무 소용 없
는 것이고 희망은 사그라들고 있죠. 모르쇠로 일관하는 중국 당
국을 향해 그들이 선택한 저항 방법은 분신이었습니다.

　중국 당국으로서는 티베트인들의 비난이 섭섭하게 들릴 것입
니다. '티베트는 중국 덕분에 중세적 종교의 압제로부터 인민을 해방시
킬 수 있었을 뿐 아니라, 경제 및 사회발전을 일굴 수 있었다'라고 생각하
고 있기 때문이죠.[38] 중국의 관점에 따르면 티베트는 중국에 흡수되
고 나서야 오랜 종교 근본주의적 왕조체제의 전통에서 해방될 수
있었습니다. 또한 선거 등 대의제를 통해 자치정부를 꾸려 중앙
정부에까지 자신들의 의견을 전달할 수 있게 되었죠. 종교에 기
반한 봉건체제하에서는 상상도 할 수 없던 일임이 틀림없습니다.
티베트 전지역에서 각종 현대문명의 혜택을 누리게 되었고요. 특
권층만 받을 수 있었던 교육도 일반인을 상대로 크게 확대되었습
니다. 현대식 학교가 티베트 전역에 건설되어 초·중등학교 취학
대상 어린이 99%가 학교에 다니고, 각종 기술학교 및 대학교 등
이 설립되어 티베트인들이 예전에는 꿈도 못 꾸던 고등교육 기회
를 제공받고 있다는 것이 당국의 주장입니다. 의료 혜택도 마찬
가지입니다. 2012년 기준 6,660개의 다양한 의료시설이 운영이 되
고 있고 농민들은 무료 의료 서비스도 받을 수 있습니다. 정부 지
원하에 저렴한 주택이 대규모로 공급되었고 해방 이전에는 전무

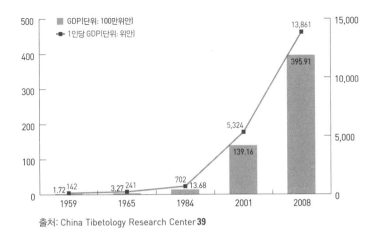

출처: China Tibetology Research Center 39

표1. 티베트의 경제성장: GDP와 1인당 GDP, 1959~2008

하던 현대식 도로도 이제는 약 9,000킬로미터에 이르게 됐죠. 5개 공항에 34개 항공사가 티베트와 중국 전역을 연결하고 있습니다. 지력·풍력·태양열을 이용한 발전시설의 증가로 에너지 공급량이 늘어나고 있고 상하수도시설도 크게 확충되었습니다.

사회 여건의 개선은 표1에서 보이듯 급속한 경제성장으로 이어 졌습니다. 1959년 200만위안에도 미치지 못하던 국내총생산GDP은 2008년에 이르러 4억위안에 이르렀습니다. 1인당 GDP도 마찬가지입니다. 142위안이었던 것이 거의 1만 4,000위안까지 늘었죠. 1994년부터 2012년까지 19년 연속 두자릿수 성장(연평균 12.7%)을 거듭한 결과입니다. 이 수치는 중국 전체의 성장률이 7~8%라는 짐을 감안하면 무척 놀라운 것입니다.

티베트인들의 소비 형태도 현대화됐습니다. 이전엔 쉽게 볼 수

없었던 TV, 전화, 컴퓨터, 세탁기 등의 보급이 확대되었고 생활
만족지수도 급상승했습니다. 외부의 투자도 활발해져 에너지·섬
유·기계·식품·광물 등 여러 분야의 산업이 고루 발전하고 있습
니다. 중국 당국의 재정지원도 적극적입니다.[40]

　티베트의 발전을 상징하는, 그래서 중국 당국이 가장 자랑스러
워하는 성과 중 하나는 바로 티베트 철로입니다. 티베트는 말 그
대로 히말라야 산맥에 위치한 오지죠. 해발 4,000미터가 넘는 고
지에 위치한 탓에 수도인 라싸까지 차로 며칠씩 걸리는 것이 보
통이었습니다. 자연히 티베트는 고립될 수밖에 없었죠. 마오쩌둥
시절부터 티베트와 중국을 잇는 철도가 구상되었지만 늘 구상으
로만 끝났습니다. 그러다가 드디어 2001년 경제력과 발전한 기술
력을 바탕으로 공사가 시작되었고 2006년 라싸와 칭하이성 시닝
을 잇는 총 길이 1,956킬로미터의 고속 철로가 완성됐습니다. 이
철로가 지나는 탕구라 구역은 해발 5,072미터로 세계 최고最高의
철로이고, 세계 최고의 역(탕구라역, 해발 5,068미터)과 세계 최고의
터널(평휘산 터널, 4,905미터) 모두 이 철로에 있습니다. 참고로 백두
산의 높이가 2,750미터입니다. 평지에서 히말라야의 고지로 불
과 하루만에 주파하다 보니 어지럼증을 호소하는 승객도 적지 않
아 기차 안에는 산소호흡기가 상비되어 있습니다. 이 철로 덕분
에 베이징 포함, 중국의 주요 대도시에서 라싸까지 하루면 갈 수
있게 됐으니 고립도 끝난 셈입니다.[41] 이용객도 꾸준히 늘어 매일
기차가 다니게 됐어도 중국 각지에서 모여든 관광객 등으로 기차
는 만원입니다. 2014년 1,500만명의 관광객이 티베트를 찾았고,[42]

지도1. 티베트 철로 지도.

관광업이 티베트 주요 산업으로 성장했습니다. 아예 이주를 하는 사람도 늘었습니다. 도시에서는 한인 거리를 쉽게 찾아볼 수 있고, 그 규모 또한 점점 더 커지고 있죠. 중국정부는 이 철로의 확장을 추진하고 있습니다. 2020년이면 라싸를 출발한 열차가 네팔 국경을 따라 신장新疆까지 이어질 전망입니다.[43]

티베트 내의 폭압

중국 당국은 티베트의 철로와 경제발전에 대해 사랑스럽게 떠들지만 이런 발전 뒤에는 폭압적 정책이 숨어 있습니다. 사실 우리도 눈부신 경제성장과 폭발적 소비생활 덕에 중국이 공산 독재 국가라는 것을 간과하곤 하죠. 중국정치는 엄연히 공산당 독재에 기반하고 있고 독재정권은 태생적으로 반대를 허용하지 않기에 억압은 일상적입니다. 티베트의 경우 여기에 민족주의가 섞이면서 탄압이 더욱 심해졌죠. 절망과 좌절이 티베트인들의 심정이라면 폭정과 폭압은 중국 당국의 일관된 대응입니다.[44] 티베트 내 인권유린 상황은 논란의 여지가 없습니다. 표현과 언론의 자유는 사실상 존재하지도 않죠. 정치적 표현은 항시적으로 모니터링되고 티베트 자치와 독립에 관한 지지는 어떠한 형태로도 용납되지 않습니다. 중국 당국은 특히 달라이 라마에 대해 민감하게 반응합니다. 그와 관련된 어떠한 것(초상화·녹취·책차·소식지 등)이라도 소지하고 있으면 무자비한 처벌(체포·긴 징역형·고문 등)을 받게 됩니다. 정보 차단도 물 샐 틈이 없습니다. 중국 공식 채널 외에는 다른 미디어에 접근할 수 없죠. '미국의 목소리'Voice of America와 같은 서방 라디오방송은 전파 방해를 통해 막고 있고 인공위성 안테나는 소지가 허용되지 않습니다. 인터넷을 통해 외부의 뉴스를 접할 수는 있지만 이 또한 검열이 심하죠. 외부에서의 접근도 쉽지 않습니다. 공식적으로는 외국 언론사의 티베트 취재가 허용됐지만 당국은 각종 규제를 통해 실질적으로 봉쇄하곤 합니다. 취재를 위해 입국신청을 하면 비자가 나오지 않기가 일쑤이고 나와도 정부가 주관하는 취재여행에 만족해야 하는 경우가 대부분입니다. 외국 언론사의 기자가 티베트에서 취재를 한다고 해도 티베트인들로부터 제대로 된 정보를 취할 수도 없습니다. 국내 정세, 특히 시위에 관한 정보를 전달하는 것만으로 유언비어 날조죄로 처벌받을 수 있기 때문입니다. 실제로 외국 언론사와 접촉해 2008년 시위에 관해 유언비어를 퍼뜨렸다는 이유로 체포된 59명의 행방은 아직도 묘연한 상태입니다.

중국 경찰, 즉 공안은 영장도 없이 무려 37일 동안이나 구금할 수 있는 권한을 지니고 있습니다. 법규에 의하면 이 기간이 지나면 구속하거나 풀어주어야 하지만 이마저 지키지 않는 경우가 허다합니다. 법원 판결도 받지 않은 채 바로 감옥으로 가는, 재판 과정이 '통편집'되는 노동교육시설도 있습니다. 보통 가벼운 죄를 범한 경우 이 시설에서 1~3년 정도 노동을 하며 정신교육을 받는데, 이곳으로 '범죄자'를 보내는 것은 경찰 재량에 달려 있습니다. 이러한 권한은 티베트에서 소위 '분리주의자'들을 사회로부터 격리하는 데 요긴하게 쓰이고 있습니다. 감옥 안의 상황도 처참합니다. 가족이나 변호사와의 통신 및 면회가 극도로 제한되고 환경도 불결하기 짝이 없습니다. 세수나 샤워도 허락되지 않는 경우가 많고 잠도 땅바닥에서 이불 한채 없이 자는 게 예사죠. 햇빛 한점 들지 않는 독방에서 음식도 제대로 못 먹는 경우도 많습니다. 수감자 대부분은 승려이거나 불교 신자이지만 종교활동은 금지되어 있고 정치교육을 받아야 합니다. 이 교육은 중국 당국의 정책에 대한 찬양 일색이고, 달라이 라마를 비난하는 등 이들의 신념과 반하는 것이어서 명백한 인권침해 사례에 해당합니다. 고문도 다양하게, 일상적으로 벌어집니다. 지속적 구타, 성폭력, 극한 온도에 장기간 노출, 수면과 음식 박탈 등 직접적으로 폭력을 가하는 것은 물론이고, 고문 중에 고통을 더 심하게 느끼게 하는 약물까지 투여한 것으로 알려져 있죠.[45]

티베트인들이 법과 정부의 보호를 바라는 것은 무리입니다. 티베트 내 재판은 형식적인 경우가 대부분이고 애초에 유죄판결이 결정된 상태로 이루어지죠. 소위 로펌이 있기는 하지만 대부분 공산당과 공식적 관계를 맺고 있고 이들의 사명 또한 정의구현이 아닌 '사회의 안정'인지라 티베트 피의자들에게는 별 도움이 되질 않습니다. 덕분에 현재 알려진 정치범의 숫자만 600명이 훌쩍 넘고, 실제 수는 이보다 훨씬 더 많으리라는 것이 중론입니다. 티베트자치구 공식 인구가 300만명 정도이니, 인구 100만명당 200명이 정치범인 셈이죠. 군부 독재의 서슬이 퍼렇던 1978년 한국의 정치범 수가 778명이었습니다.[46] 당시 인구가 3,700만명이었으니 인구 백만명당 0.2명이 정치범이었죠. 이 수치와 비교해보면 티베트자치구 내 정치 탄압의 심각성을 가늠해볼 수 있습니다.

가장 중요한 정치·행정은 한족의 손에 좌지우지되고 있습니다. 티베트자치구 최고 지도자인 공산당 서기장 우잉지에吳英傑를 비롯해 티베트인이 다수인 인근 10개 지구의 공산당 수장은 대부분 한족입니다. 각종 공공기관과 군, 경찰 등 공권력 또한 한인들이 틀어쥐고 있죠. "정부는 우리의 적들과 달라이 일족들의 이미지와 목소리를 제거하기 위해 최선의 노력을 하고 있다"라는 전임 티베트자치구 대표 천취안궈陳全国의 말은 이런 사정을 잘 드러냅니다.

발전의 그늘

중국 당국의 억압만이 티베트인들을 고통스럽게 하는 것은 아닙니다. 우선 눈에 띄는 것은 티베트 지역경제의 낙후성입니다. 중국 당국의 자랑에도 불구하고 티베트자치구는 중국에서 가장 낙후되어 있는 지역입니다. 시일이 조금 지난 자료이지만 2000년의 인구통계를 보면 티베트 취학연령 아동들은 불과 평균 2.2년 정도만 학교에 다니는 것으로 나타났습니다. 이는 중국 농촌 지역 평균(7.3년), 중국 도시 지역 평균(10.2년)에 한참 못 미치는 것이죠. 중·고등학교를 마치고 대학에 진학하는 비율도 2000년대 중반까지 20%를 넘지 않았습니다. 다른 지역과 소득격차도 좁아지지 않았죠. 1978년 개방이 시작되던 때에 상하이의 소득은 라싸의 6.6배였는데 2007년에는 5.4배로 별다른 개선이 이루어지지 않은 것으로 나타났습니다.[47] 물론 상하이의 경제가 폭발적으로 성장한 것을 고려해야겠지만 그렇더라도 티베트의 낙후성이 개선됐다고 말하기는 힘듭니다. 티베트인 취업률도 형편없이 낮습니다. 여기에는 여러 요인이 있습니다. 앞서 살펴본 낮은 교육열도 문제지만 투자가 도시 중심으로 이루어지고 있고 당국도 도농 격차에 손을 완전히 놓고 있죠.

하지만 더욱 근본적인 요인은 외지인에 의해 이루어지는 투자 그 자체입니다. 티베트 경제 '발전'의 싱딩 부분은 외지인 투자와 이들의 이민에 의지하고 있죠. 이미 경제성장이 이루어진 해

안 지역 경기가 예전만 못해지자 내륙으로 기회를 찾아 떠나는 사람들이 늘었고, 티베트가 이민자들의 종착역이 되었습니다. 정부의 지원도 파격적이었죠. 라싸를 잇는 철도가 대표적입니다. 각종 금전적 혜택도 뒤따랐습니다. 예를 들어, 2004년 통계를 보면 티베트에서 받는 공공기관 직원의 월급이 중국 최대의 도시 상하이 지역의 월급과 맞먹을 정도였습니다. 사실상 정부지원금이죠. 제도적 지원도 주효했습니다. 중국공산당은 '호구제'라는 제도를 오랫동안 운영해왔습니다. 주민들을 일정한 지역에 묶어두고 관리하는 제도입니다. 호구에 명시된 지역을 벗어나면 공교육·의료 등의 혜택을 받기 어려워집니다. 한족은 티베트로 이주를 하면 임시 호구가 자동적으로 나옵니다. 당연히 한족 자녀들은 학교에도 가고 병원도 싼 값에 이용할 수 있죠. 무엇보다 합법적 신분이기 때문에 정부나 공공기관에서 일자리를 찾을 수도 있습니다. 하지만 티베트인들은 일자리가 있는 도시로 가려 해도 호구 조정이 안 되니 이주가 쉽지 않고, 한다 해도 각종 제약이 따르게 됩니다. 자연히 교육도 받고, 기술도 있고, 의욕도 넘치는 중산층 한족들의 이주가 줄을 이었습니다. 경제발전의 상당 부분이 이들 손으로 이루어졌고, 이익도 이들에게로 돌아갔습니다. '발전'의 열매는 애초부터 티베트인들의 몫이 아니었던 것이죠.

티베트자치구의 2004년 실업률은 37%에 이르는 것으로 추정되었고, 그나마 괜찮은 직업은 대부분 이주민들에게 돌아가는 것으로 나타났습니다. 그러니 외지인을 제외한 티베트인의 실업률은 이 수치보다 훨씬 높을 수 있습니다.[48] 2008년의 연구에서는 이를 입증할 만한 주장이 나왔습니다. 이 연구를 위해 실시한 설문 조사에 따르면 티베트인 가운데 20%가 실업을 심각한 문제로 보았지만 한족은 4.5%만이 그렇게 보았습니다.[49] 경제발전이 한인 위주로 이루어지면서 혜택도 불균등하게 돌아가는 현실이 드러난 것이죠.

문화학살

전통 복식을 입은 티베트 주민을 중국인 관광객이 둘러싸고 사진을 찍어대는 모습이 언론매체에 실린 적 있습니다. 사진을 찍히는 이는 고개를 돌린 채 곤란해하지만 관광객들은 막무가내입니다. 티베트인들의 삶 자체가 관광의 소비거리로 전락한 위기 상황을 드러내는 장면이죠. 안타깝지만 흔한 일입니다. 티베트인들을 비인격적으로 대하는 것은 예사이고 종교적 상징물을 훼손하는 일도 비일비재합니다.

중국정부의 문화정책은 그보다 더 심각합니다. 불상에 낙서를 하는 차원이 아니라, 티베트불교의 존폐를 위협하는 지경에 이르렀으니 말입니다. 중국 당국은 티베트의 지도자 달라이 라마를 중국 전체의 안보를 위협하는 분리주의자로 규정하고 있습니다. 티베트불교 자체도 좋게 보지 않죠. 현재 티베트에서는 달라이 라마에 대한 어떠한 형태의 추종도 금지되고 있습니다. 달라이 라마의 사진이나 상징물을 소지하는 것만으로 체포될 수 있죠. 사원 대부분은 당국이 항시적으로 감시하고, 심지어 사원 내에 초소가 있는 경우도 있습니다. 승려들은 정부의 사상 공작에 시달립니다. 일년에 수주간 의무적으로 참가해야 하는 애국교육 프로그램에서는 중국공산당이 주도하는 정치교육이 진행됩니다. 달라이 라마에 대한 비난이 주가 되는 것은 물론입니다. 그를 신으로 떠받드는 티베트 승려들로서는 괴로울 수밖에 없죠.

사원은 전통적으로 중요한 교육기관이었습니다. 승려에 대한 교육뿐 아니라 일반인들의 교육에서도 중심적 역할을 했죠. 하지만 당국은 학교를 열지 못하도록 조치하면서 교육기관으로서의 기능을 제거해버렸습니다. 기존 종교 지도자들 상당수가 망명 또는 수감 중이고 나날이 노쇠해가는 상황에서, 이러한 조치는 티베트문화 보존 차원에서 정말 뼈아픈 일입니다. 후학 양성이 어려우므로, 이는 곧 승려 수의 감소로 이어질 것입니다. 자연히 사원 유지가 어려워 졌고, 문 닫는 사원도 늘고 있습니다.[50]

티베트불교에 드리워진 어두운 그림자는 '죽음'과 '부활'도 피해갈 수 없습니다. 부활은 티베트불교의 특징으로, 고위직 승려가 죽으면 그의 환생을 찾아 그 직위를 잇게 합니다. 달라이 라마가 죽으면 그가 부활한 아기를 찾는 중요한 종교적 '추적'이 몇년이고 이루어집니다. 현재의 14대 달라이 라마를 찾는 데 4년이 걸렸다고 하죠. 달라이 라마에 이은 2인자 판첸 라마도 마찬가지입니다. 중국 당국은 이 부활마저 간섭하기 시작했습니다. 1995년 티베트 지도자들에 의해 11대 판첸 라마로 지목된 6세 어린이가 사라졌습니다. 당국은 곧이어 중국공산당 집안에서 자란 소년을 판첸 라마로 지명해버렸죠. 이는 정치적으로 굉장히 중요한 사건이었습니다. 판첸 라마는 달라이 라마의 환생을 주관하는, 즉 환생한 아기를 찾고 교육하고 그동안 티베트를 이끄는 지도자이기 때문이죠. 그런 자리에 중국 당국의 인물을 배치한 것은, 고령인 달라이 라마가 사망한 이후 티베트불교를 관리하겠다는 장기적 복안이었죠. 불교계의 강한 반발을 불러왔지만 당국은 요지부동입니다. 미래를 걱정한 달라이 라마는 부활이 자기 대에서 그칠 것이라고 공공연히 말하기도 했죠. 중국의 뜻대로 부활이 진행되건 달라이 라마의 말대로 부활이 중지되건 티베트불교는 근본적인 변화를 겪게 될 것입니다.

문화 억압은 종교 부문에서만 일어나는 것이 아니라, 티베트인들의 일상에까지 미치고 있습니다. 티베트 땅 대부분은 척박한 고지대여서 유목이 삶의 기본이었습니다. 중국 당국은 이 유목문화를 달가워하지 않았습니다. 가축을 몰고 철따라 떠돌아다니는, 일정한 주소도 없는 이들을 통제하기란 쉽지 않기 때문이죠. 중국 당국은 유목문화를 뿌리 뽑기 위해 대규모 저가 주택, 소위 '사회주의 신거주지'와 융자를 제공했습니다. 당국의 선전에 속았건, 티베트인 스스로 편의를 위해 선택했건, 200만 정도로 추정되는 유목 인구 가운데 거의 절반이 이주한 것으로 추정되었고 이는 계속 진행되고 있죠.[51] 언어도 사정은 비슷합니다. 가난을 극복하기 위해 학교교육을 중요시하는 것은 티베트인 부모도 마찬가지입니다. 학교교육이 중국어로 진행되는 게 문제죠. 중국어 능력이 취업에 중요한 만큼 배우지 않을 수 없고, 이에 따라 티베트어의 입지가 좁아지고 있는 실정입니다. 티베트어에 능통한 세대가 점차 사라지고 티베트어와 중국어 모두에 익숙한 세대도 저물고 나면 만주어가 그랬듯 티베트어가 없어지는 것도 시간문제일 것입니다.

중국 당국의 의도가 어떤 것인지는 알 수 없습니다. 그들이 공식적으로 발표하는 것처럼 종교적 압박과 가난에서 인민을 구하기 위한 것일 수도 있고 티베트 지도자들이 지적하듯 티베트문명을 학살하려는 것일 수도 있습니다. 진심으로 티베트의 후진성을 극복해야겠다는 신념을 가진 공산당 간부도 다수 있을 것입니다. 하지만 이들의 진정한 의도가 무엇이건 일련의 '발전'은 티베트의 저항을 꺾고 정체성을 약화시키는 방향으로 가고 있습니다. 가난했지만 자급자족하며 유지되던 지역경제는 점차 중국경제의 큰 틀에 흡수되면서 외부에 기댈 수밖에 없게 됐습니다. 종교가 근간이던 사회는 공산당의 지배를 받음으로써 종교의 영향력이 급격히 약화되고 있죠. 기존의 사회·경제 질서가 뿌리째 흔들리고 있는 겁니다. 한족의 세속적이고 자본주의적인 문화가 철로를 타고 흘러오고 티베트의 미래는 그 철로를 따라 떠나고 있습니다. 시간이 지나 세대가 바뀌면 점차 불만 자체가 엷어지고, 티베트라는 정체성도 더불어 약해질 것입니다.

청조 시기의 공식 언어는 만주어였습니다. 2011년 개봉돼 인기를 끌었던 영화 「최종병기 활」에 등장하는 만주군이 만주어를 구사해서 화제가 된 바 있죠. 화제가 될 수밖에 없었던 것이, 그 언어는 사실상 '멸종' 상태입니다. 유네스코 자료에 의하면 현재

1,000만명의 만주족 가운데 만주어를 구사하는 사람은 10여명에 지나지 않는다고 합니다. 청조가 막을 내린 것이 1912년이니, 딱 100년 정도만에 언어가 사라진 것이죠. 언어를 따라 만주족의 정체성도 연기처럼 없어졌습니다. 이것이 티베트 민족, 티베트 민족주의의 미래가 될 수도 있습니다.

* * *

민족주의는 가장 포괄적인 규정이자 현대국가의 근간입니다. 민족이라는 이름 아래에 모든 것이 포함되죠. 중국인민공화국을 수립한 마오쩌둥은 공산주의자이지만 대일본 항쟁을 이끈 민족주의자였습니다. 민족의 자립과 통일은 그의 숙원사업이었죠. 마오쩌둥은 소수민족의 자치권을 인정했지만 어디까지나 '중국민족'이라는 테두리 안에서만 그러했습니다. 중국민족이라는 거대한 깃발 아래 머물지 않고 소수민족들이 그들의 민족주의, 즉 뚜렷한 정체성과 정치적 독립을 내세우는 것은 용납하지 않았죠. 한족 중심의 민족주의야말로 중국이라는 거대한 나라를 하나로 묶을 수 있는 유일한 이데올로기였으니까요.

이는 중국 경제발전의 이면이기도 합니다. 상상할 수 없는 규모의 저임금 노동력이 동진하면서 시장경제가 급속히 팽창했고 중국은 세계 제2의 경제대국으로 부상했습니다. 당연히 자본주의 사회의 병폐도 따라왔습니다. 폭발적 빈부격차로 민민세층이 확대됐고 극소수 대자본가에게 부가 쏠렸습니다. 공산당 간부들도 치부에 여념이 없는 세상이 됐죠. 공산주의의 흔적은 공산당의 독재정치에서만 찾아볼 수 있는 지경입니다. 그러나 당사자인 공산당은 공산주의의 불씨를 살려야 하는 참 곤란한 처지입니다. 아무도 돌아보지 않는 공산주의에 매달려서는 권력을 유지할 수 없었으니 자연히 대안이 필요했습니다.

그 대안이 바로 민족주의입니다. 민족주의는 유효기간이 만료된 공산주의를 대체하는 정치 이데올로기인 것입니다. 중요한 만큼 어떠한 도전도 용납되지 않습니다. 이전에는 조용하던 일본과의 영토분쟁이 갑자기 첨예해진 데는 이런 사정이 숨어 있습니다. 남지나해 분쟁도 마찬가지죠. 티베트에 대한 무자비한 탄압은 중국의 민족주의가 티베트의 민족주의와 충돌한 결과입니다. 한쪽의 민족주의가 사그라들지 않는 이상 충돌이 그칠 리 없고, 힘에서는 중국 측이 압도적 우위에 있으니 충돌은 일방적 탄압의 모양새를 하고 있는 것이죠. 중국은 티베트를 중국문명으로, 중국민족으로 동화시키려 하고 있으며, 살펴본 일련의 정책은 이러한 기조를 뚜렷이 반영하고 있습니다. 중국과 티베트의 충돌을 통해, 민족주의 정치 이데올로기가 한 문명을 파괴하는 결과를 가져올 수 있음을 볼 수 있습니다.

4장

시오니즘: 이스라엘과 팔레스타인의 분쟁

중국 내 민족주의의 충돌에서 보듯 정치 이데올로기는 분쟁의 주요 요인입니다. 경우에 따라서 그 분쟁은 전쟁과 같은 무력 분쟁으로 불거지기도 하죠. 양측이 무력을 동원해 맞붙는 상황일수록 정치 이데올로기는 더욱 중요한 역할을 합니다. 한국전쟁을 생각해보죠. 1950년 남북 간의 전쟁이 발발한 이유는 여러가지입니다. 통일에 대한 강한 김일성의 욕구, 미군 감축을 시작으로 한 미국정부의 탈 한반도 정책, 중국공산당 승리 등 국내외에서 다양한 이유를 찾을 수 있습니다. 그중 가장 중요한 요소로 정치 이데올로기를 꼽을 수 있죠. 북한은 소련 점령하에 공산주의를 받아들여 김일성 정권의 기초를 닦았고 남한에서는 이승만 정권이 미국 모델을 수입했죠. 북한은 토지개혁을 시작으로 평등한 사회를 구현하려 했고, 남한에서는 시장경제가 사회의 근간이 되었습니다. 이질감은 적대감으로 번졌습니다. 북은 남을 해방이 필요

지도2. 이스라엘.

한 미완의 땅으로 보았고, 남은 북을 '빨갱이'들의 땅으로 여겼죠. 물론 이러한 정치 이데올로기의 차이는 미국과 소련의 그것을 대변하는 것이었고요. 남북의 정치 이데올로기를 이해하면 한국전쟁의 시작뿐 아니라 전쟁이 세계적으로 확대될 수밖에 없었던 이유, 전쟁 이후의 한반도 사태 등에 대해서도 잘 이해할 수 있습니다. 모든 분쟁에서 정치 이데올로기가 결정적 역할을 하는 것은 아니지만, 정치 이데올로기가 중요한 역할을 하지 않는 분쟁은 찾기 힘듭니다.

정치 이데올로기가 첨예하게 대립한 최근의 예로 이스라엘과 팔레스타인의 분쟁을 들 수 있습니다. 이스라엘 서남쪽 끝 가자 지구와 동쪽 끝 서안지구 그리고 예루살렘, 이 세 곳의 팔레스타인인들은 이스라엘 지배하에 살고 있습니다. 이 땅은 모두 1967년 '6일전쟁' 이후 이스라엘이 주변국들로부터 빼앗은 것입니다. 현재 이스라엘은 가자지구에서는 철수했지만 계속 국경을 봉쇄하고 있고, 서안지구는 직접 점령하고 있는 상태입니다. 동예루살렘은 공식적 합병을 통해 이스라엘 영토로 귀속되었죠. 이스라엘과 팔레스타인의 분쟁은 복잡한 중동 정세의 한 축입니다. 한국의 보수단체들이 입만 열면 '종북세력' 운운하는 것처럼 중동의 과격 무슬림 단체들은 눈만 뜨면 '이스라엘 타도'를 외치죠. 이들의 이스라엘을 향한 증오는 깊고 오래되었습니다. 이스라엘과 팔레스타인 분쟁과 이 분쟁에 개입되어 있는 정치 이데올로기, 즉 시오니즘에 대해 살펴보는 것은 중동정치를 이해하기 위한 적합한 출발점입니다.

이스라엘의 팔레스타인 침공

최근의 분쟁은 2014년 이스라엘 군대가 가자지구를 침공하면서 시작됐습니다. 이 분쟁으로 수많은 팔레스타인 주민들이 목숨과 삶의 터전을 빼앗겼는데, 시발점이 된 것은 한 무장단체가 이스라엘 소년 세명을 납치하여 살해한 사건입니다. 해당 무장단체는 가자지구 내 팔레스타인 정부를 이끄는 하마스계로 알려졌습니다. 이들을 늘 적대시하던 이스라엘 정부는 곧바로 내응에 나섰죠. 서안지구에 머무르던 하마스 지도자들을 공격하고 가자지구 내 무장세력을 상대로 군사작전을 감행했습니다. 하마스도 제한적이던 대(對)이스라엘 미사일 공격을 대규모로 확대하면서 반격에 나섰고, 이스라엘 또한 맞대응을 했습니다. 이스라엘발 위기가 재현되는 것을 우려한 이집트가 중재안을 제시했지만 소용없었습니다.[52] 정치적 해결이 난항을 겪고 난 7월 결국 이스라엘 지상군이 가자지구를 침공합니다. 이후 한달 넘게 양측은 치열한 지상전을 벌였죠. 이스라엘군은 압도적 무력과 치밀한 전략으로 하마스 무기공장, 땅굴, 건물, 지도자들을 겨냥했습니다. 하마스의 저항도 만만치 않아, 미사일과 땅굴 침입 등의 공격으로 이스라엘을 직접 타격하기도 했죠.[53] 8월이 지나자 양쪽은 지칠대로 지쳤습니다. 특히 팔레스타인 측 민간인 피해는 지난 어떤 분쟁보다 심각했습니다. 이번 분쟁으로 사망한 약 2만 1,000명의 팔레스타인인 가운데 절대 다수가 민간인이었고 180만의 가자지구 인구 가운데 무려 30만명에 육박하는 이들이 집을 잃고 난민이 되었습니다. 경제도 파탄 났죠. 가자지구 내 유일한 화력발전소가 폭격당하는 바람에 전기가 끊겼고 하수도와 공장 등이 파괴되면서 사회적·경제적 인프라가 붕괴되었습니다. 한 연구는 이 분쟁으로 가자지구가 50억달러어치의 경제적 타격을 입었다고 했습니다. 가자의 국내총생산이 61억달러(2014)에 불과하니, 엄청난 피해죠. 가자지구가 워낙 인구밀도가 높은 지역이어서 민간인 피해가 뻔히 예상됐지만 이스라엘은 군사공격을 감행했습니다.[54] 팔레스타인인들의 분노와 좌절을 상상하기 어렵지 않습니다.

문제는 이번 분쟁이 처음이 아니었고 마지막도 아닐 것이라는 데 있습니다. 2012년에도, 2008년에도 놀랍도록 비슷한 분쟁이 있었고 매번 팔레스타인 측은 일방적으로 피해를 입었죠. 침공까지는 아니더라도 낮은 수준의 공방은 항시적으로 벌어집니다. 특히 서안·가자지구 내의 이스라엘인 정착촌은 식민정책의 일환으로 인식되어 팔레스타인 무장대 공격이 집중됐습니다.[55] 지금은 총격이나 미사일 공격이 주를 이루고 있지만 2000년대 중반까지만 해도 자살공격도 흔했죠. 이스라엘 측은 보복으로 용의자의 집이나 과수원을 불도저로 싹 밀기도 했습니다. 사상자도 나왔습니다. 팔레스타인 주민들의 분노는 더 끓어올랐고 이는 무장저항의 동력이 됐습니다. 악순환의 고리가 끊이지 않고 굴러가는 것이죠.

표2. 2000~08년간 이스라엘 및 팔레스타인의 사망자 수.

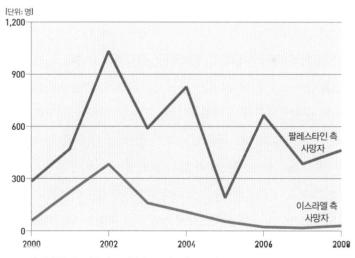

(단위: 명)

팔레스타인 측
사망자

이스라엘 측
사망자

출처: B'Tselem(The Israeli Information Center for
Human Rights in the Occupied Territories)

표2는 2000년부터 2008년 12월 전쟁 전까지 분쟁으로 인한 양측 사망자 통계입니다. 파란색 선은 팔레스타인 측 사망자를, 회색 선은 이스라엘 측 사망자를 나타냅니다.[56] 한눈에도 분쟁이 지속되고 있으며, 매년 수백명씩 목숨을 잃고 있음을 알 수 있습니다. 희생자의 절대 다수는 팔레스타인 주민들입니다. 2002년의 통계를 보면 1,032명의 팔레스타인인이 이스라엘의 공격으로 목숨을 잃었고, 이스라엘 측 사망자는 381명이었습니다. 이후 이스라엘 측 피해는 급격히 줄어들었지만 팔레스타인 측에서는 계속해서 많은 사망자가 나왔죠. 2007년 이스라엘 측 사망자 수는 16명이었지만 팔레스타인 측 사망자는 무려 385명에 달했습니다.

이스라엘의 전쟁

이스라엘의 분쟁은 건국 후에 더욱 심각해졌습니다. 이집트·요르단·이라크·시리아·레바논 등 주변국들은 1948년 이스라엘 건국과 동시에 침공을 감행했습니다. 처음의 공세는 곧 꺾이고 전세는 역전돼 결국 이스라엘의 승리로 끝났죠. 1956년 이스라엘은 영국과 프랑스의 수에즈운하 탈환 작전에 참여하여 이집트를 침공했습니다. 그리고 1967년 그 유명한 6일전쟁이 벌어집니다. 이집트·요르단·시리아가 이스라엘 침략을 준비하는 낌새를 보이자 이스라엘이 선수를 쳤죠. 시나이반도에 모여 있던 이집트 육군을 공습으로 초토화함으로써 전쟁은 본격적으로 시작하기도 전에

이스라엘

6일전쟁 이후
이스라엘 점령 지역

레바논

시리아

지중해

골란
고원

서안
지구

가자
지구

요르단

시나이반도

수에즈만

이집트

사우디아라비아

티란
해협

홍해

지도3. 1967년 전쟁 전과 후의 이스라엘 영토.

이스라엘의 승리로 마무리됐습니다. 그 공습이 6월 5일에 이루어 졌고 6월 10일에 휴전을 맺었기 때문에 '6일전쟁'이라는 이름이 붙었죠. 일방적 승리로 이스라엘은 정치·외교에서 우위를 점하 게 되었을 뿐 아니라 영토도 크게 확장했습니다. 지도3에서 보듯 골란고원(시리아), 서안지구(요르단), 가자지구(이집트), 시나이반도 (이집트)를 점령해 영토가 세배로 커졌죠. 동이스라엘마저 점령한 것은 중요한 정치적 승리였습니다. 1973년에는 이집트와 시리아 가 기습공격을 감행했고, 1982년에는 이스라엘군이 레바논 남부 의 팔레스타인 무장단체Palestine Liberation Organization를 공격한다는 구실로 침공하여 2000년까지 점령했습니다. 2006년에는 레바논을 다시 침공했죠. 이렇게 전쟁이 끊이지 않지만 이스라엘은 한번도 전쟁에서 진 적이 없었습니다. 1948년 전쟁에서 기선을 잡힌 적이 있고 1973년 전쟁에서 막대한 피해를 입기도 했지만 이민자들의 조그마한 나라가 인구가 몇배나 되는 다수의 아랍 나라들을 상대로 승리에 승리를 이어갔죠.

6일전쟁의 놀라운 승리 이후 이스라엘은 지역 맹주로 자리매김하기도 했지만, 계속되는 분쟁은 압도적 군사력 없이는 안전을 보장할 수 없는 이스라엘의 불안한 현실을 웅변하고 있습니다. 이 지역에서 이스라엘을 정당한 국가로 인정하는 나라는 평화조약을 맺고 시나이반도를 돌려받은 이집트와 동쪽 국경에 맞닿아 있는 요르단뿐입니다. 그외 모든 아랍국과 인도네시아·방글라데시 등 주요 무슬림 국가들은 이스라엘과 외교관계가 없습니다. 정당한 국가로 인정하지 않는 것이죠.

유럽 대륙의 독일과 프랑스도 과거 수많은 전쟁을 반복해서 겪었지만, 이제는 유럽 통합의 주역으로서 가까운 동지가 됐습니다. 미국과 멕시코, 중국과 남한도 비교적 최근에 분쟁을 겪었고 자국의 이익에 따라 부침이 있지만 기본적으로는 우호적인 관계를 유지하고 있죠. 친밀한 관계는 고사하고 상대의 존재 자체를 인정하지 않는 중동의 사정은 무척 특별한 것이고, 여기에는 정치 이데올로기가 큰 몫을 하고 있습니다.

이스라엘을 향한 적대감은 이 지역을 식민화했던 서구, 특히 영국에 대한 적대감과 궤를 같이합니다. 당시의 식민정책이 이스라엘의 건국으로 이어졌다고 보기 때문이죠. 게다가 이슬람교의 근본주의적 가르침을 통치의 근간으로 삼거나(사우디아라비아, 쿠웨이트 등) 주요 정치 이데올로기로 이용하고 있는(시리아, 레바논 등) 아랍 국가들로서는 이교도의 나라인 이스라엘을 인정하기가 어려운 실정입니다. 사정이 이러니 이스라엘 측은 자국의 건국을 유일한 해결 방안으로 여겼고, 그렇게 세운 나라를 지켜야 한다는 인식, 즉 시오니즘을 강화할 수밖에 없었습니다.

계속되는 중동 분쟁의 뿌리인 두가지 정치 이데올로기 가운데 시오니즘은 완전히 낯설지는 않지만 그 중요도에 비해 자세히 알 기회가 많지 않았죠. 지금부터는 시오니즘이라는 정치 이데올로기에 대해 살펴보겠습니다.

시오니즘의 발전

시오니즘은 역설적이게도 중동이 아닌 유럽에서 출발했습니다. 유럽 내 반유대 정서가 그 뿌리라고 할 수 있죠. 특히 러시아 유대인들의 경험이 근대 시오니즘의 바탕이 되었죠. 1881년 러시아 황제인 알렉산드르 2세가 암살당하자 분노를 쏟을 곳을 찾던 러시아인들은 엉뚱하게도 유대인들을 공격하기 시작합니다. 곧이어 유대인들은 대규모로 러시아를 탈출했죠. 이때 스몰렌스킨Peretz Smolenskin은 유대인들이 개인적으로 탈출하여 전세계로 흩어질 게 아니라 조직화하여 팔레스타인으로 향해야 한다고 주장했습니다. 이를 계기로 팔레스타인을 향한 집단적 이주가 시작되었죠. 이들은 팔레스타인 지역에 공동 농장을 세우고 운영하며 활발하게 이주해갔습니다.[57] 시오니즘 교본이라고 할 수 있는 『유대국가』The Jewish State 라는 책이 출판돼 큰 반향을 얻은 것도 이즈음이었습니다. 근대 시오니즘의 아버지로 추앙받는 저자 헤르츨Tivadar Herzl은 당시에 작가 및 언론인으로 활동했습니다. 프랑스군 장교인 드레퓌스Alfred Dreyfus가 유대인이라는 이유만으로 독일의 스파이라는 말도 안 되는 혐의를 받은 드레퓌스 사건으로 많은 이들이 충격을 받았고 헤르츨도 마찬가지였습니다. 이성과 과학을 중시하는 전통이 자리잡고 근대국가체제가 들어섰음에도 유대인에 대한 박해는 끊이지 않음을 실감하고 좌절했죠. 그는 어느 곳에서나 유대인은 소수자이므로 모든 국가, 심지어 진보적이고 자유를 사랑하는 국가에서도 유대인 박해는 일어난다고 말하며 세계는 유대인들을 처리할 장소, 즉 유대인 국가를 필요로 한다는 주장을 펼쳤습니다.[58] 헤르츨의 주장은 큰 반향을 일으켰고 곧 그는 시오니즘 지도자로 부상했습니다. 세계 시오니스트 기구World Zionist Congress를 구성하여 1897년 역사적인 모임을 열었고 시오니즘의 견인차가 될 시오니즘 의회Zionist Organization를 만들어 시오니즘의 정치세력화를 이루었죠.

시오니스트들의 조직화와 이론화를 바탕으로 유대인의 팔레스타인 이주는 열기가 더해갔지만 그럴수록 반작용도 커졌습니다. 대부분이 아랍인이었던 현지인들은 커져가는 유대인 세력을 달가워하지 않았고 1920년대가 지나면서 긴장은 무력 충돌로 이어졌습니다. 사태는 점점 심각졌지만 시오니즘 지도자들은 사태의 심각성을 정확히 보지 못했습니다. 이들은 이러한 충돌을 지역적· 간헐적 사고라고 본 것이죠.[59] 지역민들의 걱정과 불만을 간과하고 유대인 정착민 수를 늘리는 데만 집중했습니다. 농장 수를 늘리고 농장에서도 유대인들만 고용하도록 장려했습니다. 이런 유대인 우선 정책은 지역민들의 반감을 더욱 키웠고, 팔레스타인 주민들의 민족의식은 크게 강화되었죠. 앞에서 살펴본 민족주의 발현 및 발전의 전형적 모습입니다. 팔레스타인 민족주의는 1930년대, 특히 1936년 영국 식민통치에 반대하는 저항운동을 기점으로 급속히 성장했습니다.[60] 한편 시오니즘은 점차 유대인의 주요 정치 이데올로기로 부상했고, 나치의 유대인 학살 이후 서구 열강들도 팔레스타인에서의 유대국가 건설의 필요성에 공감했습니다. UN의 이스라엘 건국 결의가 이어졌고 드디어 1948년 5월 14일 헤르츨의 초상화 밑에서 시오니즘 지도자들은 독립선언을 하기에 이르렀죠.

유사성을 띤 일련의 사상이 시오니즘에 흡수되기도 하고 시오니즘이라는 큰 울타리 내에서 사상들이 공존하기도 했는데, 이런 사상적 줄기 가운데 '종교적 시오니즘'이 있습니다. 유대인의 팔레스타인 이주를 구원의 조건으로 봤던 종교적 시오니스트들은 1903년 정치정당 '미즈라히'Mizrachi를 꾸리면서 세력 확장에 나섰습니다. 세속적 지도자들과 달리 이들은 신이 약속한 땅이니 빠짐없이 되찾아야 한다고 믿었습니다.[61] 이스라엘 건국이 중요한 종교 문제가 된 것이죠. 이들은 1948년 얻은 영토는 고대 이스라엘 땅을 완전히 수복한 것이 아니며, 영토 수복이 늦어지면 그만큼 구세주의 도래가 지연된다고 보았습니다. 하지만 이들에게는 신의 은총이 기다리고 있었습니다. 바로 6일전쟁이었죠.

이들에게 1967년 6일전쟁의 승리와 영토 확장은 종교적으로도 아주 중요한 사건이었습니다. 우선 전광석화 같은 승리 자체가 신의 은총이었죠. 아무리 전쟁 준비가 잘됐다고 해도 몇배나 큰 이집트·시리아·요르단 세 나라를 상대로 6일 만에 승리를 얻은 것은 기적 같은 일이었으니까요. 게다가 이 전쟁으로 빼앗은 영토는 바로 신이 '약속한 땅'이었습니다. 요르단에게서 빼앗은 서안지구는 유대인들에게 유대아Judea와 사마리아Samaria 지역으로 알려진 땅으로, 로마제국 점령 시기 유대인의 고난과 관련된 신성한 곳이죠.[62] 성서의 예언이 이루어지면 하늘과 땅을 연결할 곳이기도 합니다. 이렇게 중요한 곳에서 쫓겨나 있었으니 심각한 문제였던 거죠. 종교적 시오니스트들은 일찍부터 유대인들이 이곳으로 돌아가야 한다고 설파했고 완전한 영토 수복을 고난의 끝으로 보았습니다.[63] 그러니 서안지구의 점령은 이들에게는 이스라엘의 정체성이 완성되는 영광과 감격의 순간이었죠.

이들의 종교적 비전은 현실적 시오니스트들, 특히 정부의 주류 세력이었던 사회주의 지도자의 구상과 상충하는 것이었습니다. 당시 정부는 이 땅을 돌려주고 대신 아랍 국가들로부터 이스라엘의 존재를 인정받겠다는 복안을 지니고 있었습니다. 외교적으로 고립된 상태에서 탈출하고자 했던 것이죠. 이 구상은 실패로 돌아가 결국 이 영토는 이스라엘 점령하에 두게 됐지만, 이 사건으로 종교적 시오니스트들은 정부를 깊이 불신하게 되었습니다.

점령지에 관해 정부를 믿을 수 없게 된 이들은 직접 행동에 나섰습니다. 이렇게 행동에 나선 이들 가운데 레빈저^{Moshe Levinger}는 종교적 시오니즘의 대부인 츠비 예후다 쿡^{Tzvi Yehuda Kook}의 추종자로 가장 눈에 띄는 운동가였죠. 그는 1968년 32가구를 이끌고 아랍인들의 중심지인 헤브론의 한 호텔을 점거한 채 버티다 마을을 꾸립니다. 유대인 정착촌의 시작이었죠. 레빈저의 운동은 더욱 조직화되어 '구시에무님'^{Gush Emunim, '믿음 연합'이라는 뜻}이라고 불리는 조직으로 성장했습니다. 이들은 점령지에 정부 허가 없이 주거지를 짓고 노동당 정부와 대립했습니다. 정부가 이를 저지하면 종교박해라고 비난하고, 저지하지 않으면 정착촌을 확대하면서 정부를 몰아갔죠. 이러던 와중에 1973년 전쟁 후 노동당 정부가 수세에 몰렸고 1977년 선거에서 노동당은 건국 이후 최초로 정권을 잃었습니다. 승자는 극우 리쿠드^{Likud}당이었고 이들은 정착촌 확장에 소극적이던 노동당과는 정반대였습니다. 구시에무님 주도의 종교적 시오니스트들에게는 또다른 신의 은총이었죠. 정부의 지원에 힘입어 종교적 시오니스트들은 소수지만 이스라엘 정치에서 큰 영향력을 행사하게 됐습니다. 이들은 이스라엘이 유대인들의 나라가 되기 위해서는 단지 정부가 유대인들로 이루어진 것으로는 부족하며, 정부의 정책 또한 유대교 가르침을 반영해야 한다고 목소리를 높였습니다. 이들에게는 유대인들의 세속화, 다른 문화와의 공존은 패배적 흡수일 뿐입니다.[64] 이러한 인식이 이스라엘 정부의 점령지 정책과도 이어집니다.

이스라엘의 가자지구 침공이 중동 지역 정치의 뜨거운 감자라면 시오니즘이라는 정치사상은 감자를 달구는 연탄이라고 할 수 있습니다. 하지만 연탄이 있다고 감자가 금방 뜨거워지는 것이 아니듯 시오니즘이 있다고 바로 침공으로 이어지는 것은 아니죠. 시오니즘을 바탕으로 한 이스라엘의 정치는 이스라엘과 팔레스타인 양측의 적대감을 높이는 중요한 역할을 했습니다. 지금부터 감자를 뜨겁게 만드는 갖가지 요소들에 대해 짚어보도록 하겠습니다.

가자지구

이스라엘 건국은 지역민들에게는 끔찍한 비극이었습니다. 유대 무장단체의 테러와 1948년 전쟁 때문에 많은 팔레스타인 주민들이 고향 땅을 등져야 했죠. 이들은 이웃 아랍 국가로 흘러들어갔고 많은 이들이 가자·서안지구에서 난민으로 살아갔습니다. 하지만 1967년 전쟁으로 이스라엘은 가자를 이집트로부터, 서안지구는 요르단으로부터 빼앗아 점령했습니다. 이곳에서 살던 이들은 이스라엘 통치 밑으로 다시 들어갔죠. 팔레스타인인들의 민족주의는 시오니즘을 바탕으로 한 이스라엘의 점령정책과 팽팽히 맞서면서 자라났고 그만큼 적대감도 커졌습니다. 팔레스타인인들은 어려서부터 이스라엘 군인들을 향해 돌팔매질을 하면서 크는 것이 보통일 만큼 팔레스타인에서는 일상적으로 크고 작은 저항이 일어납니다. 하마스를 비롯한 다양한 무장단체의 공격과 이스라엘군의 대응으로 매년 사상자가 쏟아졌습니다. 특히 2000년대 들어 무장단체들은 가자는 물론 예루살렘, 텔아비브 등 이스라엘 대도시에서까지 자살테러를 감행해 긴장을 최고조로 끌어올렸죠. 이스라엘은 결국 2005년 철수를 결정하여 가자지구 점령을 전격적으로 끝내버렸습니다.

이스라엘의 점령은 끝났지만 팔레스타인 주민의 비극은 시작에 불과했습니다. 이스라엘 정부가 2006년 들어선 하마스 정부에 대한 보복으로 이 지역을 전면 봉쇄한 것이죠. 테러리스트 집단으로 지정했던 하마스가 2006년 의회선거에서 총 132석 중 76석을 얻으면서 덜컥 승리를 거두자, 기존의 파타Fatah계열 온건 정부와 협상해온 이스라엘 정부로서는 난감할 수밖에 없었습니다. 하마스는 이 지역 대부분 국가나 단체들처럼 이스라엘을 정당한 국가로 인정하지 않고 무력저항을 기본 노선으로 채택하고 있습니다. 게다가 1948년 전쟁 이후 생겨난 수많은 팔레스타인 난민이 이제는 상당 부분 이스라엘의 영토가 된 자신들의 고향으로 돌아갈 권리를 요구하고 있는 상황입니다. 이스라엘로서는 껄끄러운 상대일 수밖에요. 당황스럽기는 파타계 단체들도 마찬가지였고 이런 정치적 혼란은 팔레스타인 내전으로 이어졌습니다. 여기서 하마스가 2007년에 승리를 거두어 온전히 가자지구를 지배하게 됩니다. 이스라엘로서는 테러단체인 하마스가 주도하는 가자의 정부를 인정할 수 없었고 이들에 대한 제재 조치로 봉쇄라는 초강수를 뒀습니다.

이스라엘 정부는 지리적 봉쇄와 경제 봉쇄를 통해 가자를 완전히 고립시켰습니다. 모든 인적·물적 왕래는 이스라엘 정부의 승인을 거쳐야 합니다. 가자지구를 나라로 친다면(사실상 한 나라로서의 역할을 하고 있죠), 싱가폴에 버금가는 수준의 인구밀집 국가입니다. 그런데 물자 교류는 둘째치고 사람의 왕래마저 엄격하게 통제되고 있으니 주민들이 느끼는 고립감과 무력감은 심각하죠. 경제적 고립으로 인해 지역경제는 거의 붕괴된 지경입니다. 좁은 영토에 산업기반도 미약하니 생필품·식량·연료 등 일상에 필요한 거의 모든 것을 수입에 의존하는데, 이를 통제함으로써 이스라엘 정부는 가자지구 전체의 목줄을 죄고 있는 것이죠. 예를 들어 이스라엘 정부는 민간 물자는 가자지구 반입을 허용하지만 군사용으로 쓰일 가능성이 있는 물자는 규제하고 있습니다. 하지만 어떤 물자가 순수한 민간용이고 어떤 것이 군사적으로 쓰일 가능성이 있는가에 대한 판단은 상당히 자의적일 수밖에 없죠. 마른 음식·파스타·주스 등은 반입이 금지되어 있습니다. 보관이 용이하니 군사용이라고 보기 때문이죠. 하지만 사실 그렇기 때문에 난민들에게 유용하고 절실한 물품이기도 합니다. 콘크리트·문짝·페인트·목재·유리 등의 건축 자재도 마찬가지 이유로 반입이 금지되어 있습니다.

이런 봉쇄정책 때문에 경제는 끝을 모르고 추락하고 있습니다. 수출 자체가 통제되었고, 경작에 필요한 농기계·비료 등도 수입할 수 없으며, 연료값도 급상승하고 있으니 수출에 의존하던 농수산업이 몰락한 것은 당연한 결과였죠.[65] 가장 큰 타격을 받은 업종은 건축업으로, 분쟁 전 1994년 수준에 비해 83%가 축소되었습니다. 전체적으로 보면 1994년과 2014년 사이 실제 GDP는 2% 정도 늘어난 반면 인구는 230% 증가해, 1인당 GDP는 31%나 줄었습니다.[66] 세계은행의 2015년 조사에 의하면 봉쇄 조치는 2007년 이후 가자지구의 GDP를 반토막냈습니다. 여기에 지속되는 분쟁(2006년 공습, 2008년 2월 침공, 2008년 12월 침공, 2012년 공습, 2014년 침공) 등 정치 요소 때문에 경제가 4분의 1 수준으로 위축됐다고 보고서는 밝혔습니다. 경제 위축은 고용의 몰락으로 이어졌습니다. 현재 가자지구 내 실업률은 40%를 웃돌고 있는 실정입니다. 세계 최고 수준이죠. 젊은이들 사이에서는 더 심각해서 청년 실업률이 2014년 말 60%에 다다른 것으로 추정하고 있습니다. 60% 이상의 가자 주민이 식량을 걱정하는 상태이고, 80%의 주민이 어떤 형태로든 공공보조를 받고 있죠.

당연히 건강 상태도 위협을 받고 있습니다.[67] 기본적인 사회 인프라가 무너져버린 상황이니까요. 전력난은 오래전부터 일상화되었습니다.[68] 보통 가정에서는 정전이 하루에도 12~16시간씩 매일 이어지는 것이 보통이고, 전력 부족으로 하수시설도 작동이 안 되어 길거리에는 오수가 넘쳐나고 있습니다. 주민들의 정신 건강도 심각한 문제입니다. 가자지구 어린이들 세명 가운데 한명 꼴로 외상 후 스트레스 장애를 겪고 있는 현실입니다.

점령세력의 정치적 결정으로 가자 주민의 삶과 경제는 무너졌고, 할 일도 갈 곳도 없는 비참한 상황이 됐습니다. 불투명한 미래에 멍든 젊은이들이 무력투쟁에서 출구를 찾는 것은 그리 놀랄 일이 아닙니다. 수많은 이들이 하마스 무력투쟁을 적극 지지하고 일부는 자살공격 같은 극단적인 행동에 참여하고 있죠. 하마스는 분노와 절망에서 에너지를 찾는 여러 무력단체들 중 하나일 뿐입니다. 대화보다는 대결을 선호하고, 봉쇄와 점령으로 팔레스타인 인들을 절망적인 상황으로 몰아가는 이스라엘의 정책은 가자지구 내에 온건파가 들어설 입지를 줄였고 극단적인 초강수가 계속 이어지고 있습니다.

서안지구

서안지구는 사정이 좀 나을까요? 경제 봉쇄 등의 조치도 없고 서안지구 내의 팔레스타인 정부를 구성하고 있는 파타는 상대적으로 온건하니 이스라엘과의 직접 대립이 많이 잦아들어 겉으로는 평온해 보입니다. 하지만 이곳은 유대인 정착촌 문제를 안고 있죠. 이들의 비극 또한 1967년 6일전쟁으로 거슬러 올라갑니다. 지도4를 보면 한눈에도 서안지구가 군사상 요충지임을 알 수 있죠. 국경을 맞댄 요르단과 사이를 벌리는 것은 물론이고 레바논과 시리아의 남하를 저지할 수 있는 요지입니다. 게다가 서안지구는 이스라엘에게 무엇보다도 중요한 천연자원, 물의 보고입니다. 요르단강과 닿아 있고 거대 지하수원 바로 위니까요. 이 수자원 덕에 멀리 텔아비브 지역에서도 농사를 지을 수 있습니다. 게다가 앞서 말한 종교적 의미까지 있으니 이스라엘은 서안지구에 집착

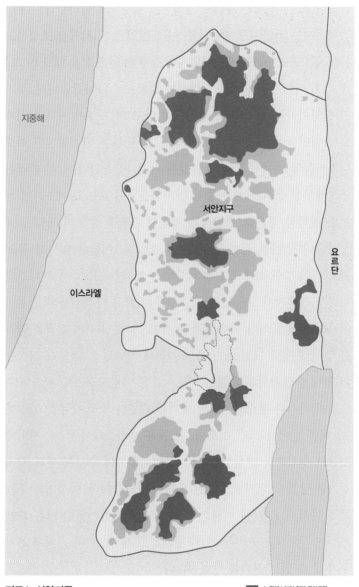

지중해

서안지구

이스라엘

요르단

지도4. 서안지구.

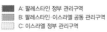

A: 팔레스타인 정부 관리구역
B: 팔레스타인·이스라엘 공동 관리구역
C: 이스라엘 정부 관리구역

하고 있죠. 그 집착은 유대인 정착촌의 확장으로 나타났습니다.

애초에는 서안지구 땅을 나누어 유대인 주거 지역을 조성하고 나머지는 돌려주려는 계획이었지만 점차 이 안은 힘을 잃고 1970년대 이후 서안지구 전체를 합병하는 방향으로 나아갔습니다. 하지만 합병이라는 게 군대가 선만 긋는다고 되는 것이 아니라 실제로 유대인들이 그 땅에 살아야 하죠. 쉽지 않은 일이었지만 시오니스트들의 손에서 합병의 밀알은 퍼져나갔습니다. 앞서 언급한 구시에무님 등의 단체는 중동 전지역을 아우르는 대이스라엘 건설의 철학적·종교적 정당성을 역설해 정착촌 운동의 동력을 제공했습니다. 몸소 실천에 옮기기도 했고요. 이들은 역사적·종교적 기억이 강한 곳에 헛간과 다름없는 허름한 집들을 세워나갔습니다.[69] 레빈저가 1968년에 32가구를 이끌고 아랍인들의 중심지인 헤브론에 들어가 한 호텔을 점거함으로써 정부의 정착촌 허가를 얻어낸 것도 그런 초기 운동 가운데 하나였죠. 정부가 정착촌의 확대를 달가워하지 않았지만 이들은 아랑곳하지 않았습니다. 오히려 과감한 점령과 아랍인들과의 대립을 통해 정부를 압박했죠. 예를 들어 1974년 시오니스트들은 세바스티아^Sebastia 지역에 소규모 정착촌을 만들었습니다. 불법이었으니 정부에 의해 강제철거를 당했죠. 하지만 이들은 굽히지 않았습니다. 여섯번 부수는 족족 다시 지은 끝에 이들은 당시 국방부 장관이었던 시몬 페레스^Shimon Peres (이후 총리직 수행)와 합의하고 세바스티아 근처에 25가구가 살 수 있는 권리를 얻었습니다.[70]

정착촌 운동에 소극적이던 노동당 정부가 몰락하고 1977년 베긴^Menachem Begin이 이끄는 리구드당 정부기 들어서면서 정착촌 운돈은 급물살을 탔습니다. 베긴 정부와 구시에무님은 친밀한 관계를 맺었고, 급기야 정부는 유대 땅 수복을 공식 선언했죠. 이스라엘 시민이 서안지구의 땅(국제법상 아직도 불법 정렴지임에도)을 매입할 수 있게 한 조치도 이러한 방향 전환의 일환이었습니다. 이후 정착촌 확대를 통한 점령의 현실화라는 이스라엘 정부의 정책은 흔들리지 않고 지속되어오고 있습니다. 정부의 정착촌 지원도 대단합니다.[71] 토지 매입비용, 건축비용 상당 부분을 정부가 부담하고 저렴한 이자로 대출도 해줍니다. 수도 등의 유지비도 정부가 보조금을 주죠. 지역 발전에도 상당한 공을 들이고 있습니다. 예를 들어 정착촌 내 학교는 이스라엘 다른 지역 학교보다 더 많은 예산을 받습니다. 학생 한명당 교육예산은 정착촌이 8,034셰켈(약 230만원)이고 이스라엘은 4,915셰켈(약 141만원)로 약 두배 차이죠. 교사 급료도 높고 학생들 교통비와 시험비용 등도 정부가 부담합니다. 정착촌 출신 학생이 대학에 지원할 경우 장학금 우선 고려 대상이 됩니다. 게다가 4세부터 시행되는 무상교육이 정착지 내에서는 3세 때부터 시행되죠. 기업 유치에도 적극적입니다. 토지 매입 등 부대비용을 정부가 지원할 뿐 아니라, 각종 세금 공제 및 연구비 지원 등의 혜택도 풍부하죠. 게다가 서안지구는 이스라엘 공식 영토가 아니어서 정부 규제가 미치지 않습니다. 기업들에게는 엄청나게 매력적인 조건일 수밖에 없죠.

정착촌의 확장과 그 결과

1970년대에 시작한 정착촌 운동은 시오니즘을 바탕으로 한 정치 이데올로기와 정부의 지원 속에서 큰 성과를 이루었습니다. 이는 늘어난 정착민의 숫자가 말해줍니다. 1972년 1,182명에 지나지 않던 서안지구 유대계 정착민 수는 2014년 40만명에 이르렀습니다. 면적도 늘어, 2014년 정착촌의 숫자는 125개를 기록했죠. 정착촌은 일단 들어서면 차차 외연을 넓혀가고 마을과 마을을 잇는 도로·초소 등 기반시설도 생기면서 덩치를 키워갑니다. 이렇게 정착촌이 커지고 공식화되면 그 일대는 군사 지역으로 분류되어 팔레스타인 주민들에게는 접근이 금지됩니다. 반대로 유대인들은 세계 어디서라도 와서 자유롭게 살 수 있죠. 앞의 지도4를 보면 서안지구가 어떻게 관리되고 있는지를 알 수 있습니다. A지구는 팔레스타인 정부가 다스리는 지역이고 B지구는 팔레스타인(행정)과 이스라엘(안보)이 공동으로 관리하는 구역입니다. 그리고 나머지 하얗게 보이는 C지구는 이스라엘이 독점 관리하는 곳이죠. 정착촌은 C지구 전체에 퍼져 있습니다. 이곳은 서안지구 영토의 무려 61%에 달하고 주민 대부분은 유대인입니다. 서안지구의 230만 전체 인구 가운데 17%에 불과한 유대인 인구가 C지구 인구의 90% 이상을 차지하고 있죠. 반대로 팔레스타인의 독자 영역인 A지구는 서안지구 영토의 18%에 불과하지만 팔레스타인 인구의 반 이상이 빽빽하게 모여 살고 있습니다.

이렇게 확장해가는 유대인 정착촌은 팔레스타인 주민들에게는 저주나 다름없습니다.[72] 팔레스타인 땅이 유대인 정착촌으로 흡수되고, 이들에게 땅을 내주기 위해 팔레스타인인 소유의 집이 허물리기도 합니다. 팔레스타인인들이 살아갈 공간이 꾸준히 줄어들고 있죠. 2014년 5월 21일에도 무장병력을 동반한 정부의 불도저('현대' 마크가 선명한)가 이드에이스Id'eis 라는 23가구의 작은 마을을 덮쳤습니다.[73] 이스라엘 군인들은 남쪽에 위치한 10가구의 주민들에게 30분 안에 모든 것을 챙기라고 명령한 다음, 시간이 지나자 이들이 살고 있던 집을 밀어냈습니다. 지역 개발은 핑계일 뿐이고, C지구에 남아 있는 팔레스타인 주민들을 몰아내려는 겁니다. 국제법에는 주민들의 강제 이주를 금지하는 조항이 명시되어 있습니다. 이러한 행위는 명백히 국제법상 불법입니다. 물론 이스라엘의 점령 자체가 우선 불법이죠.

정착촌이 커지면서 빼앗긴 것은 집뿐만이 아닙니다. 기본권인 이동의 자유 또한 제한되고 있죠. 정착촌이 여기저기 퍼져 있다 보니 주민의 안전을 확보하기 위한 시설도 함께 확산되고 있습니다. 서안지구는 500개가 넘는 각종 검문소, 도로차단시설 등을 통해 완전히 장악된 상태입니다.[74] 팔레스타인 주민은 어디를 가더라도 검문소를 지나야 하고 그럴 때마다 뜨거운 태양 아래 길게 줄 서서 기다리는 수모를 견뎌야 하죠. 검문소가 예고도 없이 길을 봉쇄하는 일도 흔하고 차량 통제도 일상적입니다. 100여개에 달하는 반영구적 검문소뿐 아니라 수백개의 임시 검문소가 여기저기 생겼다 없어지기를 반복하니 고통은 더 가중되죠. 방벽이나 차단물로 길을 막기도 하고 어떤 길은 아예 유대인 전용으로 지정되어 있습니다. 이것도 모자라 새로운 방해물이 더해졌죠. 바로 자살테러를 막기 위해 세운 방호벽입니다. 높이 8미터, 길이 400킬로미터가 넘는 이 벽은 1967년 전쟁 이전의 경계인 소위 '그린라인'Green Line의 팔레스타인 지역 쪽에 세워졌습니다. 밭 한가운데 들어선 벽 때문에 경작을 포기한 팔레스타인 주민도 허다하고, 마을이 쪼개져 공동체가 붕괴하기도 했습니다. 많은 이들이 버티지 못하고 다른 지역으로 떠났죠. 이런 통제는 인구 말살 정책이라며 비난하는 목소리가 높습니다.[75]

가자지구에서 봉쇄로 주민들의 희망을 꺾어버리듯 서안지구에서는 정착촌으로 희망을 말려 죽이고 있습니다. 서안지구 문제의 특징은 '파편화'입니다. 지도4의 팔레스타인 관리 지역인 A지구, B지구를 보면 무엇이 떠오르시나요? 저는 남해의 다도해가 떠오릅니다. 팔레스타인 지역은 말 그대로 파편처럼 널려 있죠. 섬을 건너듯이 이곳에서 저곳으로 가는 데 몇시간씩 걸리는 일이 흔합니다. 미래에 팔레스타인 국가가 생긴다 해도 유대인 마을이 곳곳에 박혀 있는 C지구를 이스라엘이 내줄 리 없으니 A지구와 B지구가 팔레스타인의 영토가 될텐데, 이런 상태로 정말 온전한 나라가 될 수 있을까요? 반도가 둘로 갈라져도 힘든 판국에 다도해 같은 나라, 게다가 그 수많은 섬들을 적국이 둘러싸고 있는 형국의 나라가 제대로 나라 구실을 할 리가 없습니다. 계속해서 이스라엘 영향하에 있을 것이 뻔하죠. 안보를 이유로 이스라엘은 계속해서 팔레스타인인들의 왕래를 간섭할 것이고 가자지구처럼 봉쇄하지 말라는 법도 없죠. 그리고 봉쇄가 실시된다면 그 여파는 가자지구 이상일 것입니다. 이러한 시각을 공유하고 있는 많은 팔레스타인인들은 이스라엘 정부와의 모든 정치적 협상을 회의적으로 봅니다. 팔레스타인 지도자로서도 협상에 적극적일 수 없고 이러한 파트너를 상대로 이스라엘 역시 원하는 바를 얻어낼 수 없죠. 그렇다고 이스라엘이 물러날 리도 없고요. 이스라엘 정부는 시오니즘으로 무장한 이들의 눈치를 볼 수밖에 없는데다, 당근을 주고 싶을 때는 정착촌 건설을 늦추고 채찍을 휘두르고 싶을 때는 정착촌 건설 허가를 내주며 이를 도구로 쓰고 있으니 포기할 수 없는 것입니다.

정착촌과 이에 대한 정부의 지원정책, 그리고 종교적 시오니즘이 이스라엘인 다수의 지지를 받는 것도 아닙니다. 앞에서 살펴보았듯이 정부예산의 상당 부분이 과도하게 정착촌으로 흘러가고 있으니 이스라엘 본토 주민들이 이를 달가워할 리가 없죠. 한 조사에 따르면 60%가 넘는 이스라엘인들이 정착촌 정부예산을 크게 삭감해야 한다고 생각하고 있습니다.[76] 팔레스타인인들의 국가를 갖게 함으로써 이 지역의 평화와 안정을 찾으려는 복수국가 해결책Two-state solution에 대한 지지도 압도적입니다. 이상하지 않습니까? 이스라엘 민중 다수가 소수 시오니스트들과 전혀 다른 견해를 가지고 있음에도 정부 정책은 소수의 목소리만을 대변하고 있으니 말이죠. 극소수가 이스라엘의 대팔레스타인 정책을 휘두르는 이러한 형국이 어떻게 가능한 것일까요? 어째서 다수가 원함에도 불구하고 국가적 분쟁에서 타협 지점을 찾지 못하는 것일까요? 이는 아주 복잡한 문제입니다. 여러 요소가 얽혀 있죠. 그 가운데 주요 요소를 꼽자면 이스라엘의 정치제도를 들 수 있습니다.

이스라엘의 정치제도

이스라엘은 의회중심제를 채택하고 있습니다. 정부를 구성하는 것은 따로 선출된 대통령이 아닌 의회 내의 다수 정당입니다. 국민은 의회선거를 통해 민심을 드러내고 이를 바탕으로 의회가 정부를 구성합니다. 우리에게는 낯선 제도이지만, 사실 국내에서도 시도된 적이 있습니다. 4·19혁명으로 세워진 제2공화국 정부가 바로 의회중심제였죠. 박정희의 쿠데타로 단명하고 말았지만요. 의회중심제를 채택하고 있는 나라들 상당수가 비례선거, 즉 유권자가 정당에 투표하고 정당은 득표율만큼 의석을 갖는 선거제를 운영하고 있습니다. 이런 경우 한 정당이 과반 의석을 가져가는 일은 굉장히 드물죠. 보통 여러 정당들이 의회에 진출해 의석을 나누어갖기 때문에 제1당도 소수당들과 연정을 꾀하는 것이 보통이죠. 연정을 통해 정부를 꾸렸으니 정권을 지키기 위해서는 자연히 대화와 타협이 필수적일 수밖에 없습니다. 정부 수반은 장관의 말을 쉽게 무시할 수 없습니다. 직책상 하위에 있지만 정치적으로는 연정 파트너이기 때문이죠. 뜻이 달라도 타협을 해야 정권을 유지할 수 있는 것입니다. 자연히 소수정당의 목소리가 커질 수밖에 없죠. 대통령 선거에서 이긴 정당이 행정부를 온전히 장악하는 한국이나 미국의 대통령제에서는 상상도 못할 일입니다.

이스라엘의 의회는 크네세트 Knesset라고 불리며 120명의 의원으로 채워집니다. 2015년 선거로 구성된 2017년 현재의 국회를 보면 무려 10개의 정당이 의석을 차지하고 있습니다. 헌법이 소수정당에 관대한 덕분입니다. 예를 들어 메레츠 Meretz당의 경우에는 경우 전국적으로 3.9%의 득표에 그쳤지만 5석을 갖고 의회에 진출했습니다. 2013년 의회선거 후에 꾸려진 지난 정부 구성을 보면 제1당은 위에서 언급한 리쿠드당(20석)으로, 다른 네개의 보수정당과 우파연합을 이루어 정부를 구성했습니다. 그다음은 예시아티드당(Yesh Atid, 19석), 유대조국당(The Jewish Home, 12석), 이스라엘베이테누당(Yisrael Beiteinu, 11석), 하트누아당(Hatnuah, 6석) 순입니다.

리쿠드당은 현 수상인 네타냐후 Benjamin Netanyahu가 이끌고 있는 보수정당이죠. 이들은 팔레스타인에 대해 강경한 기조를 유지하지만 현실적으로 타협하는 모습을 보여주기도 합니다.[77] 기본적으로는 팔레스타인이라는 나라의 건국을 부정하는 시각을 고수하고 있습니다. 이들은 예루살렘을 팔레스타인과 나누는 것은 말도 안 되며 온전히 이스라엘의 수도로 삼아야 한다고 분명히 선을 그었고, 그러한 기조로 점령정책을 운영하고 있습니다. 동시에 서안지구의 유대인 정착촌 확대에도 적극적이죠. 1970년대 정착촌 확대의 초석을 놓은 것이 바로 이 리쿠드당이었습니다.[78] 이들의 연정 파트너 중 하나인 유대조국당은 근본주의 유대교를 바탕으로 하는, 종교적 색채가 아주 강한 정당입니다. 그 뿌리는 전국종교정당National Religious Party이고, 목표는 유대교리를 바탕으로 하는 나라의 건설입니다. 신이 약속한 땅의 주인은 유대인이라고 믿기 때문에 서안지구 정착촌 지원을 중요한 사업으로 여깁니다. 기업인이었던 당대표 나프탈리 베네트Naftali Bennett는 연정에 참여하는 댓가로 경제부 장관직을 얻었습니다. 그는 이스라엘이 서안지구를 직접 흡수·관리해야 한다며 강경한 입장을 굽히지 않았죠.

이러한 정부 구성은 2015년 3월 의회선거 후 바뀌었습니다. 우선 30석으로 의석수를 늘린 리쿠드당의 약진이 돋보였습니다. 당 지도자인 네타냐후가 수상직을 차지한 것을 비롯, 리쿠드당 지도부가 내각의 중요한 자리를 꿰찼죠. 연정의 제2 파트너였던 중도 예시아티드당은 완전히 몰락해 의석을 얻지 못했고, 유대조국당(8석)은 선방해 다시금 연정에 참여했습니다. 하지만 당대표 베넷은 교육부 장관직에 만족해야 했죠. 이번 정부의 연정 파트너는 이외에도 쿨라누당(Kulanu, 10석), 샤스당(Shas, 7석)과 통합토라유대주의당(United Torah Judaism, 6석) 등이 있습니다. 쿨라누당을 제외한 두 당은 보수적 유대교 정당들입니다. 현 정부를 구성하고 있는 정당 가운데 쿨라누당을 제외하고는 모두 보수 유대정당이거나 이들의 지지를 바탕으로 하고 있는 것이죠. 특히 샤스당의 경우 지지율이 5.7%에 불과한 극우정당입니다. 하지만 두 명이나 내각에서 자리를 얻으며 정부 정책에 막강한 영향력을 행사하고 있죠. 당대표인 아리에 데리Aryeh Deri는 내무부 장관이라는 요직까지 맡고 있습니다. 이들의 목소리가 클 수밖에 없는 현실입니다.

이번 의회에도, 이전 의회에도 종교적 시오니즘을 지지하는 인물은 사실 그리 많지 않습니다. 50석 안팎이 보통이고, 극단적인 종교정당이 차지하고 있는 의석수는 이보다 훨씬 적죠. 과반이 60석이니 이들의 영향력 또한 작아야 정상입니다. 하지만 이들은 연정을 필수적으로 요하는 이스라엘 정부구조에 힘입어 지지율을 훨씬 상회하는 막강한 영향력을 행사해왔습니다. 소수파의 과격 정치 이데올로기를 바탕으로 한 공격적인 대팔레스타인 정책이 주류가 된 배경에는 이런 정치체제가 있었던 겁니다. 이스라엘은 정착촌 지원을 줄이고 싶어도 줄일 수 없는 입장이고, 팔레스타인 측 분노를 한약 달이듯 계속해서 부추기는 셈이 되었죠. 이러한 구조에서는 팔레스타인인들의 무력저항과 이스라엘의 반격이 되풀이될 수밖에 없습니다.

* * *

아랍 국가들의 이스라엘에 대한 적개심 가운데 상당 부분이 이스라엘의 팔레스타인 군사점령에서 나오는 것이니, 점령을 끝내거나 완화하는 방향으로 가야만 이스라엘이 평화와 안정을 찾을 수 있을 것입니다. 이에 이스라엘의 많은 지식인과 시민이 동의하고 있고, 팔레스타인 건국을 인정해 평화를 추구해야 한다는 의견이 큰 지지를 얻고 있죠. 현재의 보수정부 또한 이를 어느 정도는 인정하고 있습니다. 그렇지만 이스라엘의 정체성과 직접적으로 닿아 있는 강경 시오니스트들의 정치 이데올로기, 그리고 여기서 나오는 점령에 대한 욕구를 가라앉히기란 정치적으로 쉽지 않습니다. '신이 약속한 땅에 우뚝 서는 대*이스라엘', 이것을 부정했다는 오명을 쓰는 것은 정치적 독배일 수밖에 없으니까요.

평화를 위해 이스라엘 사회는 극단적 정치 이데올로기를 어떻게든 약화시키는 방향으로 갈 수밖에 없을 것입니다. 이는 중도 및 세속적 세력의 결집을 통해서만 가능합니다. 또한 '유대인들의, 유대인들을 위한 나라'라는 이스라엘의 정체성도 변화시킬 필요가 있습니다. 그래야만 극단적 시오니스트들의 주장을 약화할 수 있죠. 이러한 변화가 없다면 이스라엘은 실질적 민주체제로 이행해갈 수 없을 것입니다. 현재처럼 유대인의 나라라는 명목하에 비유대인, 특히 팔레스타인 주민과 팔레스타인계 이스라엘 시민들을 차별하는 상태에서 보편적 인권 존중을 기반으로 하는 민주체제를 확립하기란 불가능합니다. 종교적 시오니즘이 평화와 민주체제의 발목을 잡고 있는 것입니다.

5장

종교: 이슬람 수니파와 시아파의 대립

정치 이데올로기로서의 종교는 굉장히 흥미로운 주제입니다. 정치 이데올로기가 한 사회의 미래에 대한 인식과 믿음이라는 점에서, 믿음을 기본으로 하는 종교만큼 딱 들어맞는 것도 드물죠. 내가 믿는 신의 가르침에 따라 이런저런 일을 해야 한다는 결론에 도달한 개인은 놀라운 일들을 할 수 있습니다. 엘살바도르의 오스카 로메로 대주교처럼 군사정권에 대항할 용기를 낼 수도 있고, 알카에다를 이끈 빈라덴처럼 부귀영화를 버리고 이교도를 신성한 땅에서 몰아내기 위한 테러단체를 이끌 수도 있는 것이죠.

종교가 정치 이데올로기로 기능하는 예는 생각보다 흔합니다. 미국만 해도 보수 기독교계의 정치 개입이 요란하고, 그만큼 종교가 주요 정치 이데올로기로서의 역할을 톡톡히 하고 있습니다. 보수 기독교인들은 동성혼 법제화 반대, 낙태 규제 등의 이슈를 주도하면서 정치 영역에서 상당한 영향력을 유지합니다. 정치인들도 이들 입맛에 맞추어가며 기독교 세력을 이용하고요. 역사를 조금만 거슬러 올라가면 유럽도 기독교와 정치가 한몸이었던 사실을 볼 수 있죠. 2차 세계대전 직후만 해도 기독교 정당은 주요 정치세력으로 여러 유럽 국가의 정부를 이끌었죠. 아일랜드는 1995년이 되어서야 이혼을 금지하는 헌법 규정을 없앴을 정도로 종교가 정치와 밀접하게 연결되어 있습니다. 유럽 역사는 신교·구교의 대립이 불러온 무시무시한 살육과 전쟁으로 얼룩져 있고요.

오늘날 국제적 정치 이데올로기로서 주요한 종교를 꼽는다면 단연코 이슬람교일 겁니다. 중동의 대표 종교로서 많은 나라에서 정치권력의 핵심 이데올로기로서 자리잡고 있죠. 사우디아라비아는 이슬람 지도국가를 자처하고, 이란은 이슬람혁명을 선도하고 있습니다. 이 장에서는 종교가, 구체적으로는 이슬람교가 국제적 정치 이데올로기로서 어떤 역할을 하고 있는지 살펴보도록 하겠습니다.

수니파와 시아파 분단의 유래

중동에서는 치열한 전투와 정치 공세가 끊이지 않습니다. 뉴스를 틀면 '이슬람국가'Islamic State, IS 의 이야기를 자주 접할 수 있죠. 이들의 잔혹한 테러와 시리아 내전, 그리고 난민에 관한 이야기가 끝도 없이 나옵니다. 그 이전에는 '아랍의 봄'이 있었고 앞서 살펴본 이스라엘 이슈도 단골 메뉴입니다. 이스라엘-팔레스타인 분쟁이라는 커다란 기둥을 더듬어봤으니 다른 기둥을 살펴봐야겠죠. 바로 이슬람 내의 갈등입니다. 기독교가 개신교·가톨릭·그리스정교회·러시아정교회 등으로 나뉘고, 개신교만 해도 여러 분파(장로교·제7일 안식일 예수재림교·여호와의 증인·모르몬 등)가 있듯이 이슬람도 많은 분파가 있고 이들 간에도 갈등이 있죠. 그중 핵심은 수니파와 시아파의 갈등입니다.

수니파와 시아파의 분리에 대해 말하려면 이슬람의 창시자 무함마드, 정확히는 그의 죽음으로 거슬러 올라가야 합니다. 무함마드는 610년부터 현재 사우디아라비아의 수도 메카에서 신의 예언자를 자처하며 가르침을 설파했습니다. 메카 토착 세력이 이를 가만두지 않았고 이들의 핍박에 못 이겨 622년 메디나라는 도시로 피란을 갔죠. 추종자는 오히려 늘어났습니다. 그는 메디나 헌장Constitution of Medina을 짓고 조직을 강화하며 크게 성장해갔고 기존 세력들과 무력 충돌도 빚어졌습니다. 629년 무함마드는 메카를 점령하며 지역의 강자로 떠올랐죠. 곧 아라비아 대부분 부족들이 이슬람이라는 종교-정치 공동체에 속하게 되었습니다. 이후 무함마드는 예언자로서뿐 아니라 정치·군사 지도자로서 절대적 입지를 다졌죠. 이랬던 그가 죽었으니 큰 문제였습니다. 무엇보다도 무함마드의 승계를 놓고 큰 갈등이 시작됐습니다. 처음 뒤를 이은 것은 무함마드의 친구이자 장인이었던 아부 바크르였습니다. 이에 많은 이들이 실망했습니다. 오랫동안 사람들은 알리가 승계할 것이라고 믿고 있었기 때문이죠. 알리는 무함마드의 사촌이자 사위로, 신망이 두터운 지도자였습니다. 무함마드가 처음 이슬람을 선포할 때 그 옆을 홀로 지켰고 이후에도 군사 지도자로서, 이슬람교의 학자로서 많은 존경을 받았습니다. 아부 바크르가 칼리프로 선출되자 알리와 그 지지자들은 아부 바크르에 대한 충성의 서약을 거부하며 갈등을 빚었습니다.

아부 바크르를 이어 우마르, 우스만 두명이 칼리프 자리를 이었고 656년이 되어서야 마침내 알리가 칼리프 자리에 올랐습니다. 하지만 알리의 이슬람제국은 곧 내전에 빠져들었고, 그는 끊이지 않는 내전 때문에 정치적으로 곤욕을 치르다 암살을 당하고 맙니다. 이후 그의 아들 하산이 칼리프가 되었지만 정치적 압력 속에 아버지의 정적이던 무아위야에게 자리를 양보하죠. 이후 무아위야가 세상을 떠나자 알리의 작은 아들이자 하산의 동생인 후세인은 칼리프 자리를 돌려받기 위해 가족을 이끌고 쿠파로 돌아가려 했습니다. 그런데 쿠파로 향하는 길에서 일행 전체가 학살을 당했습니다. 이 학살은 알리를 따르던 이들('시아'라는 말의 유래)이 각성해 자신을 시아로 규정하게끔 하는 중요한 사건이 됐습니다. 이때 죽은 후세인은 이슬람의 진정한 수호자이자 고결한 '순교자'로 영원히 기억되게 되었고요. 동시에 정권을 찬탈한 저들, 즉 수니파는 신의 뜻을 무시한 배신자가 되었습니다. 시아파는 알리를 무함마드의 정당한 계승자로 봅니다. 신이 무함마드를 자신의 예언자로 지목했듯이 신만이 무함마드의 계승자를 정할 수 있다는 입장이죠. 그리고 신의 뜻은 이미 무함마드의 핏줄에 있었습니다. 무함마드 승계를, 즉 칼리프의 선출을 인간의 힘으로 한다는 것은 신성모독과 다를 바 없는 것이죠. 게다가 그들의 손에 자신들의 지도자가, 보통 지도자도 아니고 신의 섭리를 완벽히 이해하는 절대적 진리를 가진 '이맘'(아랍어로 '지도자')이 죽었으니 수니파에 대한 적개심은 이루 말할 수 없이 컸죠. 이러한 정치적 대립은 시간이 흐르면서 종교적 대립으로 확대되었고 같은 종교를 따름에도 상대를 이단으로 보는 사태에 이르렀습니다.

수니파는 이후 세를 확장해나갔고 우리가 아는 거대한 이슬람 제국을 구축했습니다. 16세기 페르시아(지금의 이란)의 사파비 왕조가 시아 이슬람을 받아들이면서 시아파도 정치적으로 성장할 수 있었죠. 이들은 이후 오스만제국과의 경쟁 속에 현재의 이슬람 지형을 형성했습니다. 시아파는 이란·이라크·아제르바이잔·바레인에서 다수를 차지합니다. 나머지 이슬람국가에서는 수니파가 절대 다수이고요. 오늘날 대부분의 이슬람교도, 즉 무슬림은 수니파에 속합니다. 16억 무슬림 가운데 약 85%가 수니파죠.[79]

수니파와 시아파의 대립

수니-시아의 대립은 오늘날까지 이어지고 있습니다. 이스라엘의 팔레스타인 점령이 아랍세력을 이스라엘-미국 진영과 맞서게 하게 하는 것이라면, 수니-시아의 대립은 아랍세력을 나누는 핵심 요소라고 할 수 있습니다. 둘 다 국제정치와 밀접하게 맞물려 있죠. 전자는 미국의 중동정책과 이어져 있고 미국 국내 정치에서도 주요한 변수로 작용합니다. 후자는 앞으로 논의할 것처럼 중

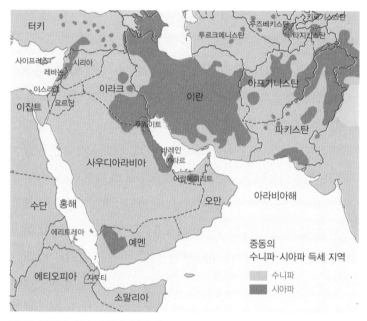

지도5. 현대의 수니-시아의 분포. 80

동의 안정을 계속해서 위협하는 불안 요소이고요. 이는 IS의 예에서 보듯 이라크나 시리아 등 국가의 존폐를 위협할 정도입니다.

　오늘날의 시아-수니 대립은 이란혁명으로부터 시작되었습니다. 혁명 이전 이란은 팔레비 왕조가 지배하고 있었죠. 이들은 영국과 미국의 지원을 등에 업고 1953년 군사정변을 일으켜 민주정부를 무너뜨리고 정권을 잡았습니다. 정당성이 떨어졌고, 계속 정치적 도전을 받았습니다. 폭압으로 정권을 유지할 수밖에 없었죠. 이 폭압정치를 끝낸 것이 이란혁명이고 이를 이끈 이가 '아야톨라'라는 지위에 있던 시아파 지도자 호메이니였습니다. 1978년에 시작한 혁명은 일년도 채 지나지 않아 이란 왕을 이집트로 쫓아내는 데 성공합니다. 시아 이슬람은 혁명 후 이란 사회의 중심 정치 이데올로기로 떠올랐고 호메이니 정권은 이란을 종교국가로 탈바꿈시켰습니다.[81]

이란혁명은 말 그대로 혁명적인 사건이었습니다. 그도 그럴 것이 오스만제국의 몰락 이후 아랍권에서는 연이어 세속 정권이 들어섰고 냉전을 거치며 서방 등 외세의 입김이 커질대로 커졌습니다. 그러던 참에 이슬람을 이끄는 종교 지도자가 미국의 지지를 업은 정권을 몰아내고 무슬림 국가를 세운 것입니다. 이슬람의 보호자를 자처한 이들의 어깨에 힘이 잔뜩 들어갔죠. 게다가 소수 시아파로서 이슬람 내의 오래된 억압을 극복했다는 점도 중요했습니다. 이러한 정치적·종교적 사명감으로 이란 정권은 세계 각국의 시아파들을 지원하려 했습니다. 수니 국가들에 대한 적개심도 숨기지 않았죠. 특히 사우디아라비아·이라크 등 강국을 지목해 서방의 허수아비라며 노골적으로 비난했습니다. 자연히 수니파들의 눈초리는 점점 날카로워졌습니다.

이란-이라크 전쟁

이란의 시아 이슬람 혁명은 주변국을 긴장시켰습니다. 특히 이라크의 염려는 남달랐죠. 두 나라는 긴 국경을 동서로 마주하고 있고, 안 그래도 지역 맹주 자리를 다투던 사이였기 때문입니다.

혁명 전 이라크는 소련의, 이란은 미국의 대리인 노릇을 했죠.[82] 인구 다수가 시아파지만 소수 수니파가 권력을 쥐고 있던 이라크 국내의 사정 때문에 두 나라의 관계는 더욱 꼬여갔습니다. 철권통치를 이어가던 사담 후세인으로서는 이라크 시아파가 이란 혁명에 자극받아 정권의 안정을 해치지 않을까 걱정하지 않을 수 없었죠. 실제로 이란 지도자들은 후세인 정권을 계속 비난했고 이라크 내 시아파에 대한 지원을 이어갔습니다. 수니 정권에 대항하는 시아파 연대는 강해졌습니다. 혁명 후 이란에서는 불안정한 정국이 이어졌습니다. 군 장성들이 숙청을 당했을 뿐 아니라, 강력한 우방이던 미국이 손을 놓아버리는 바람에 안보 분야가 특히 취약했죠. 후세인의 눈에는 이래저래 혼란에 빠진 지금이 이란을 꺾을 수 있는 좋은 기회로 보였습니다.

1980년 9월 이라크의 기습 공격으로 시작한 전쟁은 뜻대로 진행되지 않았죠. 초기 이란 지상군은 혼란에 빠져 고생했지만 공군과 해군은 이라크군의 선봉을 꺾었을 뿐 아니라 이라크 정유 시설 등을 공격하기도 했습니다. 11월이 되자 시아 이데올로기로 똘똘 뭉친 지원병들이 대거 전선에 투입됐고 이라크 침략군은 점차 군수물자가 떨어져 수세에 몰렸습니다. 시아 지원병들이 인해전술로 이라크군의 약한 고리를 집중 공격하고 이란 군대가 이어 공격하는 방식으로 공세를 펼쳤죠. 시아파로서의 긍지와 정체성을 지닌 지원병들은 많은 전공을 세웠습니다. 이라크 시아파 단체들마저 이란과 동조했죠.[83] 이라크는 결국 후퇴하고 맙니다. 이후 전쟁이 끝날 때까지 이란이 사실상 전쟁을 주도했고요. 1988년 전쟁이 끝날 때까지 양측은 수십만명의 사상자를 내는 등 크나큰 희생을 감수했지만 아무것도 달라진 것은 없었습니다. 이란은 이라크를 몰아낸 것에 만족해야 했고, 이라크는 이란의 공세를 견딘 것을 승리로 삼아야 했습니다.

이란—이라크 전쟁은 비록 뚜렷한 승자 없이 끝났지만 양쪽 정권은 모두 정치적으로 심심치 않은 이득을 챙겼습니다. 이란은 전쟁을 통해 이제 막 출발한 혁명정권의 안정을 찾을 수 있었죠. 혁명 직후만 하더라도 이슬람 정부에 대한 좌파의 저항도 있었지만 전쟁은 정부에 대항할 정치적 명분과 기회를 파괴했습니다. 혁명정부는 단숨에 성전을 이끄는 영웅이 됐고 이란 사회는 애국과 시아의 물결에 잠겼습니다. 전쟁을 통해 시아 이슬람이 공고해지기는 이라크도 마찬가지였습니다. 전쟁이 한창이던 1982년 후세인은 두자일이라는 도시를 방문했습니다. 그곳에서 그의 목숨을 노린 암살기도가 있었죠. 두자일은 '다와'라는 시아파 테러단체가 활동하던 도시였습니다. 후세인 정권은 시아파를 향해 보복했고, 테러와는 아무 상관 없는 시아 주민들이 피해를 입었습니다. 재산 몰수·가옥 파괴·체포·고문이 이어졌고 150명 가까운 시아 주민들이 목숨을 잃은 후에야 그 광기가 잦아들었습니다. 이듬해에는 이라크 주요 시아 지도자인 알하킴 일가 90여명이 체포되는 것을 시작으로 시아 지도자들에 대한 숙청이 이루어졌습니다. 후세인 정부는 시아파를 계속 억압했고, 곧 시아파 이라크인들의 반감은 걷잡을 수 없이 폭발하게 됩니다.

후세인의 이라크 시아파 학살

이라크 시아파의 분노가 터진 것은 1차 걸프전쟁 직후였습니다. 1990년 8월 이라크 군대는 작지만 석유자원이 풍부한 이웃나라 쿠웨이트를 침공하여 점령해버립니다. 서방은 석유 주요 산지인 중동의 무질서를 바라만 볼 수 없었고, 즉각 단호한 대응에 나섰습니다. 외교 채널을 통해 이라크군의 퇴각을 요구했고 UN도 이에 보조를 맞췄습니다. UN안전보장이사회는 침략을 비난하고 (성명서 600), 경제 봉쇄(성명서 611) 및 해상 봉쇄(성명서 665) 정책을 시행하면서 바쁘게 움직였죠. UN은 1991년 1월 15일까지 쿠웨이트에서 철수하라는 최후통첩(성명서 678)을 이라크에 보내고, 미국은 군사행동에 나섰습니다. 이웃나라를 침략한 것도 모자라 후세인은 지역 맹주인 사우디아라비아를 비난 및 위협하며 고립을 자초했고, 이는 미국 주도 연합군에 서유럽 국가들뿐 아니라 사우디아라비아·이집트 등 중동 국가들도 참여하게 되는 결과로 이어졌죠. 1월 16일 시작된 연합군의 폭격으로 쿠웨이트 내의 이라크군 군사시설이 파괴되었고,[84] 2월 23일 연합군 지상군이 투입된 지 이틀 만에 후세인은 철군을 명령합니다. 연합군은 철군하는 이라크군을 쫓아 이라크까지 들어가 큰 타격을 입혔죠. 2만~3만 5,000명의 군인을 잃었고 3,000명이 넘는 민간인도 목숨을 잃었습니다. 처참한 패배였죠. 후세인은 정치적으로 큰 타격을 입었습니다.

사담 후세인의 정치적 위기는 그의 정적들에겐 곧 기회였죠. 시아파도 후세인의 몰락에 대한 기대를 키워갔습니다. 연합군 공습이 한창이던 1991년 2월 15일 부시 대통령은 라디오를 통해 이라크 국민들에게 "독재자 후세인을 몰아내라"며 독려했습니다. 시아파는 이것이 미국의 신호이며, 자신들이 들고일어나면 미국이 도와주리라고 믿었습니다. 그러던 차에 일이 터졌습니다. 이라크 남부의 중심지인 바스라에서 우연히 일어난 시위가 소규모 총격전으로 이어졌고, 저항의 물결이 남부 각지로 급속히 번졌죠. 뒤이어 이라크 북부에서도 쿠르드족이 들고 일어나는 등 사태는 전국적으로 확대되었습니다. 반란 시작 후 처음 한달 동안 반군은 승기를 잡은 듯했습니다.

하지만 기다렸던 미국의 지원은 기미조차 보이질 않았죠. 곧 전열을 정비한 친후세인 무장세력이 비행기와 기계화 사단을 동원해 공세를 펼치기 시작했습니다. 제공권을 확보하고 있던 미국이 간섭하지 않으리라는 것을 알아챈 후세인은 공군력으로 반군과 지지세력에 무자비한 폭격을 퍼부었습니다. 반군은 빠르게 궤멸되었고 곧바로 후세인의 보복이 시작됐습니다. 악명 높은 공화국 수비대는 시아파 마을을 봉쇄한 채 포격을 퍼부었습니다. 마을에 들어간 이들은 모스크·학교·집 등 모든 건물을 철처하게 파괴하고, 심지어 인근 습지까지 말려버려 시아파 주민들이 다시는 삶을 이어갈 수 없게 만들었습니다. 정부군 학살로 인해 약 8만~12만명의 시아파 주민들이 목숨을 잃었을 것이라고 추정되고 있습니다.

이라크 시아파의 분노와 좌절은 정치적 각성으로 이어졌습니다. 이란과 비슷하게 이슬람혁명을 통해 수니파 위주의 후세인 정권을 타도하고 시아파 정권을 세워야 살 수 있다고 믿게 된 것이죠. 시아파 지도자들은 적극적으로 자신들의 정치적 역량을 키우기 시작했습니다. 세속적인 정치에 적극 가담했고, 비종교 세력과도 연대를 마다하지 않았죠. 해외에서 반란을 지원했던 세력 중 하나인 이슬람혁명최고위원회The Supreme Council for the Islamic Revolution in Iraq는 이런 정치활동 덕분에 1998년 미국의 지원을 받을 수 있는 단체로 미의회로부터 인정받아 후세인 정권을 이을 세력으로 떠올랐습니다.[85] 이와 경쟁관계에 있던 알사드르와 그를 따르는 추종자들 또한 종교-정치의 분리를 포기하고 시아의 정치화에 적극적으로 뛰어들었습니다. 후세인의 억압으로 출구를 찾지 못한 시아파들이 더욱 단결하고 정치적으로 성장했습니다.

탈레반의 마자르이샤리프 학살

시아파의 투지가 주로 수니파와의 긴장에서 달궈졌다면 수니파는 각종 외세와의 투쟁을 통해 뜨거워졌습니다. 그 가운데 하나가 아프가니스탄이었죠. 현재 미국 점령하의 아프가니스탄이 아니라, 소련 지배하의 아프가니스탄이 그 시작이었습니다. 1979년 아프가니스탄의 공산주의 정권은 내전에서 버틸 수 없게 되자 우방인 소련에 개입해달라고 요청했습니다. 소련이 파병하자, 내전은 곧 외세에 대한 저항으로 전환되었습니다. 이 저항을 이끈 세력이 바로 '무자헤딘'이라고 불리던 수니파 무슬림이었습니다. 이들은 무슬림의 땅을 침공한 외세, 게다가 무신론자인 공산주의자들을 용서할 수 없었죠. 곧 세계 각지에서 수니파 지원병들이 아프가니스탄으로 몰려들었습니다. 공중을 제압한 소련의 현대식 무기 앞에서 고전하던 이들은 소련과 냉전 중이던 미국의 도움으로 전세를 역전했습니다. 사우디아라비아·파키스탄 등 수니 국가들의 지원 또한 중요했죠.[86]

이 투쟁은 수니파들의 정치적 성장에 중요한 계기가 되었습니다. 목숨을 건 싸움 속에서 수니로서의 정체성과 종교적 확신을 굳혔으니 말이죠. 그럴수록 저항은 더욱 치열해졌습니다. 정치 이데올로기와 투쟁이 서로를 부추기는 '선순환'이 이루어졌죠. 1989년, 오랜 군사 개입에 지칠대로 지친 소련이 마침내 철수했습니다. 친소련 정부도 곧 무너지고 맙니다. 무자헤딘의 승리였죠. 하지만 분쟁은 끝나지 않았습니다. 이들 사이에서 내전이 벌어졌고, 아프가니스탄의 정세는 탈레반이 내전에서 승리한 1996년에야 안정됐습니다.

탈레반 정권은 화장·음악 등 일체의 유희를 금하고 꾸란(코란, Quran)에 적힌 그대로 공개적 처벌을 가하는 등 무자비한 통치를 이어갔습니다. 이슬람의 것이 아닌 모든 것이 금지되었고 불상 등 고대 유적 또한 우상으로 지목되었습니다. 대표적으로 바미얀의 거대 불상 두개가 파괴되었죠.[87] 외부인의 눈에는 정신 나간 사람들로 보이지만, 많은 아프가니스탄인들에게 탈레반은 20년 넘게 끌어온 내전을 끝내준 장본인이었습니다. 내전과 무정부 상태에 지칠대로 지친, 그리고 대부분이 수니 무슬림인 아프가니스탄 주민들이 수니 이슬람을 맹신하는 탈레반을 지지한 것은 사실 그렇게 이상한 일이 아닙니다.[88]

1998년 여름, 이미 내전에서 승리를 거둔 탈레반은 북부 지역에 남아 있던 반대세력의 저항을 끝내는 데 총력을 기울였고 그 목표 가운데 마자르이샤리프라는 도시가 있었습니다.[89] 1997년에도 공격을 시도했었지만 그때는 시아파 중심의 무장세력 때문에 뜻을 이루지 못했죠. 공세가 주춤해진 사이에 탈레반 병사 수천명이 총살을 당하는 수모도 겪었습니다. 탈레반은 이를 갈았죠. 1998년 공격은 파키스탄의 도움을 받아 성공을 거두었고, 마침내 8월 8일 도시를 점령했습니다.

점령과 동시에 시아파에 대한 피비린내 나는 복수가 시작됐습니다. 탈레반 군대는 도시 곳곳을 누비며 적이라고 생각하는 사람들에게 무차별적으로 총격을 가했습니다. 특히 1997년 전투에서 탈레반에 패배를 안긴 부대의 주축이었던 하자라족은 끔찍한 최후를 맞았습니다. 하자라족 남자들은 그 자리에서 총을 맞거나 칼로 목이 잘렸습니다. 이 광란 속에서 3,000~4,000명의 시아파 주민들이 살해당했죠. 수니파들은 대체로 무사했습니다. 안 그래도 앙숙이던 시아와 수니 양측에 증오의 문신 하나를 더 새겨넣은 비극이었죠.

미국의 이라크 침공

2003년 미국의 이라크 침공으로 수니파와 시아파 사이의 분쟁은 중동 전지역으로 확대됐습니다. 2001년 9·11사태 후 이어진 미국의 아프가니스탄 침공은 어이없게도 9·11과는 아무 관련이 없던 이라크의 침공으로 이어졌습니다. 소위 네오콘neocon, neo-conservatives를 줄인 말으로 불리는 보수파가 언론을 교묘히 이용해 대국민 선전전을 펼친 결과였죠. 2003년 3월 20일 공습으로 시작한 전쟁은 4월 9일 수도 바그다드를 점령하며 끝나는 듯했습니다. 전쟁이야 쉬웠지만 미국은 이제 호기롭게 공언한 대로 민주체제를 이라크 사막에 심어야 할 처지였죠. 미국은 후세인의 통치 기반을 파괴하는 것을 제1 과제로 삼았습니다. 후세인 본인은 이미 도망쳐 숨어 있는 상태였지만 그를 따랐던, 그의 통치를 가능케 했던 정치체제는 남아 있었으니까요. 독재의 뼈대를 없애는 것이 곧 민주체제의 시작이라고 믿었던 미국의 첫번째 타깃은 후세인의 정치정당인 바트당(아랍사회주의부흥당, Ba'ath Party)이었습니다.[90] 미군은 이들을 '탈바트화 정책'으로 응징했습니다. 탈바트화 정책은 연합군정부Coalition Provisional Authority, CPA의 2003년 5월 16일 제1호 명령과 뒤따른 조치들로 이루어져 있는데, 간단히 말하면 정부의 모든 기관에서 바트당 당원을 전부 퇴출하라는 것이었습니다. 당의 고위 간부는 물론이고 비교적 하위 당원에게까지 적용되는 광범위한 조치였죠. 점차 바트당과 연관된 단체에 속했던 사람들로 범위가 확장

됐고 이들의 조직과 자산은 공중분해되었습니다. 심지어 연합군 정부는 바트당이나 연관 단체의 숨겨진 재산을 신고하는 이에게는 보상금까지 지불한다고 공표했죠. 당국은 바트당 사냥에 모든 정치적·행정적 역량을 쏟아부었고 바트당과 조금이라도 연관이 있던 이들은 모든 것을 잃었습니다. 군대 등 각종 무장조직이 해체되면서 50만명의 군인도 실직자가 되었죠.

후세인 독재가 바트당을 통해서 이루어졌으니 바트당과 연관자들에 대한 조치는 필요했습니다. 문제는 그 대상이 너무 포괄적이었다는 점입니다. 후세인 정권하에서 바트당원은 출세와 안정을 보장받았습니다. 당내에서 어느 정도 지위만 되어도 한달에 당시 미화로 200달러의 지원금이 나왔고, 아이들 교육이나 승진에서도 우대를 받았죠.[91] 정치적 이유를 떠나 많은 이들이 이런 혜택을 위해 당에 가입했고, 의사·간호사·교사·대학교수 등 사회 각계에 당원들이 퍼져 있었습니다. 물론 많은 이들이 수니파였고 군대에서는 그 쏠림이 더 심했습니다. 지휘관급에서 수니파의 비율이 절대적으로 높았고 많은 이들이 바트당원이었죠. 이러던 이들이 하루아침에 모든 것을 잃었으니 미국 침공을 원망하지 않을 수 없었습니다. 한편으로 미군을 해방군으로 반기던 시아파에 대한 반감도 커졌고요. 점령군의 여러 실정도 한몫했죠. 전기도 끊기고 물도 나오지 않고 사정은 나빠져만 가는데 미군은 어찌할 바를 몰랐습니다.

수니파 사이에서는 미국 침략은 외세의 침공이고 이라크 국민이라면 저항해야 한다는 의식이 날로 커졌습니다. 수니파의 대미 저항은 5월

이 지나며 본격화되었습니다. 바그다드-티크리트-팔루자를 잇는 '수니 삼각지대'가 항쟁의 주요 거점이었죠. 거듭되는 미군의 노력에도 불구하고 치안 상황은 악화 일로였습니다. 수니 저항세력은 이 지역을 넘어 사마라·바쿠바 등 주요 도시를 점령하면서 세를 불렸습니다. 이들의 항쟁은 곧 중동 수니파 전체의 전쟁으로 발전했죠. 수니파에게 미국의 침략은 십자군전쟁의 재현이나 다름없었고, 아프가니스탄에서 소련에 저항했듯 팔레스타인·시리아·사우디아라비아 등에서 수니파 지원병이 속속 이라크로 도착했습니다. 이들은 여러 조직으로 나뉘어 있던 수니파를 지휘하고 자살테러를 기획하며 저항을 이끌었습니다. 알카에다와 이들의 동조자들도 이런 해외파 가운데 일부였죠.

이들의 적은 미군만이 아니었습니다. 이교도를 돕는 시아파 역시 처단의 대상이었죠. 미군에 대한 게릴라식 공격은 끊이지 않았고 시아파 민간인들에 대한 테러 등 시아파에 대한 공세도 점차 확대되었습니다. 치안이 악화되면서 시아파 또한 스스로 무장했고, 수니파 민간인에게 보복성 공격을 하면서 양측의 대립은 점차 심화되었습니다.

정치적 해결책도 마땅히 보이질 않았죠. 2005년 임시정부가 들어섰지만 수니파가 사실상 참여를 거부했습니다. 가뜩이나 불신이 쌓일 대로 쌓인 상황에서 압도적으로 수가 많은 시아파들의 잔치가 될 것이 뻔한 선거에 참여해 득 될 것이 없다는 판단 때문이었습니다. 수니파는 더욱 고립되었죠. 2006년 첫 민주정부가 들어섰지만 사태는 더욱 심각해졌습니다. 미국 부시 정부는 이라크를 민주화해야 한다며 침략을 정당화했지만, 역설적으로 수니파와 시아파의 해묵은 적대감만 부추기고만 셈이었죠.

이라크 내전

민주정부가 들어선 2006년은 수니–시아 간 대립이 그야말로 핵융합을 일으키듯 폭발한 때였습니다. 그 시작은 2월의 폭탄테러였습니다. 사마라에 있던 알아스카리al-Askari 모스크에 폭탄이 터져 유명한 황금돔이 파괴되었죠. 944년에 세워진 이 모스크는 시아파 10대, 11대 지도자의 무덤이 있는 아주 성스러운 곳입니다. 시아파의 충격과 분노가 폭발할 것은 뻔한 일이었습니다. 의심의 눈초리는 자연히 수니파를 향했죠. 즉각 보복이 시작됐습니다. 수니 모스크가 총격을 받고 수니 지도자들 또한 살해당했습니다. 지나가던 수니파 행인들도 살해당했고, 시신은 보란 듯이 길거리에 버려졌습니다. 납치와 고문도 수없이 일어났죠. 수니파도 대응에 나서는 바람에 사태는 걷잡을 수 없이 확대됐습니다. 일주일도 되지 않아 1,000여명이 목숨을 잃었습니다. 양측의 적개심이 활활 불타오른 것은 말할 것도 없었죠.

5월에는 시아파인 말리키Nouri al-Maliki가 이끄는 첫 민주정권이 들어섰지만 사태 진정에 도움이 되지 않았습니다. 시아파가 다수인 이라크 사정을 생각해보면 시아파의 집권은 충분히 예상된 결과였죠. 문제는 그 정권이 어떻게 하느냐 하는 것이었는데 불행

폭파 후 재건되는 중인 알아스카리 모스크.

하게도 말리키 정부는 이라크 전체를 대변하는 대신 시아파에게만 충실한 길을 걸었습니다. 정부 요직의 대부분은 시아파로 채워졌고 이들은 시아파 무장단체를 해산하는 데는 미적거리는 한편 수니파 저항군에게는 단호했습니다. 자연히 수니파 이라크 시민들은 정부를 신뢰할 수 없었고 그럴수록 저항군에 동조하게 됐죠. 정부를 믿지 못하는 수니파와 정부의 간섭을 받지 않는 시아파 사이에서는 작은 충돌도 큰 유혈사태로 발전하곤 했습니다.

한 예로 10월 11일 발라드라는 도시에서 세명의 수니파가 살해당하자 바로 다음날 시아파 농부들이 납치 및 살해를 당했습니다. 이 지역 시아파 지도자들은 바그다드의 시아파 무장단체에게 보호를 요청했고, 이들과 발라드 수니파 사이에서 전투가 벌어졌죠. 여기서 최소한 80명의 사상자가 났고 대부분이 수니파였습니다. 이어서 시아파 무장단체들은 수니 주민들을 향해 당장 떠나지 않으면 살해하겠다는 협박을 했습니다. 수니 주민들은 피란길에 나섰고요. 11월에도 대규모 납치 사건이 전투로 이어져 포격과 보복 공격으로 수많은 사상자가 났습니다.[92] 발라드에서 일어난 이런 사태는 당시 드문 일이 아니었습니다. 미군과 이라크 정부군에 의한 사망자를 제외한, 무력단체에 의해 살해된 민간인의 통계를 보여주는 표3은 당시 상황이 얼마나 끔찍했는지를 드러냅니다. 2003년 전쟁이 시작한 해의 사망자 수는 4,600여명이었으나, 2006년 상반기에 그 수는 1만명을 넘어섰고 하반기에는 1만 7,000명으로 치솟았습니다.

지속되는 살육으로 인해 기존의 공동체가 해체되면서 수니는 수니 지역으로, 시아는 시아 지역으로 양분되는 것 또한 심각한 문제였습니다. 이렇게 두 종파가 정치적·지역적으로 갈라지면서 서로에 대한 불신은 더더욱 커졌고 각각의 정치 이데올로기 또한 극단으로 치달아갔죠. 사태가 악화될수록 무장단체들과 정치 이데올로기로서 종교의 위상은 높아졌습니다.

알사드르는 시아파 과격 지도자로 첫손에 꼽힙니다.[93] 그는 마흐디군대Mahdi Army 라는 무장조직을 이끌면서 시아파의 보호자를

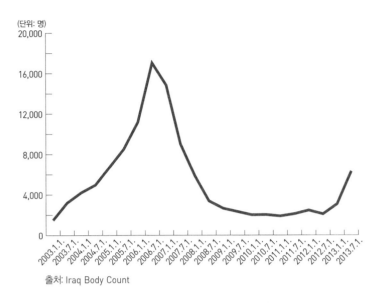

(단위: 명)

출처: Iraq Body Count

표3. 이라크 민간인 사망자 통계.

자처했죠. '마흐디'란 시아파의 12번째 지도자를 가리키는 말입니다. 시아파에게 마흐디는 재림해 무슬림의 적을 물리치고 세상의 끝을 인도할 최후의 지도자이자 희망의 존재입니다. 시아파무장단체에게 잘 어울리는 이름이죠. 2003년 불과 300명으로 시작했던 마흐디군대는 내전을 거치며 미군에 이어 가장 강력한 무장세력으로 떠올랐습니다. 한창 내전이 격했던 2006~07년에는 병력이 약 5만명에 이르렀습니다. 수니 무장단체와 전투를 벌였을 뿐 아니라 정부군·경찰·미군과도 싸웠죠. 이들은 점령지에 주유수 등을 세우며 시아파 주민들의 환심을 사는 한편 질서와 안정을 도모했습니다. 하지만 수니 주민들은 차별·협박·폭력에 떨었고, 많은 이들이 마흐디군대 점령 지역에서 떠났습니다. 마흐디 군대는 2006년 의회선거에도 참여하여 무려 40석을 확보했고, 말리키 정부에도 참여했습니다. 수백명으로 시작한 무장단체가 권력의 한 축으로까지 성장한 것이죠.

수니파 무장단체 가운데 가장 악명을 떨친 것은 자르카위가 이끈 이라크의 알카에다Al-Qaeda일 것입니다.[94] 자르카위는 젊은 나이에 감옥에서 이슬람을 심도 깊게 배우고 바로 아프가니스탄으로 가서 대소련 저항에 참여했습니다. 조국인 요르단으로 돌아와서도 왕조체제와 대이스라엘 평화협정을 비난하는 등 반체제 활동을 이어갔고, 오사마 빈라덴과도 교분을 맺었습니다. 아프가니스탄·이란 등을 거쳐 이라크에 온 그에게 미국의 침략은 딱 맞는 배경이 되어주었습니다. 자르카위의 알카에다는 미군뿐 아니라 이들에 동조하는 시아파도 목표로 삼았습니다. 경찰 모집소나 군대 훈련소 등 이라크 재건에 참여한 이들(다수가 시아파)을 집요하게 공격했죠. 2005년 9월 14일 하루 동안 수도 바그다드에서 다수의 자살테러를 자행해 무려 160여명의 경찰과 민간인들을 살해한 것이 한 예입니다.

이렇게 미국의 이라크 침공은 수니-시아 사이의 무력투쟁으로, 그리고 내전으로 발전했습니다. 모든 내전이 그렇듯 내전의 당사자인 수니와 시아는 각자 정치세력화를 위해 분주하게 움직였죠. 사태가 악화될수록 온건한 세력은 설 자리가 없어졌고 이라크 시민들도 어느 한쪽에 줄을 서야 살 수 있는 현실에 신음했습니다. 사태가 악화되기 시작하자, 사회적 신뢰와 안정을 회복하는 것은 불가능해 보였습니다. 마치 짜낸 치약을 다시 담기 힘든 것처럼 말입니다.

아랍의 봄

이라크 시아파와 수니파 사이의 살육은 2008년에서 2009년으로 넘어가면서 진정 국면에 접어들었습니다. 하지만 여기서 막으면 저기서 터지는 둑처럼 양측의 긴장은 중동 전역으로 퍼져나가는 양상을 보였죠. 역설적이게도 양측의 대립을 확산한 계기는 '아랍의 봄'으로 불리는 중동 민주화 운동이었습니다.

2010년 시작된 아랍 각국의 민주화 시위는 2011년 튀니지 정부를 무너뜨렸고, 같은 해 이집트 무바라크 대통령도 물러나게 했습니다. 리비아에서는 내전이 벌어졌고 카다피 대통령은 목숨을 잃었습니다. 예멘에서도 살레 정권이 무너졌고 바레인에서도 왕정에 저항하는 시위가 이어졌습니다. 시리아의 반정부 시위는 장기적인 내전으로 확대되어 아직도 안정을 못 찾고 있는 상태입니다. 엄청난 정치 변화가 한꺼번에 일어났으니 그럴 수밖에요.

'아랍의 봄'은 민주화라는 이름 밑에 숨어 있는, 복잡한 정치적 역동성을 담아내지 못한 명칭입니다. 한때 민주화 물결이 아랍에 도달했다며 크게 반기는 분위기가 형성되었죠. 하지만 이집트의 민주화는 역사상 최초의 민주선거 이후 군부의 쿠데타로 끝이 났고 무바라크도 복권됐습니다. 튀니지를 제외하고 모두 민주화에 실패했죠.

아랍의 봄은 흔히 말하듯 민주화 또는 권위주의체제의 약화라기보다는 친미·수니 정권의 쇠퇴 또는 이들에 대한 중대한 도전으로 볼 수 있습니다. 대표적인 예가 무바라크의 몰락입니다. 수니파가 다수인 이집트는 중동 지역에서 이스라엘과 평화협정을 맺은 몇 안 되는 나라이자 미국의 중요한 전략적 파트너입니다. 그런 까닭에 독재정권임에도 미국은 아무 소리도 하지 않았고, 무바라크는 친미정책으로 화답했습니다. 친미정책의 주요한 목표는 사우디아라비아와 축을 이루어 지역을 현상유지하는 것이었고, 그 지켜야 할 현실은 다름 아닌 이스라엘의 안정과 지속적인 석유 공급이었습니다. 그러니 시아파 지도국으로 지역 정치에 목소리를 높여온 이란으로서는 미국의 꼭두각시인 무바라크의 몰락은 환영할 일이었습니다. 이집트-사우디-미국-이스라엘로 이어지는 한 축이 무너지는 것이니까요.

반대로 수니 국가들에게는 이집트 민주화가 큰 고민거리였습니다. 특히 수니파의 맹주인 사우디아라비아에게는 심각한 위기였죠. 사우디 왕조는 무엇보다 미국이 무바라크를 버린 것에 충격을 받고 분노했습니다. 자신들에게도 비슷한 일이 벌어질 수 있다는 불안감이 들었죠. 당장 사우디 왕조의 신경을 거스르는 일이 바로 이웃인 바레인에서 벌어졌습니다.[95] 앞의 지도5에서 보듯, 바레인은 시아파가 다수인 국가입니다. 인구의 70%가 시아파에 속하지만 권력은 소수 수니파가 틀어쥐고 있습니다. 딱 후세인 치하의 이라크 꼴이죠. 게다가 바레인은 왕정체제를 유지하고 있었으니 다수 시아파들의 정치적 박탈감은 상당했습니다. 이들의 좌절감에 아랍의 봄이 불을 댕겼고, 2011년 2월 시작된 민주화 시위는 자연히 수니 왕조를 겨냥했습니다. 민주화 운동이 수니—시아 갈등으로 번지는 것은 당연한 수순이었죠. 시위대 대부분은 시아파였고, 수니파들은 민주화 요구에 냉담했습니다. 시위대와 경찰의 충돌이 격해지고 수도의 공공시설이 시위대에 의해 점령당하면서 궁지에 몰린 하마드 국왕은 수니 국가들로 이루어진 지역 국제기구인 걸프협력회의에 무력 개입을 요청했습니다. 3월 14일 사우디아라비아는 바로 군대를 보내 시위대를 진압했죠. 시아파의 득세를 견제하려는 수니 지도자들은 적극적이고 확고하게 반응했습니다. 이집트에서처럼 시위대에게 밀려서는 안 된다는 위기의식이 작용한 것이었죠. 민주화를 요구했던 시아파 주민들은 아픈 상처만 안고 좌절할 수밖에 없었습니다.

시리아의 경우 민주화 시위가 바레인과는 반대로 시아파 정권에 대한 수니파의 도전으로 변질되었습니다. 아사드 집안의 대를 이은 독재정권은 시아파, 정확히는 시아파의 한 갈래인 알라위파입니다. 이들은 전체 인구의 약 12%를 차지하는 소수이지만 정치·군사 권력을 독점하다시피 했습니다. 식민지 시절 프랑스가 다수인 수니파를 관리하기 위해 이들을 우대했던 과거와 무관치 않으니, 민족적 관점에서도 이들을 보는 시각이 고울 수 없었죠. 반면 인구 75%를 차지하는 수니파는 정치적으로 철저히 소외되었고 그런만큼 이들의 불만은 넓고 깊었습니다. 이런 사정 때문에 아랍의 봄과 발맞춰 2011년 3월 대규모 시위가 수도 다마스쿠스와 알레포 등 대도시에서 시작되었습니다. 경찰과 군대는 시위대를 향해 무차별적인 발포와 대규모 공격을 서슴지 않았죠. 이집트에서 공권력과의 충돌이 제한적이었던 것과는 완전히 다른 양상이었습니다. 시위대도 무력으로 자위와 저항에 나섰고 이는 전국으로 퍼졌습니다. 민간인들과 더불어 군인들이 반정부 투쟁에 여름부터 참가하기 시작했고 이들은 자유시리아군대Free Syrian Army를 조직하여 대규모 저항을 벌였습니다. 양측의 대립이 격해질수록 정부-반정부 전선은 시아-수니 전선으로 변질되었죠. 시아 시민들 상당수는 독재정권인 아사드 정권을 좋아하지 않았지만 점차 정부 편에 설 수밖에 없었습니다. 수니파가 승리했을 때 자신들에게 어떤 일이 벌어질지 알 수 없었으니까요. 반정부 시위에 별관심이 없던 수니 주민들도 사정은 마찬가지였습니다. 점차 정부군의 목표가 되면서 반군 측에 서야 했죠. 중립과 온건은 설 자리가 없다는 전쟁의 진리를 또다시 확인할 수 있었습니다.

시아-수니 전선은 시리아 전지역으로 확대되면서 국제적 지원도 늘었습니다. 당연하게도 수니는 반군을 지원했습니다. 중동의 주요 수니 정치집단인 무슬림형제단은 시리아민족회의Syrian National Council를 꾸려 반군을 도왔고 터키·사우디·카타르 등 수니 국가들도 반정부세력을 지원했습니다. 무기를 대고 재정지원을 했을 뿐 아니라 반군을 조직하고 전략을 짜는 등 적극적으로 개입했죠. 아사드 정부가 시아파의 지원을 받은 것은 물론입니다. 이란의 군인들이 시리아에 파견됐고 각종 무기 및 물자가 도착했습니다. 레바논의 시아파 무장단체인 헤즈볼라도 병력을 파견해 아사드 정부군을 지원했죠. 민주화 시위가 시아-수니 간의 국제전으로 확대된 것입니다. 여기에 서방이 반군을, 러시아가 정부군을 지원하면서 마치 냉전의 부활을 예고하는 듯하는 상황으로까지 발전했습니다.

'이슬람국가'

아랍의 봄이라는 민주화 물결은 시아—수니라는 댐을 만나 그 흐름이 멈추었습니다. 게다가 시리아 내전을 통해 시아—수니의 대립이 중동 전역으로 번졌고 그 피비린내는 서구까지 퍼졌죠. 사태가 이렇게까지 악화된 것은 바로 '이슬람국가'로 알려진 무장단체 때문이었습니다. 이들은 2015년 11월 파리에서 충격적인 테러공격을 감행했습니다. 파리 전역에서 거의 동시다발적으로 민간인에게 무차별 공격을 퍼부었죠. 130명이 사망했고 386명이 부상을 입었습니다. 이들의 잔인함은 이미 잘 알려져 있었죠. 시리아·이라크 등에서 포로를 참수하는 것도 모자라 산 채로 불태우고 이를 인터넷을 통해 전세계에 방송하면서 충격을 준 바 있습니다. 얼핏 들으면 광기 어린 소수집단 같지만 이들은 단순한 테러조직이 아닙니다. 지도6에 나타나 있듯 이들의 영토는 한때 이라크 북부에서 시리아 동부에 이르는 방대한 지역을 포함했습니다. 이 사실은 이라크·시리아 군대를 상대로 성공적인 군사작전을 벌일 능력이 있는 집단임을 보여주죠. 이 영토에서 세금을 거두고 법을 집행하는 등 국가의 기능을 수행하기도 합니다. 원유와 고대 유

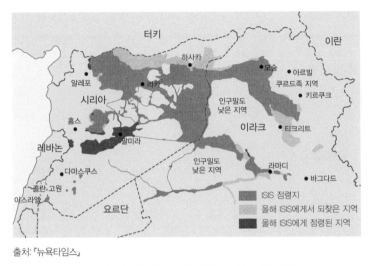

출처: 『뉴욕타임스』

지도6. '이슬람국가'의 지배 지역(2015년 12월 기준).

물을 수출하는 등 무역에도 적극적입니다. 쓰는 돈도 만만치 않죠. 한 연구는 이슬람국가가 1년에 약 5억달러를 쓴다고 추정했습니다.[96] 세계은행 통계에 따르면 남아메리카에 있는 수리남의 2016년 정부지출이 4억달러가 조금 넘으니 이슬람국가의 조직은 범상한 수준이 결코 아니죠. 이슬람국가는 최고 지도자인 아부 바크르 알바그다디를 이슬람 공동체의 최고 지도자인 '칼리프'로 추대하고 전세계 무슬림들에게 충성을 요구했습니다. 이를 공식적으로 인정한 국가는 없지만 개인적 수준의 국제적 지지는 만만치 않습니다. 세계 각지에서 이슬람국가에서 살고 이들을 위해 싸우려는 자원자의 행렬이 끊임없이 이어지고 있죠. 이들 가운데는 한국인도 있는 것으로 알려져 국내에서 큰 파장이 일기도 했습니다.

이슬람국가를 이해하기 위해서는 다시 이라크로 돌아가야 합니다. 그리고 또다시 시아-수니의 대립을 만나게 되죠. 빈라덴이 이끌던 수니파 무력단체인 알카에다의 한 분파인 이라크 알카에다는 2008년이 되면서 그 세력이 약해지기 시작했습니다. 이라크 내 수니-시아 분쟁이 조정 국면으로 접어들던 무렵이었죠. 여기에는 부시 행정부가 15만명 수준으로 떨어졌던 이라크 주둔 미군을 2007년부터 18만으로 대폭 확충하면서 이라크 치안 안정에 적극적으로 나선 것이 일조했습니다. 알카에다의 잔혹성과 혼란에 질린 수니파 시민들이 등을 돌리기도 했고요. 더 나아가 수니 민병대가 꾸려지고 이들이 알카에다에 저항하기도 했습니다. 같은 수니파의 저항이었기에 알카에다는 정치적·정략적으로 치명상을 입었죠. 2011년 말 미군을 비롯한 연합군의 철수가 거의 완료될 시점에는 알카에다는 겨우 명맥만 유지하는 신세였습니다. 미군이 떠난 이라크는 시아 주도 정부의 본격적 시험무대가 되었습니다. 정부는 시아 정치 이데올로기를 바탕으로 국정을 운영해갔죠. 수니파에 대한 불신과 오랜 핍박의 역사에 후세인 정권하에서의 탄압의 기억이 더해진 상태였으니, 자연스러운 선택이었을 겁니다. 후세인에 의해 오랫동안 탄압을 받은 말리키는 정권을 잡은 후 수니를 정적으로 대했습니다. 아직 그의 눈에 수니는 친후세인 바트당 당원 또는 테러리스트일 뿐이었죠. 수니들은 불안에 떨었고 이는 곧 현실이 됐습니다.[97]

2011년에는 하셰미 부통령에 대한 탄압이 시작되었습니다 시아파 일색이던 정부에 구색을 맞추기 위해 명망 있는 수니파 지도자였던 하셰미를 부통령으로 앉혀놓았는데 그나마도 시아파 지도자를 암살하려 했다고 누명을 씌워 제거한 것이죠. 이를 시작으로 수니에 대한 무자비한 탄압이 이어졌습니다. 시아 주민, 특히 젊은 남자들은 별 증거나 법적 절차도 없이 투옥되어 감옥은 미어터질 지경이었죠. 하지만 감옥에 간 이들은 그나마 운이 좋은 축이었습니다. 많은 이들이 길거리에서 처형을 당했으니까요. 바그다드 시내 곳곳에 거의 매일 수니파 젊은 남자들의 시체가 버려졌습니다.

이런 정세 변화는 예상치 못했던 결과를 가져왔습니다. 알카에다에 저항했던 수니 민병대가 그 핵심이었습니다. 애초에 미군에 의해 성장했고 월급도 미군으로부터 받아왔던, 게다가 수니파인 이들을 말리키 대통령은 늘 탐탁지 않게 여겼습니다. 미군이 철수하자마자 이라크 정부는 이들을 내쳤죠. 월급이 나오지 않은 것은 물론이고 정부도 점점 노골적으로 탄압했습니다. 민병대도 곧 정부에 대한 신뢰를 버렸고 정치적·경제적으로 점차 고립되어갔습니다. 이런 상황에서 2012년 말 또다른 수니파 지도자 알이사위Rafi al-Issawi 재무장관이 누명을 쓰고 숙청당하자 민주체제에 대한 수니파의 신뢰는 무너졌고 이들의 대규모 시위와 점거 농성이 이어졌죠.

수니파에 대한 공세가 본격화되는 와중에 이라크와 국경을 마주하고 있는 시리아에서 내전이 일어났습니다. 이라크 알카에다에게 시리아 내전은 신이 내려준 선물이었죠. 거의 전면의 위기에 처했던 그들이었지만 그때까지 남아 있던 알카에다 멤버들은 말 그대로 전투란 전투를 다 겪고도 살아남은, 미군조차 끝까지 죽일 수 없었던 베테랑들이었습니다. 이들은 당연히 시리아 수니파의 투쟁을 지원했고 알카에다의 참여는 전세를 바꿨습니다. 정부군 공세는 주춤해졌고 알카에다가 이끄는 반군은 연전연승하며 명성을 떨쳤죠. 그러자 사우디아라비아 등 수니 국가들에서 지원자와 자금이 몰렸습니다. 이들은 곧 내전을 지휘하며 영토를 늘리고 그곳에서 정부의 역할을 하는 등 몇년 전에는 상상도 할 수 없었던 규모의 정치세력으로 발전했습니다. 시리아 정유시설 등을 점거해 자급자족할 수 있는 경제능력까지 갖추면서 질적 성장도 이루었습니다. 2013년 '이라크와 시리아의 이슬람국가'The Islamic State of Iraq and Syria, ISIS로 이름을 바꾸며 왕년의 이슬람제국처럼 이슬람, 더 정확히 말하면 수니의 가르침을 따르는 나라를 건설하겠다는 야망을 공표했죠.

이슬람국가가 이라크에 재입성할 결정적 기회는 그해 4월에 찾아왔습니다. 후세인의 고향이자 수니 영토인 키르쿠크 지역의 하위자라는 도시에서 몇달에 거쳐 점거 농성을 하던 수니 시위대가 경찰과 충돌했습니다. 군인과 경찰은 비무장 시위대를 향해 주저없이 포문을 열었습니다. 수백명이 목숨을 잃었죠. 수니가 다수인 이라크 중부 지역 전역에서 보복과 강경 대응으로 사상자가 속출했고 수니 시민들은 자신들이 얼마나 고립되어 있는가를 뼈저리게 느꼈죠. 미국의 침략 이후 수니파의 몰락, 민주체제의 도입과 함께 시작된 시아파의 득세, 수니파 지도자의 숙청, 평화시위, 무력타압으로 이어지는 사태를 본 수니들 사이에서는 '할 수 있는 것은 다 해보았지만 더 이상은 **뾰족한 수가 없다**'라는 인식이 퍼졌습니다. 동시에 시아의 나라에서 수니의 안전은 누구도 보호해주지 않는다는 것 역시 명확해졌죠. 이슬람국가는 이런 수니들에게 계속해서 속삭였습니다. "우리가 너희를 보호해준다." 결국 수니파 시민들은 이슬람국가를 지지하지 않더라도 이들 말고는 자신들이 기댈 곳은 없다는 결론을 내렸습니다.

이슬람국가의 6월 공세[98]

미군의 보호 아래 부패와 태만으로 썩어들어간 이라크 군경은 시리아 내전으로 급성장하고 수니의 분노로 무장한 이슬람국가의 상대가 되지 못했습니다. 특히 2014년 6월 공세는 전세계를 충격에 빠뜨렸죠. 이달 10일 이라크의 대도시 모술이 변변한 저항도 없이 이슬람국가의 손에 고스란히 들어갔고 미군이 남긴 중장비며 탱크 등 각종 무기마저 이들 소유가 되었습니다. 수니 시민들의 열렬한 환영 속에 입성한 이들은 바로 남하하여 하루만에 티크리트와 사마리아를 점령하고 14일에는 수도 바그다드 코앞까지 진격했습니다. 단 5일 만에 이라크의 북동 지역을 평정한 셈입니다. 미국이 수년에 걸쳐 입히고 훈련시키고 무기를 준 군과 경찰이 얼마나 무기력했는지, 수니 이데올로기와 분노로 무장한 봉기가 얼마나 파괴적이었는지를 보여주는 뼈아픈 5일이었습니다. 이들은 앞에서 살펴본 대로 정치적·군사적 성공을 이어갔고 시리아뿐 아니라 이라크에서도 상당한 지역을 점령했습니다.

* * *

수니-시아의 종교적 대립은 오래되었고 그만큼 치유하기도 쉽지 않습니다. 종교적 대립은 늘 그렇듯이 모든 합의를 어렵게 만들고 그나마 이루어놓은 합의도 쉽게 깨뜨립니다. 자신의 신과 그 가르침이 적혀 있는 책자를 절대적으로 따르기 때문이죠. 수니에게 시아는 이교도일 뿐입니다. 시아에게 수니는 신이 약속한 정당한 자리를 앗아간 배신자이고요. 그 가르침을 따르는 한 상대방을 포용하기란 불가능합니다.

설사 개인적으로는 이웃으로 친구로 공존과 화합을 이루며 살더라도, 그 평화는 훅 불면 날아갈 그런 것이기 쉽죠. 개인적인 일이 집단 간의 투쟁으로 번지기도 하고, 집단 간의 조그마한 긴장도 쉽게 과격화됩니다. 그럴 때마다 주변에서는 이렇게 말하죠. "거봐. 내가 뭐랬어? 걔들은 절대 믿을 수 없다고 했잖아." 긴장이 커질수록 힘없는 개인은 선택을 강요받게 됩니다. 내 신념과는 상관없이 시아 주민은 시아세력을, 수니 주민은 수니세력을 따르기 쉽죠. 몇십년을 이웃으로 함께 살았어도 원수가 되는 데 불과 몇개월도 채 걸리지 않습니다. 정치 이데올로기로서 종교는 그만큼 무서운 것이고, 이러한 사실은 최근 중동의 정세에서 잘 드러납니다.

6장

사회주의: 스웨덴과 베네수엘라의 차이

사회주의라는 말은 우리에게 친숙하면서도 동시에 굉장히 낮섭니다. 잊을 만하면 정치판에서 논의되기는 하는데 그 논의가 참 이상합니다. 2015년 10월 박근혜 정권의 국사교과서 국정화 발표로 시작된 이념논쟁을 예로 삼아 살펴보죠. 새누리당을 비롯한 보수진영의 주장은 별 차이가 없습니다. "대한민국의 정통성은 격하시키면서 몰락한 사회주의를 칭송하며 북한을 옹호하는 것이 지금의 교과서"라며 "이러한 좌파적 세계관은 대한민국을 부정하고 학생들 스스로를 패배감에 젖게 할 뿐이다"라고 지적했죠.[99] 한국에서 흔한 시각입니다. 이러한 관점의 몇가지 경향을 짚어보겠습니다.

첫째는, 박근혜가 말했듯이 사회주의가 몰락했다고 생각하는 경향입니다. 소련 몰락에 따른 냉전 종식을 자본주의의 승리와 사회주의 몰락으로 연결 짓는 것이죠. 문제가 있는 시각입니다.

소련이 몰락해 냉전이 끝나기는 했지만 이것이 바로 자본주의 승리/사회주의 패배는 아니니까요. 우선 소련이 경쟁한 상대가 미국이라는 정치 행위자라는 점에 주목해야 합니다. 미국이 자본주의 천국이라고는 하지만 소련이 싸운 것은 자본주의 자체는 아니었죠. 서로 상반되는 경제체제를 운영한 덕분에 미국은 상대적으로 경제가 윤택했고 덕분에 군사·정치 공세에서 우위를 점할 수 있었습니다. 하지만 이를 자본주의의 승리라고 하는 것은 "라면 먹으면서 운동했어요. 우유 마시는 친구가 부러웠구요"라고 말한 임춘애의 1986년 아시안게임 승리를 가리켜 라면의 승리라고 하는 꼴입니다. 임춘애의 승리가 우유의 패배도 아니었고요. 더군다나 미국 또한 여러 사회주의적 프로그램을 운용하고 있습니다. 2016년 미국 대선에서 샌더스라는 사회주의자가 민주당 경선에 뛰어들어 돌풍을 일으킨 것을 보면 사회주의에 대한 지지가 만만치 않음을 알 수 있죠. 그러니 자본주의의 승리이니, 사회주의의 몰락이니 하는 말은 정확하지 않거나 현실을 너무 단순하게 보는 것입니다.

둘째는, 사회주의를 북한과 동일시하는 경향입니다. 이런 시각을 가진 사람들은 반사적으로 '사회주의는 북한 사상이니 나쁜 것이다'라는 가치판단을 내립니다. 북한은 적이고 그러므로 북한 것은 다 나쁘다는 식의 사고는 지나치게 단순하죠. 일단 북한이 적일 수만은 없음을 우리는 잘 알고 있습니다. 한국전쟁과 그 이후의 수많은 도발 및 공격으로 많은 이들이 고통을 당한 것은 엄연한 사실입니다. 하지만 동시에 영화 「코리아」에서도 그려졌듯

단일 팀을 이루어 국제경기에 출전하기도 한 동지였고, 개성공단에서는 경제 협력자였습니다. 금강산 관광 경험에서 보았듯 가까운 이웃이기도 하고, 서로를 애타게 그리워하는 이산가족이기도 합니다. 게다가 사회주의는 북한만의 것도 아니죠. 사회주의 정권은 우리가 그렇게 부러워하는 스웨덴을 수십년간 이끌어왔고 한국인들이 많이 찾는 프랑스·독일 등의 유럽 국가에서 정권을 잡은 주요 정치세력입니다.

'사회주의는 빨갱이 사상이므로 나쁜 것이다'라는 가치판단은 오류투성이지만 안타깝게도 한국에서는 잘 통합니다. 여기에는 여러 이유가 있지만 그 가운데 사회주의라는 사상에 대해 잘 모른다는 점도 큰 비중을 차지합니다. 또 한가지 이유는 앞 장에서 논의했던 한국 내의 협소한 이데올로기 지평이고요. 그 지평을 조금이라도 넓히기 위해, 사회주의에 관해 짚어보겠습니다.

사회주의란

사회주의란 무엇일까요? 사회주의는 자본주의가 만들어낸 구조적 문제에 대응하기 위해 탄생한 정치 이데올로기입니다. 그 구조적 문제란 바로 '노동 착취'였죠. 봉건적 질서는 규모가 커지는 공장, 도시, 자본에 의해 급속히 붕괴되었습니다. 그 와중에 많은 농민들이 새로운 질서로 편입되었고요. 농민으로, 장인으로 이들이 가지고 있던 전문지식이나 경험은 점점 가치가 없어지고, 많은 이들은 기계 뒤에 앉아 단순한 작업을 되풀이하는 신세가 되었습니다. 도시 이주민이 폭발적으로 늘었기 때문에 자본가들은 이들을 혹독하게 부려먹는 데 아무런 거리낌이 없었습니다. 언제라도 대체할 사람이 수도 없이 많았으니까요. 노동자들은 어둡고 더러운 공장에서 하루의 대부분을 보내야 했죠. 휴일도 없었습니다. 잠도 공장에서 잤고요. 천식 등 호흡기 질환에 시달렸고 전염병으로 목숨을 잃었습니다. 노동과 질병은 가족이라는 울타리를 파괴하면서 사회를 유지하던 문화 질서마저 흔들어놓았습니다. 사실 삼성 반도체 공장의 젊은 노동자들의 경우에서 알 수 있듯 지금도 비슷한 일이 흔하죠.

하지만 자본가들은 이런 문제에 관심이 없었죠. 그 대신 이들은 사회적 다원주의의 적자생존 법칙을 통해 현실을 보았습니다. 환경에 적응한 동물 종만이 살아남고 나머지는 도태되듯 사람 사는 사회도 마찬가지라고 믿었죠. 노동자는 적응을 못한 종자이고, 그러니 이들의 고생은 당연하다고 봤습니다. 이러한 생각은 널리 퍼져, 국가도 자본가의 이익과 권리를 보호하는 방향으로 발전(?)했습니다. 노동자는 아무런 보호도 받지 못한 채 자본가의 쥐꼬리만 하고 변덕스러운 선의에 기댄 채 살아야 했죠. 이러한 자본주의의 병폐는 정도의 차이는 있지만 자본주의 사회에서 일반적이었습니다. 자본주의가 처음 자리잡은 유럽뿐 아니라 한국과 중국도 유사한 문제를 겪었죠. 이런 현실을 문제로 보고 대안을 제시한 사상 가운데 하나가 바로 사회주의입니다. 자본주의 병폐가 극심해진 18세기 말에서 19세기 초에 사회주의가 태동한 것은 우

연이 아닙니다.

　사회주의 사상은 다양한 아이디어를 포함하고 있고 여러 갈래의 주장이 존재합니다.[100] '공상적 사회주의'로 불리는 전통이 있고, '과학적 사회주의' 전통도 있습니다. 전자는 '사회발전으로 모든 이가 풍족하게 지낼 수 있을 만큼의 재화가 생산되는데 이를 나누어 쓰지 않는 것은 나쁜 일이다'라는 도덕적 확신을 기반으로 합니다. 후자는 사회발전을 보다 객관적으로 인식하는 맑스 전통에서 나왔죠. 전자에 속하는 사상가인 생시몽은 프랑스 봉건 사회를 비판하며 자신의 사회주의 사상을 발전시켰습니다. 봉건 체제와 이 안에서 기생하고 있던 지배계급의 착취를 비판하면서 구체제를 성과 중심의 경제체제로 전환하고 국가 독재를 견제해야 한다고 주장했죠. 계급 갈등을 부각한 것도 주목할 점입니다. 영국의 로버트 오언Robert Owen은 작업 환경 개선을 도덕적 의무일 뿐 아니라 수익도 늘려주는 현실적 대안으로 보고 자신이 운영하는 공장에서 이를 실천한 것으로 유명합니다. 이렇게 공상적 사회주의자들은 계급 갈등을 대화와 선의로, 자발적으로 풀 수 있다고 보았습니다.

　독일의 칼 맑스와 엥겔스는 역사적 당위인 계급투쟁과 혁명을 놓치고 자잘한 실험이나 순진한 노력으로 사회를 고치려는 것은 헛된 일이라며 공상적 사회주의자들을 비판했습니다. 맑스는 자본주의의 아이러니에 주목했습니다. 산업화로 인해 인간은 역사상 처음으로 충분히 먹고 살 수 있는 재화를 생산하게 되었습니다. 모두들 걱정 없이 살 수 있는 조건이 마련되었죠. 하지만 이를 가능케 한 바로 그 산업화는 소수 자본가들만 행복하게 만들었습니다. 지난 수천년간 자연(자연재해·지리적 한계·물적 한계 등)이 인간의 행복을 위협했다면 이제는 자본주의 사회체제가 그 굴레가 된 것입니다. 인류 역사의 아이러니죠. 맑스와 엥겔스는 변증법을 기반으로 하여 역사를 발전하는 것으로서 설명했습니다. 변증법에 따르면 하나의 주장(정)은 이에 반하는 주장(반)과 충돌하고 여기서 새로운, 더 나은 주장(합)으로 질적 발전을 합니다. 맑스주의자들은 사회도 마찬가지라고 보았죠. 기존 체제와 새로운 도전이 충돌하고 여기서 사회는 질적으로 다른, 더 나은 모습으로 발전한다고 주장합니다. 중세 봉건주의체제가 기존의 지주/귀족 계급(정)과 새로운 계급인 자본주의자(반) 사이의 충돌에 의해 자본주의체제(합)로 발전했듯, 자본주의체제(정) 또한 무산계급자들(반)의 도전과 이에 따른 내적 충돌에 의해 새로운 사회, 즉 공산주의 사회(합)로 발전하리라 예언했습니다. 기득권을 쥐고 있는 자본가 세력이 순순히 물러날 리 없으니 충돌은 불가피하고 이는 무산계급 혁명으로 이어지리라는 예측이었죠.

맑스주의자들은 혁명이 성공할 수밖에 없다고 보았는데 이러한 낙관적 전망은 자본주의 내적 요소에서 파생하는, 그러므로 불가피한 요인에서 기인합니다. 자본주의 경제는 노동자의 노동력을 착취하여 이익을 발생시킵니다. 쉽게 말해 노동자가 없으면 공장이 돌아가지 않음에도 노동자들은 자신들이 창출한 이윤을 얻지 못하는 상황이죠. 동시에 이들은 이전에 가졌던 창의성과 자존감 등을 잃어버리고 점차 단순 업무만을 하게 되죠. 그나마도 대체할 노동자가 넘치니 언제 해고될지 모르는 형편입니다. 자본주의의 항시적이고 필연적인 경쟁은 모든 이들의 삶을 더욱 비참하게 만듭니다. 경쟁에서 살아남기 위해 자본가들은 가격을 낮추고 생산량을 늘릴 수밖에 없습니다. 그러다 보면 수지타산이 맞지 않게 되고, 흔히 노동자들을 해고하여 경영난을 타개합니다. 기계의 발달은 해고를 가속화하는 또다른 요인이죠. 대량생산의 결과로 사회에는 물건이 넘쳐나지만, 쉬운 해고로 인해 사회 전체의 구매력은 떨어지게 됩니다. 자연히 경제는 공황·불황 등의 위기를 되풀이할 수밖에 없고 노동자의 삶은 더더욱 불안해집니다. 맑스의 설명에 따르면 노동자의 고통과 사회불안은 어떤 일시적·단편적 이유에서 초래되는 게 아니라 자본주의 발전의 자연스러운 결과입니다.

맑스주의자들은 경제 동력을 사회의 기본으로 보았습니다. 나머지 것들 즉 정치·문화·사회체제 등은 그 시대의 경제체제를 반영하는 부차적인 것으로 보았고요. 사회주의 혁명이 정치적 현상이지만 자본주의 사회라는 경제 요인에 기반을 둔 것처럼 말입니다. 그들은 민주적 정치질서도 자본주의라는 경제체제를 바탕으로 한다고 보았습니다. 개인의 경제적 자유를 추구하던 부르주아 계급은 이를 짓누르던 봉건사회와 충돌할 수밖에 없었죠. 부르주아 계급은 구체제를 상대로 정치투쟁을 벌였고 결국 승리하여 자신들이 원하던 사회를 건설했습니다. 이것이 곧 서구사회에서 흔히 보는 민주체제 질서입니다. 그러니 국가체제란 자본계급의 이익에 봉사하는 정치 도구나 다름없죠. 법과 정치 질서뿐 아니라

도덕이나 문화도 자본주의 현상유지를 위한 도구일 뿐입니다.

얼마전에 『송곳』이라는 만화가 드라마화되어 큰 인기를 끈 일이 있습니다. 그 드라마에서 해고당한 노동자들과 공장을 지키는 용역깡패가 충돌하는 장면이 나옵니다. 경찰이 있기는 했지만 수수방관만 하고 있다가, 깡패들이 밀리자 끼어들죠. 노동자들의 항의가 빗발쳤지만 경찰은 법을 집행하는 것뿐이라며 발을 뺍니다. 드라마에서나 있는 일 같지만 노동현장에서 늘상 벌어지는 일이죠. 파업 노동자들이 항상 범법자가 되는 뉴스를 돌이켜보면 맑스의 주장을 더욱 잘 이해할 수 있습니다.

사회주의는 이 맑스주의를 비롯한 수많은 사상을 아우르는 개념입니다. 앞서 살펴본 오언의 주장처럼 얼핏 보면 사회주의라기보다 자유주의 사상처럼 들리는 것도 있습니다. 이렇게 다양한 생각을 사회주의 틀 안으로 묶을 수 있는 공통분모는 생산수단의 공적 소유, 복지국가, 그리고 평등의 추구라는 지향점입니다. 이 공통 요소들을 살펴보면 사회주의 사상의 큰 틀을 이해하는 데 도움이 될 것입니다.

첫번째 요소는 생산수단의 사적 소유를 만병의 근원으로 보는 시각입니다. 자본·토지 등의 생산수단을 사유화한 자본가 계급은 자신의 이익을 위해 전통적 의미의 노동을 파괴하고 노동자를 자본가의 도구로 만듭니다. 노동자들은 가난의 굴레에서 벗어날 수 없게 되죠. 관리자 계급과 자본가들 또한 시장의 끝나지 않는 경쟁 속에서 고통을 받습니다. 결국 이 체제 아래서는 사회구성원 거의 모두가 신음하게 되는 것입니다. 역시 만화를 원작으로 한

드라마 「미생」의 주인공 장그래의 꿈은 대기업 정규직이었습니다. 하지만 드라마 속에서 정규직 사원들, 말단 사원부터 전무까지 행복한 사람은 하나도 없었죠. 경쟁과 과업을 달성해야 한다는 압박에 다들 지치고 불행했습니다. 모르긴 몰라도 그 회사 소유자도 그리 행복하지는 않았을 것입니다. 물론 드라마보다 현실은 더 각박하죠. 사회주의자들의 시각에서는 이 고통의 근원인 생산수단의 사적 소유를 제한하는 것, 즉 생산수단의 공적 소유를 늘리는 것이 논리적 해결책입니다.

우리는 흔히 공적 소유를 국가 소유와 동일시합니다. 하지만 이는 정확하지 않습니다. 물론 국가도 중요한 주체이죠. 지금 중국 경제발전을 이끌고 있는 주요 기업들은 정부 소유이거나 실질적으로 정부 소유인 경우가 많습니다. 예전 소련 등에서는 국가 소유가 훨씬 더 광범위했습니다. 자본주의체제에서도 주요 기간산업은 시장에 맡기지 않고 국가가 관리하는 경우가 많죠. 예를 들어 영국의 BBC 방송국이 대공황 타개를 위해 세운 미국 '테네시강 유역 개발공사'Tennessee Valley Authority, TVA는 국영입니다. 2008년 경제위기 때 미국 연방정부는 패니메이Fannie mae라는 거대한 주택융자기관을 사들여서 운영했죠. 한국에도 국가 또는 지방자치단체가 소유 및 경영하는 기업, 즉 공기업이 많습니다. 대한석탄공사·주택공사·한국도로공사·한국수력원자력 등이 그 예죠.

국가 소유 외에도 사적 소유의 대안은 얼마든지 있습니다. 생산조합도 생산수단의 공적 소유를 통해 자본주의의 문제를 해결하려는 한 시도죠. 동네에서 공동으로 어선을 구입해 주민들이 함께 사용하고 이익을 나누는 식의 생산조합은 어렵지 않게 찾아볼 수 있습니다. 곳곳에 이런 조합이 있죠. 유기농업을 추구하는 지구농부협동조합이 청주에 있고, 에너지 자립을 꿈꾸는 우리동네햇빛발전협동조합은 서울에서 활동 중입니다. 직원이 운영하는 한국유지보수협동조합도 서울에서 활동 중이고, 한국성수동수제화협동조합도 수제화의 부흥을 이끌고 있습니다.[101] 분야도 다르고 공적 소유의 정도나 형태도 다양하지만 사기업의 대안으로 주목받고 있는 좋은 예들입니다.

두번째 요소는 복지국가를 추구한다는 것입니다. 자본주의 사회에서는 경쟁과 부를 사회의 근본으로 봅니다. 이러한 인식이 지나쳐서 거의 종교적이기까지 합니다. 예를 들어 부자는 돈이 많을 뿐 아니라 성실하고 똑똑하며, 매사에 책임감이 있다는 식의 인식이 흔하죠. 반대로 가난한 사람은 무슨 문제가 있는 것으로 여겨지기 쉽습니다. 이러한 사회적 인식은 사회질서를 더욱 친親자본화합니다. 자본가의 위세는 더 커지죠. 미국의 1920년대가 딱 그랬습니다. 정부 규제는 있으나 마나 했고, 각종 정책은 부자들 입맛에 맞게 요리됐죠. 빈부격차는 폭발적으로 커졌고 극소수 부호의 손에 부가 쏠렸습니다. 정치적으로도 이들은 일반 시민들은 상상도 할 수 없는 권력에 탐닉했습니다. 결국 대공황이 왔고 이대로는 사회가 유지될 수 없음을 깨달은 미국정부는 1930년대를 기점으로 갖가지 복지정책을 통해 노동자 보호에 나섰습니다. 루스벨트 대통령이 뉴딜 정책으로 시작한 국민연금·실업수당·농가 지원 등은 아직도 미국 복지정책의 근간입니다. 1960년대에는

65세 이상의 모든 이들에게 의료보험을 제공하는 메디케어^{Medi-}care와, 저소득 가구의 의료비를 지원하는 메디케이드^{Medicaid}가 시작됐죠. 이런 노력 덕분에 간신히 미국은 정치적·경제적 위기에서 탈출했고 평등한 사회에 한발짝 다가섰습니다. 노동자의 정치적 영향력은 노조를 통해 강해졌고 이들은 중산층의 삶을 즐길 수 있었습니다. 복지정책이 자본주의라는 질병의 치료제임을 보여준다 할 수 있습니다.

미국은 선진국 가운데서 복지정책이 가장 미비한 축에 속합니다. 전체 경제 규모에서 공공분야에 투자하는 비율이 OECD 평균인 21.6%에 못 미치는 19.2%에 불과하죠. 이는 폴란드(20.6%), 체코(20.6%) 등 동유럽 나라들보다 낮은 수치입니다(한국은 10.4%).[102] 자본주의가 극단적으로 발달한 미국에서조차 복지 확충에 대한 논의와 정책들이 꾸준하게 이어지고 있는 것은 곱씹어 볼 만합니다. 자본주의 보호를 위한 어쩔 수 없는 자구책이자 사탕발림이라고 할 수도 있지만 사회주의 사상이 자본주의의 최전선인 미국에서조차 자리잡은 증거이니까요.

세번째 요소는 평등입니다. 평등을 강조하는 것은 산업화와 기술 발전으로 갖가지 물자가 풍부해진 현실에 기초합니다. 새벽부터 해가 꼴딱 넘어갈 때까지 밭일에 시달리며 모든 것을 스스로 만들어 쓰던 시대에 비하면 정말 상상도 할 수 없는 발전이죠. 인류가 생산하는 물자는 모두가 나누어 쓰고도 남습니다. 기아란 생산량이 모자라 발생하는 문제가 아니며 정치적·경제적 이유로 생산물이 골고루 돌아가지 못하는 분배의 문제라는 사실은 이미 오래전에 밝혀졌죠. 선진국에서 버려지는 음식만으로도 기아가 해결된다는 주장도 있습니다. 그만큼 모든 이가 여유롭게 향유할 수 있는 물적 조건은 이미 마련되어 있다고 보고 이를 나누어야 한다는 것이 사회주의의 비전입니다. 부가 고르게 분배될수록 계급 간 긴장도 줄어들 것이고, 이들 간의 투쟁 그리고 계급마저 사라진다고 희망하는 것이죠. 평등의 추구는 사회주의의 핵심 요소입니다. 혁명도 평등한 사회를 이루기 위한 여러 길 가운데 하나일 뿐이죠. 평등의 추구 없이 공적 소유만 강조하는 것은 진정한 사회주의라고 보기 힘듭니다. 옛 소련이 추구했던 공산독재를 그런 예라고 비판하는 견해도 있습니다. 국유화를 통해 공산화를 추구했지만 시간이 갈수록 평등이라는 지향점을 잃어버리고 말았죠.

평등 추구는 정치적으로 중요한 의미를 갖고 있습니다. 비록 사회주의가 경제를 근간으로 하는 사상이지만 가만히 생각해보면 민주체제와 궁합이 딱 맞습니다. 무슨 소리냐고요? 민주체제의 근간은 '1인 1표'입니다. 봉건사회처럼 왕가나 귀족 등 소수의 사회 권력 독점을 지양하고 민중이 권력을 나누는 것, 즉 정치적 평등을 추구하는 것이 민주체제입니다. 정치 평등과 경제 평등은 동떨어질 수 없습니다. 앞으로 살펴보겠지만 미국 정치는 자본에 좌우됩니다. 부자들은 거액의 정치 자금을 대면서 보통 사람들이 가질 수 없는 영향력을 행사하죠. 소수가 지배하는 민주체제라는, 말도 안 되는 상황입니다. 그만큼 민주체제의 원칙이 훼손된 것입니다. 국내 경제를 좌우하며 법과 정치권력 위에 서 있는 '재벌'의 존재도 민주체제의 원칙과는 큰 거리가 있죠. 정치인에게 내 한표와 삼성 이재용의 전화 한통이 얼마나 다를지를 상상해보면 자본주의 경제체제와 민주 정치체제의 건강한 공존이 얼마나 힘든지 이해할 수 있습니다. 자본주의 경제체제를 극복해야만 진정한 민주체제를 유지할 수 있고, 사회주의로써 이를 도모할 수 있습니다.

샌더스 의원의 사회주의

사회주의 전통은 생각보다 깊습니다. 자본주의체제의 고질적 병폐에 대한 저항으로서 출발했고, 그 대안으로 자본주의와 경쟁해왔기 때문에 자본주의 사회에서도 사회주의 전통은 쉽게 찾아볼 수 있죠. 미국도 예외는 아닙니다.

2016년 대선 민주당 경선에 나선 버니 샌더스 상원의원을 살펴보죠. 샌더스는 다른 정치인들과 달리 자신이 사회주의자임을 자랑스럽게 밝혔습니다. 그런 사람이 놀랍게도 민주당 내 경선에서 돌풍을 일으켰죠. 힐러리 클린턴이 아무 경쟁 없이 민주당 후보가 되리라는 예상을 완전히 깬 것입니다. 여기에는 여러가지 이유가 있겠지만, 많은 사람들이 미국 자본주의의 병폐를 인식하게 된 덕이 큽니다. 말 그대로 고삐 풀린 미국 자본주의는 2008년 경제위기를 초래했고 나라 전체를 파국으로 몰고 갔습니다. 오바마 정부의 갖가지 응급처방을 통해 간신히 진정됐지만 문제가 완전히 해결된 것은 아니었습니다. 경제위기를 초래한 초국적 금융자본가들은 갖가지 불법과 부정에도 불구하고 아무런 처벌을 받지 않았을 뿐 아니라 위기 이후 더 큰 부를 축적했죠. 미국 소득 상위 1%에 해당하는 사람들이 2013년 미국 전체 가계 수입의 20%를 벌어들였습니다. 이 수치는 1970년대만 해도 10% 내외였습니다. 1920년대 초반으로나 가야 이 수치가 20%대

버니 샌더스 의원.

로 올라갑니다. 부의 집중이 1920년대, 즉 대공황 직전 수준으로 심각해진 것입니다. 중산층은 몰락했고 빈곤이 빠르게 확산되었습니다. 좌절과 분노 속에서 출구를 찾던 많은 이들이 버니 샌더스에게로 눈을 돌렸죠.

샌더스 의원의 공약에는 생산수단의 공적 소유, 복지국가 및 평등의 추구라는 사회주의의 공통적 지향점이 잘 녹아들어 있습니다.[103] 샌더스는 심각해져가는 부의 집중을 큰 문제로 보고 이를 해소할 정부 정책을 시행하겠다고 약속했습니다. 한 예가 최저임금 인상이죠. 최저임금의 연방 기준을 현재 7.25달러에서 15달러로 대폭 인상해 주 40시간 일을 하는 사람이라면 빈곤에 시달리지 않게 하겠다고 말했습니다. 임금 노동자들에게 이 기준은 아주 중요합니다. 최저임금은 주정부나 시정부 차원에서 따로 정하기도 하지만 연방정부가 정한 기준 밑으로 내려갈 수는 없습니다.[104] 연방정부의 간섭을 통해 노동자를 보호하려는 샌더스의 의도는 분명하다

고 하겠습니다. 주기 싫어도, '경제원칙'에 위배되더라도, 자본가로 하여금 정해진 임금만큼은 주게 하려는 것이죠.

평등 추구의 한 축이 노동환경의 향상이라면 다른 축은 자본가의 관리일 것입니다. 샌더스는 초대형 금융기관을 겨냥했습니다. 2008년 미국발 경제위기는 자본가와 이들의 이익에 복무하는 마름들이 끝없는 욕심과 사악한 무관심으로 금융시장을 교란하며 시작됐습니다. 이들은 거부가 됐지만 나라는 망할 지경이었죠. 파탄난 경제를 살리기 위해 어마어마한 세금이 공적자금으로 투입되었지만 거부들은 아무런 죄값도 치르지 않았습니다. 샌더스는 이 전형적 자본주의 위기를 되풀이하지 않기 위해 대형 금융업체의 축소를 유도하고 이들이 받을 수 있는 구제금융을 제한하자고 제안했습니다. 더 나아가 이들에 대한 세금을 인상하고 최고경영자 등 운영진에게 주어지는 과도한 보너스 지급 금지도 약속했습니다.[105] '디스커버리 커뮤니케이션스'Discovery Communications 의 경우 최고 경영자인 데이비드 자슬라브David Zaslav 는 일년 연봉이 1억 6,000만달러에 이르는데, 이는 전체 사원 연봉의 중앙값인 8만달러보다 무려 2,000배나 많은 액수입니다.[106] 아무리 최고 경영자가 중요한 역할을 한다지만 2,000배나 일을 더 하는 것은 불가능하죠. 오히려 이들이 이런 연봉과 보너스를 얻으려 무리한 운영을 해 경제위기를 부추겼다는 견해에 많은 이들이 동의합니다. 샌더스는 이런 관행을 고쳐서 부당한 이익을 축소하자고 제안했습니다. 이렇게 되면 부의 최상층은 부담을 느낄 수밖에 없을 겁니다. 샌더스의 구상은 밑은 받치고 위는 눌러줌으로써 이들 사이의 간격을 줄이자는 것이죠.

복지 강화 또한 샌더스 의원의 중요한 공약입니다. 연금제도인 소셜시큐리티Social Security를 확장하는 것이 대표적입니다. 앞서 말했듯 미국의 복지제도는 다른 서구 산업국에 비해 굉장히 미약한 편입니다. 그나마 있는 것이 이 소셜시큐리티라고 불리는 연금제도인데, 우파는 이마저도 과하다며 비판을 해오고 있습니다. 샌더스는 소셜시큐리티를 강화해야 한다며, 특히 자본가나 중산층이나 비슷한 돈을 연금에 붓는 왜곡된 현실을 지적했습니다. 많이 버는 사람은 그만큼 더 내게 하자고 했죠. 이렇게 확보된 재원을 통해 더 많은 사람들에게 안정적인 서비스를 제공하겠다는 것이 그의 구상입니다. 더불어 의료보험을 강화하겠다는 것도 공약으로 내걸었죠. 오바마케어를 통해 진일보했지만 아직도 한참 모자란 것이 미국 의료보험입니다. 의료보험을 국가 관리로 전환하여 사기업의 이윤 추구로 생긴 갖가지 병폐를 근원적으로 없애자는 게 샌더스 주장의 골자입니다. 공교육도 복지 확충에서 중요한 영역입니다. 샌더스는 유아 교육도 초등학교처럼 공공기관이 저렴하게 제공하고 대학 또한 등록금을 면제해 공부를 원하는 사람이라면 누구나 고등교육의 기회를 가질 수 있게 해야 한다고 주장합니다. 또한 노동자들이 임금에 얽매여 삶의 질을 향상시킬 기회를 잃고 있는 현실을 지적하면서 최소 12주 유급휴가를 강제할 것을 제안했습니다. 복지국가로 가는 초석을 닦고자 하는 샌더스의 의지를 볼 수 있습니다.

생산수단의 공적 소유를 추진하는 면에서는 기업들에게 주는 세금공제 등의 혜택을 줄이고 노동자들이 협동조합을 꾸리는 것을 지원하자는 공약이 눈에 띕니다. 그는 이미 2014년 상원에 관련 법안을 제출한 바 있죠. 연방정부가 각 주에 협동조합센터를 설치 및 지원하고 이를 통해 노동자협동조합 운영을 돕도록 하는 법안입니다.[107] 협동조합 은행을 설립해 노동자조합 운영에 금전적 지원을 하도록 하는 법안도 발의했죠. 이들 법안은 샌더스 의원 지역구인 버몬트주에서의 성공적 경험을 기반으로 하여 만들어진 것입니다. 하지만 이 외에 생산수단의 공적 소유 측면에서는 특별한 내용이 눈에 띄지 않습니다. 사회주의라는 큰 틀에서 보면 좀 약한 측면이 있죠. 자본주의가 고도화되어 있는 미국 사정을 고려한 정치적 계산 또는 한계였습니다. 평등을 추구하고 이를 위해 국가가 적극 개입하며 복지 향상에도 발 벗고 나서지만 자본주의라는 괴물을 죽이지는 않고 관리하겠다는 샌더스의 비전이 엿보이는 대목입니다. 사회주의의 큰 틀 속에 머무르지만 기존의 사회주의적 주장과는 조금 결이 다르죠. 샌더스의 이러한 사상을 사회민주주의라고 구분하기도 합니다.

사회민주주의는 흔히 사민주의라 불리는데 크게는 사회주의 전통에 속하지만 특징이 뚜렷하고 역사 또한 꽤 오래된 사상입니다. 초기 사상가로는 독일의 페르디난트 라살레Ferdinand Lassalle를 꼽을 수 있죠. 라살레는 1863년 독일의 최초 정당인 전독일노동자연맹Allgemeiner Deutscher Arbeiterverein, ADAV을 만들고 맑스와는 다른 사회주의의 길을 열었습니다.[108] 그는 노동자 권익을 위해 싸웠지만 자본주의체제 변화를 혁명이 아닌 변혁으로 이루고자 했습니다.

그러한 면에서 전독일노동자연맹을 '혁명적' 정당으로 여겼지만, '혁명을 일으키는' 정당이라고 내세우지는 않았죠. 국가를 자본가의 앞잡이로 본 맑스와는 달리 라살레는 국가를 노동자들이 이용할 수 있는 도구라고 파악했습니다. 또 노동자도 정당정치에 적극 참여해야 한다고 주장했죠.

또다른 사민주의 사상가 에두아르트 베른슈타인 Eduard Bernstein 또한 의회민주체제 안에서의 개혁을 강조했습니다. 사민주의의 특징인 '민주체제 내에서의 투쟁'은 이렇게 사회주의 발달 초기에 이미 나름의 체계를 잡아갔습니다. 베른슈타인은 여기서 한 발 더 나아가 맑스의 계급론을 비판했죠. 그는 맑스처럼 무산자와 유산자 계급으로 양분하는 것은 지나치게 단순한 시각이라고 지적했습니다. 사람마다 사정이 다르고 이해관계도 다양한데 이들을 다 무산자 또는 유산자로 묶을 수 없다고 주장했죠. 또한 기존 사회 갈등도 혼돈과 폭력 대신 지속적 개혁과 정치적 노력으로 극복할 수 있고 유산자와 무산자의 차이도 좁힐 수 있다고 했고요. 이러한 '점진적인 정치개혁'은 현재까지 계승되고 있는 사민주의의 주요한 특징입니다. 이들의 정치적 노력의 산물인 독일 사민당은 어린이 노동 금지, 노동 보호, 하루 8시간 이하 노동 등을 위해 싸웠고 노조 결성과 강화를 이루어냈습니다.

민주체제 내에서 점진적 정치개혁을 통해 자본주의의 문제를 해결하려 하기 때문에 맑스주의와 달리 사민주의는 민주질서에 쉽게 융화됐고 그 덕에 유럽 민주화와 함께 발전할 수 있었습니다. 독일이 좋은 예죠. 사민당은 제1차 세계대전 후 독일 민주주의 탄생에 큰 역할을 했습니다. 사민주의자 필리프 샤이데만Philipp Scheidemann 은 1918년 제정을 끝내고 공화국을 선포했으며, 프리드리히 에베르트Friedrich Ebert 가 이끄는 사민당은 바이마르 국민의회를 소집하고 바이마르 헌법 제정의 초석을 놓았죠. 이후 히틀러의 전체주의가 독일을 집어삼키려 할 때에도 사민주의자들은 끝까지 저항했습니다. 이후 1970년대 서독의 정치적·경제적 성장 뒤에도 사민주의가 있었습니다. 빌리 브란트Willy Brandt 의 사회당 정부는 교육 등의 분야에서 복지를 크게 확충했죠. 사민당과 사민주의 없이 지금의 독일, 튼튼한 민주체제와 개방성을 자랑하는 독일이 존재하기는 힘들었을 것입니다.

사민주의는 이렇게 사회주의 이데올로기이면서도 기존 민주체제를 인정하고 그 안에서 개혁을 모색하며 발전했습니다. 기존의 사회주의를 수정하며 좀더 부드러워졌죠. 그만큼 많은 유권자들에게 접근할 수 있었고 사민주의 정당들이 서유럽 각국에서 주류 세력으로 자리를 잡았습니다. 그 가운데 사민주의가 가장 강력한 영향력을 발휘한 곳은 북유럽 국가들, 특히 스웨덴입니다. 이제 스웨덴을 통해 사회주의가 어떻게 퍼졌고 어떠한 모습이 되었는지 살펴보고 이를 베네수엘라의 사회주의와 비교해보겠습니다.

스웨덴의 사회주의

우선 복지 씨스템으로 유명한 스웨덴에서 출발해볼까요? 스웨덴의 복지 씨스템은 알아볼수록 부러운 마음이 생깁니다.[109] 그 혜택이 꼼꼼하고 모든 사람들에게 차별없이 적용되죠. 이 사실은 국내 뉴스나 각종 토론회 등에서 종종 다루어지기 때문에 우리에게도 낯설지 않습니다. 하지만 사람들은 이 복지 씨스템이 정치의 산물이라는 점에는 그다지 관심을 갖지 않죠. 오늘날 우리가 부러워하는 그것은 노동자의 투쟁으로 이어진 사회적 합의의 결과입니다. 그들이 추구했던 사회주의가 민주체제하의 사민주의로 발전하고 이것이 정책으로 현실화된 것이죠.

우선 소문으로만 듣던 스웨덴의 복지 씨스템을 간단히 살펴보도록 하겠습니다. 의료제도는 기본적으로 누구나 최소한의 비용만으로 혜택을 받을 수 있게 해놓았습니다. 여기서 가장 중요한 것은 낮은 비용이죠. 2015년 기준으로 입원비는 처음 열흘 동안은 하루에 만원(SEK 80)이고, 열흘이 지나면 8,000원가량(SEK 60)으로 떨어지게 되어 있습니다. 진료비는 지역에 따라 1만 3,000원(SEK 100)에서 2만 8,000원(SEK 200) 사이입니다. 일주일간 병원에 입원한다고 해도 10만원 정도면 되는 것이죠. 게다가 연간 의료비 상한선까지 정해져 있어서 환자는 이를 초과하는 비용은 부담하지 않습니다. 그 상한선도 믿을 수 없을 정도로 낮습니다. 약 14만원(SEK 1,000)정도에 불과하니까요. 약값의 일년 상한선은 30만원(SEK 2,200)정도로 책정돼 있습니다. 모든 치과 진료 및 치료가 20세까지 무료인 것도 부럽기만 한 일입니다. 이렇게 일년에 몇십만원 수준으로 의료비가 저렴하니 아파도 돈이 없어 병원에 못 가는 일은 발생하기 어렵죠.

교육을 비롯해 다음 세대를 양육하는 데에도 국가와 사회의 도움은 촘촘하기 이를 데 없습니다. 이는 아기가 세상에 나오기 전부터 시작됩니다. 임산부에 대한 각종 의료 진단은 물론 무료이고 출산이 다가오면 호텔비를 지원해 가족들이 병원 근처에서 머무를 수 있게 해줍니다. 당연히 출산휴가도 보장되어 있죠. 출산휴가는 선진국에서 일반적인 것이지만 스웨덴을 따라갈 나라는 거의 없을 겁니다. 휴가 기간이 한 자녀당 무려 480일이나 되니까요. 아이를 입양해도 휴가일수는 똑같이 적용되죠. 출산휴가의 첫 390일간은 기존 월급의 80%가 나옵니다. 480일을 부부가 양분해 이용하면 지원금까지 나옵니다. 육아 분담을 장려하는 제도적 장치이죠. 출산휴가가 끝나도 아이가 8세가 될 때까지는 근무시간을 25%까지 단축할 권리가 주어집니다. 재정지원도 하죠. 16세가 될 때까지 아이들에게 용돈이 약 15만원(월 SEK 1,050) 정도 나오고 부모에게도 자녀가 16세가 될 때까지 지원금이 나옵니다. 16세가 넘어도 공부를 하겠다고 하면 용돈이 나오죠. 자녀 수가 늘면 이런 혜택도 더 늘어납니다. 여기에 부모가 아프거나 질병 및 장애가 있는 경우 특별수당이 지원됩니다. 아이를 데리고 버스를 타면 무료이고요. 학교도 무료입니다. 학교에서 먹는 점심도 무료입니다. 대학도 무료입니다.

의료 및 교육과 더불어 돋보이는 부문은 고용입니다. 병가를 내도 2주 동안 고용주로부터 기존 월급의 80%을 받고 그 기간이 지나면 정부로부터 같은 돈을 받죠. 직장을 잃어도 지원을 받습니다. 새로운 직장을 적극적으로 찾으려고 노력한다는 전제하에

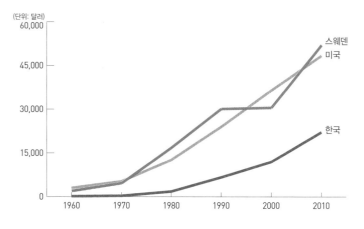

(단위: 달러)

표4. 스웨덴·미국·한국의 1인당 국내총생산(GDP) 변화 추이.

기존 월급의 80%를 정부에서 지급합니다. 은퇴 후도 비슷하죠. 직장인들은 매월 얼마씩 연금에 돈을 넣습니다. 고용주도 고용인들의 은퇴기금에 매월 일정액을 기부하고요. 65세 이후 은퇴를 하면 안정적 노후를 누릴 수 있는 연금이 나옵니다. 국가가 실버타운이나 각종 서비스를 보조하기 때문에 노후 부담이 적습니다. 이러니 정말 요람에서 무덤까지라는 말이 나올 수밖에요.

우리로서는 부럽고 신기하며 또한 궁금하지 않을 수 없습니다. 도대체 이 사람들은 어떻게 이러는 거지? 우선 생각해볼 수 있는 것은 스웨덴의 부유한 경제입니다. "돈이 많으니 저런 여유를 부릴 수 있는 거지. 일단 경제를 키우고 나야 복지니 뭐니 논할 수 있는 거야. 한국은 아직 멀었어." 이렇게 생각할 수 있습니다. 스웨덴의 1인당 GDP는 2013년 기준 6만달러가 넘습니다 세계 최고 수준이죠. 스웨덴 같은 복지체제를 유지하는 데 많은 돈이 드는 것은 사실입니다. 하지만 돈이 많다고 해서 다 이렇게 할 수 있는 것은 아닙니다. 즉 국가경제가 먼저 활성화되고 나면 복지가 자연히 따라올 것이라는 주장은 지나치게 단순한 논리입니다.

위의 표는 스웨덴·미국·한국의 1인당 GDP 추이를 보여줍니다. 스웨덴과 미국 모두 아주 높은 수준으로, 별 차이가 없죠. 그러니 돈이 많아서 스웨덴이 저런 복지체제를 갖고 있다면 미국도 비슷한 시스템을 가지고 있어야 맞습니다. 하지만 미국 복지제도는 선진국 가운데서 최악에 가깝습니다. 의료보험은 돈과 직장이 있고 건강해야 누릴 수 있으며 그나마도 병원비를 대기에는 많이 부족합니다. 교육에도 많은 돈이 들죠. 특히 대학등록금은 물가상승률을 훨씬 앞질러 가계를 위협하고 있습니다. 육아지원도 전무하고 휴가도 극히 제한적입니다. 또다른 비교도 가능합니다. 한국의 2010년 1인당 GDP는 1980년대 중반 스웨덴과 엇비슷합니다. 그럼 둘의 복지체제도 비슷할까요? 1980년대면 스웨덴이 이미 복지국가로 전세계에 명성을 떨친 이후입니다. 한국은 OECD 국가 중 꼴찌 수준으로 아직도 턱없이 부족한 상황이고요. 사회복지를 위해 쓰는 돈의 비율을 보면,[110] 2010년 OECD 평균이 GDP의 21.7%였지만 한국은 9.0%에 불과했습니다. 스웨덴은 27.9%였죠. 1990년에도 OECD 평균은 17.5%, 한국 2.8%, 스웨덴 28.5%로 큰 차이를 보였습니다. 즉 그 나라의 돈이 많아진다고 해서 복지가 따라서 늘어나지는 않습니다. 스웨덴이 가만히 앉아서 훌륭한 복지제도를 갖게 된 것은 아니라는 뜻이죠.

노르딕 모델

스웨덴 복지제도의 발전은 정치적 산물이고 그 뒤에는 사민주의의 발전이 있었습니다. 흥미롭게도 사민주의 발전은 이웃 나라인 핀란드·노르웨이·덴마크에서도 거의 동시에 이루어졌죠. 발전 시기뿐 아니라 발전의 형태나 그 결과에서도 비슷한 점이 많아 하나로 묶어 노르딕 모델이라고 불리기도 합니다.[111]

노르딕 모델의 일반적 특징은 세가지를 들 수 있습니다. ① 강력한 국가의 개입, ② 일반주의, ③ 평등 지향. 노르딕 모델은 계급 간 대립을 강조하는 다른 유럽과도 크게 다르고, 정부와 시장의 대립을 강조하는 미국식 모델과도 많이 다릅니다. 합의와 공존의 정신은 사회보장제도의 발달로, 모든 국민들에게 혜택을 주는 일반주의로 이어졌습니다. 한국에서도 한창 논란이 있었죠. 모든 학생들에게 급식을 제공할 것이냐 아니면 필요한 이에게만 선별적으로 줄 것이냐. 한국은 아직도 이에 대한 확고한 합의를 이루지 못했죠. 미국은 '필요한 사람에게만 준다'는 것으로 합의했고요. 미국 대부분 공립학교의 급식은 가난한 가정의 자녀에게만 싼 값으로 제공되고, 그나마도 힘든 학생에게는 무료로 주고 있습니다. 하지만 북구 국가들은 완전히 다른 길을 가고 있고 이는 사회주의 원칙, 평등 지향이라는 커다란 목표에 부합합니다. 나만 잘살아서는 행복해질 수 없다는 것을 사회적으로 공감하고 합의했죠. 그리고 다른 사람도 잘살게 하기 위해서, 수입이 적은 사람도, 약한 사람도 삶을 누릴 수 있도록 국가 차원의 복지제도를 운영하는 것을 이상으로 삼습니다.

사민주의의 성장

노르딕 모델은 사민주의의 정치적 구현이라고 볼 수 있습니다. 물론 사민주의만이 노르딕 모델의 근간은 아닙니다. 2차 세계대전 이후 지속된 경제성장, 이에 따른 고용의 안정, 개방적 정치제도 등 여러 이유가 복합적으로 작용했죠. 하지만 노르딕 모델 발전의 필수 요소는 역시 노동세력의 성장과 이들의 정치 이데올로기인 사민주의의 발전입니다. 이를 바탕으로 한 정치적 투쟁 덕분에 노르딕 모델이 가능했죠. 그 시작은 19세기 말로 거슬러 올라갑니다. 이 시기 북구 유럽에서는 농업 산업화가 진행되면서 상업 활동이 활발해지고 자영농들의 지위가 높아졌습니다. 이들은 정치적으로도 크게 성장했죠. 스웨덴의 산업화는 18세기에 시작된 영국에 비하면 상당히 늦은 편이었습니다. 그래서 농민이 주된 정치세력이었고 20세기 중엽까지도 이들의 영향력이 상당했습니다. 이 시기 스웨덴 왕가는 전통 귀족을 견제하기 위해 이들의 토지 소유를 제한하고 이를 농민과 국가 소유로 전환하는 개혁에 성공했습니다. 그리고 정부 내에 귀족 등 다양한 계층을 포함한 위원회를 세워 사회적 합의 도출을 제도화했죠. 왕가의 정적을 약화시키기 위한 조치였지만 결과적으로 합의를 바탕으로 한 통치 전통이 세워진 겁니다. 이런 정치적 변화와 더불어 찾아온 산업화 물결을 타고 노동계급도 성장했습니다. 1879년에 최초의 전국적 파업이 스웨덴을 강타했고, 노조 가입률도 폭발적으로 늘었습니다.[112] 1920년대 통계만 보더라도 스웨덴 노동계는 노동자 1,000명당 연평균 52회의 파업을 벌이며 유럽의 노동운동을 주도했습니다.

노동세력의 확장은 스웨덴 사민당Social Democratic Workers' Party of Sweden, SAP의 성장으로 이어졌습니다. 사민당은 1889년에 만들어져 노동조합과 가까운 정치적 동지로서 성장을 거듭했죠. 초기 지도자였던 칼 얄마르 브란팅Karl Hjalmar Branting은 폭력에 의한 사회주의 혁명에 회의적이었습니다. 현대국가에서 군대를 물리치기란 불가능하니 선거를 통해 소수인 부르주아를 물리치자고 주장했죠. 이는 사민당의 오랜 전통으로 남았습니다. 하지만 체제의 일부로서 정당 활동을 하는 것은 쉽지 않았습니다. 경제위기 등의 상황에서 구체적 정책을 마련해야 했고 노동자의 지지가 무조건적이지도 않았습니다. 선거권 투쟁은 이런 사민당에게 중요한 돌파구였죠. 사민당은 선거권 확대와 노동계급의 이익이 맞물려 있음을 파악하고 전력을 다했습니다. 1902년 보통선거와 평등선거를 요구하는 총파업을 주도한 것이 그 한 예입니다. 67세 이상의 모든 이에게 연금을 지급하게 한 1913년 연금법 통과는 사민당에게 중요한 분수령이었습니다. 도시 엘리트와 정부 관료들은 산업화에 따른 빈곤 문제의 해결책으로 연금법을 통과시키려고 했습니다. 하지만 이들은 농민의 반대를 예상하지 못했죠. 이미 정치세력화한 농민은 자신들에게 아무 혜택이 없는 연금법 초안을 반대했고 농민을 비롯한 거의 모든 국민을 수혜자로 명시한 법안이 나온 후에야 지지를 표명했습니다. 농민 층의 정치적 영향력이 아직도 건재함을 보여준 계기였죠. 이 정치투쟁은 사민당에게 중요한 교훈을 주었습니다. 농민과 노동자의 이익이 크게 다르지 않다는 것과 연대를 통해 사회 전체의 합의가 가능하다는 사실을 알게 되었죠. 선거정치로 세상을 바꾸기 위해서는 계급성을 완화하지 않을 수 없다는 정치적 자각의 순간이기도 했습니다.

이후 사회당은 노동계급만을 위한 정책이 아니라 대중을 위한 정책을 선택하는 방향으로 나아가며 정치적 기반을 넓혀갔습니다. 이때 마침 나라 밖에서 큰 변화가 연이어 일어났죠. 먼저 1917년 바로 옆 나라인 러시아에서 공산혁명이 이루어지면서 혁명의 열기가 스웨덴으로 밀려왔습니다. 이듬해에는 독일제국이 붕괴되어 스웨덴 보수세력이 더욱 위축됐고, 사민당은 자유당과 연합해 처음 정권을 잡았습니다. 보수세력의 공산혁명에 대한 공포와 사회당의 집권은 선거권 확대로 이어졌습니다. 1918년 성인 남성들의 투표권이 인정됐고 1921년 성인 여성에게도 투표권이 인정되면서 보통선거권이 정착했죠. 스웨덴 사회의 급격한 진보화는 사민당의 승리로 이어졌습니다. 1920년 30%였던 득표율은 꾸준히 증가해 1932년 42%까지 늘었으며, 이후 현재까지 스웨덴 정치의 중심축 역할을 하고 있습니다.

사민당을 중심으로 결집된 노동세력의 성장 덕분에 1930년대에 스웨덴은 독특한 모델을 발전시킬 수 있었습니다. '중도의 길'The Middle Way 라고 불렸던 스웨덴 모델은 사회주의와 자본주의를 잘 조합했다는 평가를 받고 있죠. 대규모 해고와 실직을 사회악으로 보았던 사민당 주도의 스웨덴 정부는 완전 고용을 국가의 주요 책무로 보았습니다. 이러한 시각에는 사민당 철학인 '인민의 가정모델'도 한몫했습니다. 1928년 사회당 당수였던 페르 알빈 한손Per Albin Hansson은 의회연설에서 "좋은 사회란 좋은 가정과 같은 기능을 하는 사회다. (…) 좋은 가정에는 평등, 배려, 협동, 도움이 넘친다. 이것을 크게 적용하면 모든 사회적·경제적 장애의 제거를 의미한다. 현재의 사회적·경제적 장애가 시민들을 기득권자와 박탈된 자, 주인과 피종속자, 부자와 빈자, 자산가와 무산자, 약탈자와 피약탈자로 나누고 있다"라면서 소수 자본가의 손에 좌지우지 되는 사회를 지양할 것을 분명히 했습니다. 이를 위해 정부는 인플레이션을 억제함으로써 고용비용을 낮추어 기업이 해고할 명분을 약화했습니다. 동시에 노동자 지원을 강화했죠. 노동자들의 재취업을 위한 교육 프로그램을 제공하고 공공사업을 통해 일자리를 만드는 데 중점을 두는 노동정책에 GDP의 3%나 쓰는 등 큰 공을 들였습니다. 도전도 만만치 않았죠. 특히 대공황은 이제 막 터전을 잡은 사민당에게 큰 문제였습니다. 대공황으로 야기된 대규모 실업은 각종 사회적 문제를 동반했고 이들을 구제하기 위한 고용정책은 실직하지 않은 노동자들의 반대에 부딪치기도 했죠. 사회 전체뿐 아니라 노동계 내에서조차 갈등이 이어지면서 위기가 찾아왔지만 스웨덴은 독특한 방식으로 잘 대응했습니다. 안정을 추구하는 사회적 요구가 강해지면서 노동운동 지도부와 사용자연맹Svenska Arbetsgivareforenigen, SAF은 노력 끝에 타협점을 찾았습니다. 그 결과가 바로 1938년 살트셰바드협약Saltsjöbaden Agreement입니다. 이는 1938년 12월 20일 노사 대표기관 사이에서 체결된 협약으로 노사 문제는 정부의 개입 없이 노사 당사자가 자율적 협상을 통해 해결한다는 원칙을 수립했습니다. 노사가 서로를 정당한 협상의 파트너로 인정하고 대결 대신 합의를 추구하기로 한 것이죠. 노동계와 재계의 협상으로 전 사업장에 동일하게 적용되는, 이익이 상반되는 두 계급 사이의 타협을 이룬 것은 기념비적인 일이었습니다. 여기서 한발 더 나아가 이 협약은 '합의를 바탕으로 한 통치'를 성장시켰습니다. 노동계를 비롯, 여러 계층의 시민들과 정부, 기업이 논의를 거쳐 정치적 합의를 한 후에 의회를 통해 공식 정책으로 만드는 것이 스웨덴 사회의 주요 원칙이자 전통으로 자리잡았습니다.

사민당 정권 시절 스웨덴은 많은 변화를 겪었습니다. 1934년 주택건설지원 제도, 1935년 퇴직자 기본연금 인상, 1936년 노동자 노동시간 단축 등의 획기적 조치가 따르며 사회복지가 제도화됐습니다. 노조 중심으로 추진된 실업보험제도도 독특한 역할을 했죠. 노조가 실업보험을 관리해 실업수당이 노조원에게만 지급되었기 때문에, 자연히 노조 가입이 더욱 늘어난 것입니다. 노조가 강해지면서 복지도 발전하는 선순환이 이루어졌고요. 특히 2차 세계대전 이후 스웨덴의 주요 복지제도는 사민당보다 노조의 조직력과 정책 능력에 힘입은 것이었다는 평가도 있을 정도입니다. 사민당 정부는 1950년대 중반부터 기존의 노동시장위원회를 강화해 노동시장 운영을 맡기고 공공부문의 일자리를 크게 늘리면서 고용 안정을 주도했습니다. 정부 안팎의 이러한 노력은 사회보장제도의 전반적 강화로 이어졌죠. GDP 대비 복지예산 지출 비율을 따져보면 1913년 3.5% 였던 것이 1938년에는 9.5%로 증가했고(2010년 한국 9.0%), 1949년 에는 11.5%, 1970년에는 19%에 이르렀습니다. 1970년 당시 캐나 다와 핀란드는 약 13%, 영국과 프랑스가 14%였고, 덴마크와 서독 이 약 17%였으니 굉장히 높은 수치죠.

스웨덴 사민주의의 발전 과정은 정말로 독특하고 이례적입니 다. 1997년 한국이나 2008년 미국의 경우를 보면 경제위기를 거치 며 사회 통합이 흔들리고 노동자들의 권익이 훼손되는 것이 일반 적이죠. 비슷한 일이 태국을 비롯한 동남아 국가나 그리스 등 남 부 유럽 국가에서도 벌어지고 있습니다. 하지만 1930년대 스웨덴 에서는 전세계를 뒤흔든 경제위기가 오히려 사민당의 약진과 사 회보장제도의 강화로 이어졌습니다.

사민당은 1917년 처음 정권을 잡은 이후 현재까지 지속적으 로 정부를 구성해 정국을 주도했습니다. 1928년 정권을 잃었지만 1932년 선거에서 다시 과반에 가깝게 득표하며 대승을 거두었고, 이후 1976년까지 무려 42년이나 연속으로 정부를 이끌었습니다. 그 이후로도 부침은 있지만 꾸준히 100석 이상(총 의석수는 349석) 을 얻으며 정부를 꾸리거나 강력한 야당 역할을 했죠. 2014년 선 거에서는 113석을 얻어 현재(2017년) 녹색당과 연합정부를 이끌고 있습니다. 사민주의의 영향력은 사민당이 진 선거에서도 드러납 니다. 우파 정부가 들어섰음에도 복지제도의 근간을 건드리지 못 했죠. 1991년 집권한 보수당이 신자유주의적 경제개혁을 시도했다가 1994년 선거에서 대패하고 친노동자 정당으로 거듭나려는 노력을 기울이기도 했습니다. '의회민주체제를 통한 사회주의의 구현'이라는 사민주의의 이상이 스웨덴에서 큰 성공을 거두고 있는 것입니다.

물론 여기에 위협이 없는 것은 아닙니다. 사민주의는 맑스주의와는 달리 자본주의체제하에서 선거로 사회주의를 구현하고자 하므로 자본가 계급과 타협이 필수적이죠. 이 타협은 노동자는 복지를 가져가고 자본가는 이윤을 가져갈 수 있을 때 가능합니다. 그러니 경제적 바탕이 약화되면 정치적 공존, 더 나아가 노르딕 모델 자체가 위축될 수밖에 없죠. 1970년대 후반부터 노르딕 모델에 금이 가기 시작한 것은 이런 이유 때문이었습니다. 세계화라는, 자본주의의 초국적 발달과 스웨덴 제품의 경쟁력 하락이 맞물리며 사정은 더욱 악화됐습니다. 하지만 이런 도전에도 불구하고 아직까지 사민당과 사민주의에 대한 지지는 견고하죠. 이 또한 사민주의 뿌리의 깊이를 드러내는 증거입니다.

———

차베스 이전의 베네수엘라[113]

남미의 베네수엘라는 급진적 사회주의 실험으로 유명한 나라입니다. 베네수엘라 사회주의는 스웨덴과 여러모로 다릅니다. 노동자들이 정치세력화하여 합의를 중시하는 정당정치를 발전시킨 스웨덴과는 달리, 베네수엘라에서는 단시간 내에 우고 차베스Hugo Chávez라는 지도자에 의해 혁명적으로 사회주의가 확산되었습니다.

석유산업은 오랫동안 베네수엘라 경제의 근간을 이뤄왔습니다. 1914년 석유가 발견됐고 1920년대부터 산유국으로 변신했죠. 불과 10년 정도 후에는 석유가 국가 전체 수출의 90%를 차지할 정도로 석유산업이 성장했고요. '오일붐'이 일자 서구 자본이 밀려왔고 이와 더불어 미국 문화와 소비재가 베네수엘라를 휩쓸었습니다. 외국 노동자와 관리자들도 몰려왔습니다. 서구 문물의 유입으로 서구화가 촉진되어 인종 간, 계층 간 갈등이 더욱 첨예해지기도 했죠. 석유산업 성장의 뒷면에는 기존 산업, 특히 농업의 몰락이 있었습니다. 1920년에 전체 수출의 3분의 1을 차지하던 농업은 1950년대 10% 수준으로 폭락했고, 이에 따라 농민은 도시빈민으로 전락했습니다. 석유나 귀금속 등 주요 광물이 발견된 나라들에서 흔히 볼 수 있는 부작용이죠.

또다른 부작용인 정치 불안도 베네수엘라를 덮쳤습니다. 1958년 민주화되었지만 몇몇 정치정당의 과두체제가 자리를 잡으면서 민주화를 열망했던 인민들을 실망시켰습니다. 좌파의 도전은 무장항쟁으로 이어졌고 각종 봉기와 무장투쟁이 끊이질 않았습니다. 게다가 1970년대까지 이어진 석유 경제의 호황도 끝이 나면서 사회 위기가 증폭되었죠. 뻬레스 Carlos Andrés Pérez 정부(1989~93)는 국영기업의 민영화와 공공서비스 감축을 포함한 신자유주의 패키지로 대응했습니다. 국영석유공사 Petróleos de Venezuela S.A., PDVSA를 외국 자본에 개방하여 에너지 사업이 부흥했지만 열매는 투자자들의 몫이었습니다. 가스값이 두배로 뛰고 물가도 올랐습니다. 업계의 로비로 세금 또한 줄면서 국가 재정은 궁핍해져갔죠. 인플레이션과 은행 위기(1994~96)가 베네수엘라를 흔들었습니다. 뻬레스 대통령 재임 기간 중 물가가 무려 350% 상승했고 뒤이은 깔데라Rafael Caldera 정부에서도 사정은 크게 좋아지지 않았습니다. 노동시장의 '유연화' 또한 가속화되어 고용불안이 증가했고 빈곤층도 눈에 띄게 늘었습니다. 한마디로 1990년대 베네수엘라 경제는 끝없이 추락했습니다.

정치권은 문제의 해결책을 제시하지 못한 채 사태를 더욱 악화시켰습니다. 1989년 경제자유화 조치로 민중은 분노했고, 이들은 이후 '까라까스Caracas 항쟁'으로 불리게 된 대규모 시위를 일으켰습니다. 군대까지 투입된 진압에 수백명의 시위대가 목숨을 잃는 비극이 뒤따랐죠. 사태는 약 일주일 후 진정됐지만 비슷한 충돌이 곳곳에서 이어졌습니다. 그래도 정당들은 정쟁에 몰두하며 기득권을 지키기 위해 안달했습니다. 정치권이 혼란을 겪는 것과는 달리 군대는 지속적으로 성장했습니다. 1980년과 1997년 사이 정부의 예산이 크게 늘면서 군인의 수도 14% 증가해 정치적 독립성과 영향력이 커졌죠. 개발도상국가에서 흔히 볼 수 있는 모습입니다. 사회 혼란이 가중되면 인재가 군대로 몰리고, 그럴수록 집권자들도 총칼을 쥐고 있는 군의 지지를 더 필요로 하는 법이니까요. 이런 베네수엘라의 사정은 차베스의 성장에 결정적 요건이되었습니다.

차베스는 부의 재분배를 통해 빈부격차를 줄이고 국민들의 삶의 질을 향상시키려 했고, 국유화를 통해 생산수단의 공적 소유를

차베스.

추구했습니다. 이 모든 것을 약 10년 만에 해치웠으니 정말 급한 좌회전이었죠. 탈도 많았고 반대도 많았습니다. 기득권층과 정치투쟁도 끊이지 않았습니다. 차베스는 언행도 거침이 없었죠. UN총회 연설장에서 부시 당시 미국 대통령을 '악마, 독재자'로 부르며 격식에 맞지 않게 행동하기도 했고, 반미전선을 구축하면서 남미의 맹주를 꿈꿨습니다. TV에 나와 몇시간씩 연설을 하기도 하고 노래도 부르고 장관을 꾸짖기도 했죠. 서구, 특히 미국 언론에서 그는 흔히 이상하고 괴팍한, 위험한 지도자로 그려졌습니다.

한국에서도 이런 시각으로 차베스를 보는 경우가 많았을 것입니다. 하지만 사회주의 혁명가로서의 차베스의 모습에도 주목해보아야 합니다. 사회주의 개혁가로서 차베스는 꿈쩍도 하지 않는 현실에 용감하게 도전한 돈 끼호떼와 비교할 수 있습니다. 개혁의 성공 여부는 둘째치고 말이죠.

차베스의 등장과 사회주의 정책

1983년 차베스는 '볼리비아 혁명운동 200'Movimiento Bolivariano Rev-olucionario 200이라는 군조직을 꾸리고 젊은 장교들을 끌어모았습니다. 갈수록 벌어지는 빈부격차와 정부 부패에 불만을 품은 이들은 1992년 2월 군사쿠데타를 감행했습니다. 이 시도는 실패했지만 차베스는 일생일대의 기회를 맞았죠. 항복하는 대신 TV 카메라 앞에서 연설할 기회를 잡았습니다. 여기서 그는 짧지만 인상적인 연설로 대중을 사로잡았죠. 유약한 이미지의 대통령과 달리 차베스는 강인한 모습으로 열정적이고 애국적인 메시지를 토해냈습니다. 불과 2년 만에 감옥에서 풀려난 그는 1998년 대선에 혜성처럼 등장했습니다. 선거운동 기간에 양복 대신 군복에 베레모 차림을 했고, 춤과 노래도 마다하지 않으며 민중과 섞이려 했습니다. 이러한 친근한 모습은 반기업 메시지와 어우러져 빈민과 노동자 계층에 크게 어필했고 덕분에 과반을 넘는 득표로 신승했습니다. 차베스의 친민중 행보는 대통령이 된 후에도 이어졌죠. TV와 라디오에 출연해 직접 소통했고 민중정치 조직화에도 적극적이었습니다. 지지자들은 이런 차베스를 정치 지도자 이상으로, 거의 종교 지도자 수준으로 따랐습니다. 그때까지 정치에서 소외되어온 이들이었으니, 이러한 열광적 반응이 자연스러웠죠. 기득권층의 불안은 날이 갈수록 커졌습니다.[114] 기득권층은 차베스의 대중적 통치 스타일과 사회주의 개혁을 싸잡아 포퓰리즘이

라고 비난하며 정치 대결을 이어갔습니다.[115]

　사회주의 개혁 정책[116]들은 차베스가 민중의 열렬한 지지를 얻은 중요한 요인이었습니다. 그는 권력을 쥐자마자 사회주의 정책을 거침없이 내놓았죠. 취업·의료·교육 등을 기본권으로 보장하는 헌법개정(1999)을 시작으로 토지개혁, 외국자본 유치 제한, 물가 통제, 민간은행의 소액신용대출 의무화 등 49개 긴급조치령을 발표했습니다(2001). 외환 및 물가 통제, 중앙은행자율권 제한(2003), 국가발전기금 설립, 정부예산과 별도로 기간시설과 복지사업 운영(2005) 등 공공복지와 국가의 시장 개입을 확대하는 획기적 조치가 잇따랐죠. 1999년 헌법은 세계적으로도 길고 복잡한 헌법으로 꼽힙니다. 물론 내용도 획기적이죠. 건강을 사회적 권리로 규정하고 국가가 이를 돌볼 책임이 있다고 명시한 것(83조)이 대표적 예입니다. 건강은 개인이 관리하고 각자 책임지며 아프면 정부가 도와준다는 것 정도가 보통의 인식이죠. 예를 들면 운전 부주의로 사고가 나거나 담배를 피워 식도암에 걸리면 흔히 개인의 책임으로 여깁니다. 그러니 개인의 질병을 사회가 돌볼 이유가 없고요. 자본주의가 만연한 미국이나 한국에서 평범한 시각이죠. 그러나 사회의 구조적 측면과 그 안에서 제한되고 억압된 개인의 고통에 주목하는 사회주의의 시각에서는 이는 말도 안 되는 인식입니다. 미국의 예에서 보듯 담배회사들은 흡연의 폐혜를 수십년간 숨겨왔습니다. 진실이 드러난 후에도 광고 등을 통해 사람들의 감성을 이용했고 막대한 부를 챙겼죠. 이런 상황에서 건강이 개인 책임일 수만은 없습니다. 오히려 개인의 건강은 그 사회의 구조적 요인에 더 큰 영향을 받는다고 봐야 할 것입니다. 국가와 사회공동체에 책임이 있을 수밖에요. 베네수엘라 헌법은 이런 시각을 온전히 헌법에 심어놓았습니다. 더 나아가 이 헌법은 국가가 공공의료사업에 재정적으로 책임을 져야 한다는 조항(85조), 공공의료사업의 민영화를 금지하는 조항(84조)도 못 박아두었죠. 개헌은 나라의 틀을 바꿔놓음으로써 훗날 있을지 모를 반동의 물결을 미리 차단하겠다는 포석이자 결연한 의지의 표현이기도 했습니다.

사회주의적 시각의 헌법을 기초로 하여 신자유주의 물결을 차단하는 정책이 이어졌습니다. 주요 산업체의 국영화가 진행됐죠. 1990년대 민영화 바람이 국가경제를 뒤흔들었고 민중이 온전히 그 값을 치렀다고 본 차베스로서는 당연한 조치였습니다. 석유산업은 그 가운데 핵심이었습니다. 석유개발 관련 기업의 지분 가운데 최소 51%를 정부가 보유하도록 했고, 각종 석유개발 사업에서 정부 지분을 확대하기 위해 분주하게 뛰었습니다. 2010년에는 미국 회사인 헬메리치앤드페인Helmerich & Payne Inc.의 석유 시추구 11개를 점유해버리기도 했죠.[117] 농업 분야에서도 비슷했습니다. 2009년 미국 곡물산업계의 공룡기업인 카길Cargill이 소유했던 쌀처리 공장을 국유화했고, 곧이어 국내 최대의 비료회사와 대형 농업장비 업체 등도 국가의 손으로 넘어갔습니다. 금광업도 국가가 운영하게 됐고 운영에 문제가 있던 소형 은행도 국영화됐죠. 2007년 정부는 국내 최대 통신사인 CANTV의 지분을 사들여 국영화했고, 2009년 비슷한 경로로 최대 제철소 또한 국영화했습니다.

차베스 정부는 기업의 국영화에 머무르지 않고 한발 더 나아가 토지의 국유화를 이루고자 했습니다. 2001년 토지법은 버려지거나 비생산적인 대형 농장들을 국유화할 수 있는 근거를 마련했고, 실제로 많은 농장들이 국유화되었습니다. 대지주들은 토지법 통과를 요구하는 농민들을 위협하고 심지어 살해하는 등 크게 반대했고, 양측이 무력조직을 꾸리고 충돌하는 일까지 벌어졌죠. 법원이나 경찰 내부에 차베스 반대 세력도 만만치 않아 토지를 요구하는 농민들을 억압하기도 했습니다. 하지만 결국 차베스의 지원에 힘입어 많은 농민들이 혜택을 보았습니다. 정부는 국가토지원을 통해 농민의 신고를 받고 소유주와 협상을 하는 등 적극적으로 개입했습니다. 분배 과정에서 지역의 자치단체가 해당 지역 거주민들에게 토지가 얼마나 필요한지 조사 및 논의하고 정부와 조율하는 등 민관의 협조도 이루어졌죠. 이렇게 개혁은 인민의 정치참여를 활성화하는 계기가 되었습니다. 토지 국영화의 예에서 보듯 개혁에는 신고, 합의, 논의, 관리까지 농민의 참여가 절실했고 농민은 협동조합 등 각종 조직화를 통해 이를 이루어냈습니다.

농민의 조직화는 차베스 정부의 협동조합법의 성과이기도 했죠. 2001년에 통과된 이 법에 의해 정부는 '부엘반 까라스'Vuelvan Caras로 알려진 프로그램으로 수만명의 지도자를 육성했고, 이들은 전국 각지에서 협동조합을 꾸렸습니다. 차베스가 당선되던 1998년 베네수엘라 내 협동조합의 수는 1,000개 미만이었으나 2009년 초 26만개가 넘었고 이 가운데 6만여개가 적극적으로 운용되고 있다고 평가받았습니다. 협동조합은 공동체평의회라는 지역자치단체의 일부로서 지역 정치에서도 직접적인 역할을 했죠. 국가기금이 지역으로 오면 공동체 발전의 책임자로서 협동조합이 지역사회 사정에 맞게 투자했습니다. 관료 위주의 행정에서 민중 위주의 행정으로 혁명적 전환이 이루어졌죠. 많은 이들은 '아무런 의사표현 없이 단지 4년에 한번 투표나' 하던 민주주의에서 질적 발전을 목격했다고 뿌듯해했습니다.

복지 향상도 사회주의 개혁의 중요한 부분이었습니다. 교육과 육아, 주거 등 주요 부문에 정부의 지원이 이어졌습니다. 이 가운데 '바리오아덴뜨로'Barrio Adentro 118 미션이라 불리는 의료개혁이 대표적 성공 사례로 꼽힙니다. 차베스 정권 이전 지속된 빈곤과 의료시설의 부족은 베네수엘라 인민의 건강을 크게 위협했죠. 게다가 1990년대의 민영화는 사태를 더욱 악화시켜서 의료비 부담만 눈덩이처럼 불어났습니다. 의사의 수는 제한적이었고 그나마 있던 의사도 상당수는 해외로 떠나 의사 구경조차 힘든 상황이 됐습니다. 1998년 차베스 정부가 들어서던 해에는 2,400만 인구 가운데 1,700만명이 의료서비스에 제한적으로만 접근할 수 있었을 정도로 상황이 심각했죠. 인구 10% 안팎의 부유한 계층만이 첨단 의료의 혜택을 누리는 기형적 사회였습니다. 차베스의 개혁조치들은 과감했습니다. 우선 기존의 시각, 즉 질병이 개인의 몫이라는 시각을 타개하고 커뮤니티와 질병 예방을 강조하는 접근방식을 취했습니다. 이는 이웃 국가인 쿠바의 방식이었죠. 두 국가는 2000년 협정을 맺어서 베네수엘라는 석유를, 쿠바는 의사·교사 등 전문직 인력을 맞교환했습니다. 석유산업으로 마련된 재원에 양질의 쿠바 의료진이 대거 투입되면서 의료산업은 활기를 띠기 시작했죠. 바리오아덴뜨로 미션의 골자는 수많은 소형 보건소를 빈민 지역에 지어 지역 건강을 총체적으로 돌보는 것이었습니다. 의료진이 마을에서 살며 주민을 돌보는, 스스로 주민의 일부가 되는 혁신적 방식이었죠. 수도 까라까스에서 시작한 이 프로그램은 2003년을 기점으로 전국에 확산되었습니다. 정부 지원도 이어져 2007년까지 미화로 1억달러 넘게 투자됐고 약 4,700개의 보건소가 지어졌죠.[119]

바리오아덴뜨로 미션은 대성공을 거두었습니다. 의사 보기가 하늘의 별 따기였던 베네수엘라 주민들에게 완전히 다른 세상이 열렸죠. 1980~90년대 통틀어 세워진 공공의료시설은 고작 50여개였습니다. 그러던 것이 거의 5,000개로 100배 가까이 늘어났죠. 여기에 각종 진료센터와 연구기관도 들어섰고 현대적 장비도 흔해졌습니다. 1998년 350만명에 그쳤던 의료기관 방문자 수는 2004년부터 2010년까지 매해 평균 6,000만명 수준으로 급등했습니다. 2009년까지 인구의 82%가 의료기관을 이용하게 됐고 대부분이 높은 수준의 만족도를 보였죠. 그 결과 주민들의 건강은 뚜렷하게 향상되었습니다. 1999년부터 2008년 사이 유아사망률은 1,000명당 19명에서 14명으로 급락했고 아동 전체의 사망률은 1,000명당 26.5명에서 16.7명으로 떨어졌습니다. 비슷한 기간 기대수명도 1.5년이나 늘어났죠. 이러한 흐름은 정치적 진보로도 이어졌습니다. 주민들은 의료자치회를 조직해 마을에 의사가 필요함을 알리고 보건소·숙소 등을 확보하는 등 보건소 설치와 유지에 앞장서서 힘을 보탰습니다. 의사들을 보조하고 지역사회 건강 관련 데이터를 모으는 등 의료진에게 없어서는 안 될 존재가 되었죠. 이러한 주민 참여는 정치적 자신감을 불러일으켰고 차베스 정권의 지지층을 넓혔습니다. 이는 사회주의 강화의 기반이 되었고요.

메르깔Mercal 미션[120]도 주요 복지정책 가운데 하나였습니다. 저렴한 가격으로 식료품을 판매하는 상점을 전국에 세운 프로그램으로, 주민들에게 인기가 높았죠. 비옥한 농토와 오랜 농업 역사에도 불구하고 차베스 정권 이전 식량수급 사정은 좋지 않아 오랫동안 수입에 의존했습니다. 석유산업이 발달하면서 농업이 고사한 결과였죠. 국제시장에 휘둘리는 국내의 먹거리 시장은 불안했고 가격도 높았습니다. 서민들이 가장 크게 피해를 입었습니다. 메르깔은 정권을 잡은 차베스가 이런 상황을 개선하고자 내놓은 방법이었죠. 그 시작은 역설적이게도 2002년 반차베스 시위였습니다. 사회주의 개혁에 불안해하던 자본가와 상류층이 이끈 시위가 수도를 강타하면서 나라가 마비됐습니다. 긴장이 높아지면서 무력 충돌도 빈번해졌고 사태는 급기야 석유 등 주요 산업계의 파업으로 이어졌죠. 반차베스 파업에 식품업계가 참가하고, 석유 가격이 급등하여 먹거리 수급에 혼란이 오자 사회 전체에 그 여파가 퍼졌습니다. 사회 전체의 먹거리를 몇몇 자본가들이 주무르는 상황이 된 겁니다. 시국이 정리된 후 이런 현실을 타개하기 위해 차베스는 군대를 이용해 먹거리를 확보·분배하는 일에 착수합니다. 이러한 작업은 큰 호응 속에 급물살을 탔고, 창고를 차리고 곧이어 식품가

메르깔에서 식료품을 사기 위해 기다리는 시민들.

게인 메르깔을 운영하기에 이르렀죠. 물건의 가격은 기존의 절반 정도였고 우유·토마토·빵·생선·육류·밀가루·치즈·커피 등 필수 품목이 대부분 포함됐습니다. 인민의 지지는 폭발적이었습니다. 초창기 메르깔의 판매량은 하루 평균 66톤 정도였지만 2004년 말에는 4,160톤으로 급증했습니다. 1만개 이상의 메르깔이 전국으로 확산되었고 이들을 연결하는 창고도 100여개가 들어섰습니다. 2005년의 한 여론조사에 따르면 물건의 양과 질, 메르깔의 위치 등 여러 면에서 소비자 만족도는 90% 안팎에 이르는 것으로 나타났습니다. 성장을 거듭한 메르깔은 공기업 가운데 두번째로 큰 기업으로 성장했습니다. 먹거리를 싼 가격에 안정적으로 받게 됨으로써 이제껏 시장의 횡포에 시달려온 인민, 특히 빈민계층은 가계 문제에서 큰 시름을 덜 수 있었습니다. 사회 전반의 건강증진이 부차적인 열매였던 것도 빼놓을 수 없죠. 먹거리를 강조한 차베스 정부는 학교급식도 대폭 강화했습니다. 400만명의 학생, 즉 3~7세 인구의 절반이 학교에서 무료급식을 받을 수 있었죠.

베네수엘라 사회주의의 성공과 한계

차베스가 주도한 사회주의의 성공 여부는 여러 측면에서 따져볼 수 있습니다.[121] 우선 빈곤 퇴치, 복지 향상 부문에서 큰 진전이 있었습니다. 빈곤층의 감소는 특히 눈에 띄는 대목입니다. 상대적 빈곤율[122]이 2003년과 2007년 불과 4년 사이에 54%에서 27.5%로 딱 반토막이 났죠. 사정이 더 좋지 않은 극빈 가정을 살펴보면 더욱 놀랍습니다. 25.1%였던 극빈 가정의 비율이 7.6%로 무려 7할이나 감축됐으니까요. 실업률이 크게 떨어진 것도 주목할 만한 발전이었습니다. 차베스 정권은 공공사업을 통해 많은 일자리를 만들었죠. 결과적으로 2003년에 20%에 달했던 실업률이 2008년에는 8%로 뚝 떨어졌습니다. 더 많은 사람들이 일자리를 갖게 되면서 부의 재분배 효과도 거둘 수 있었고요. 한 나라의 불평등 수준을 측정할 때 흔히 사용되는 지니계수[123]를 보면 2003년 0.48에서 2007년 0.42로 수치가 눈에 띄게 줄었습니다. 경제 규모도 성장했죠. 1999년 차베스가 정권을 잡았을 때 베네수엘라 1인당 GDP는

4,105달러였지만 2011년에는 1만 801달러로 두배 이상 늘었습니다.

이런 경제발전을 사회주의의 결과라고 속단할 수는 없습니다. 예를 들어 차베스 정권하의 빈곤층 감소는 경제발전의 자연스러운 결과라고도 볼 수 있으니까요. 빈곤 감소는 기본적으로 경제성장과 연관이 있습니다. 하지만 경제성장이 빈곤의 감소로 늘 이어지지는 않죠. 비슷하게 경제성장을 이룬 나라들과 비교해보면 빈곤율은 베네수엘라에서 더 큰 폭으로 감소했습니다. 경제의 외적 요소, 즉 경제성장의 열매를 정치적으로 분배한 결과임을 추측할 수 있죠. 직업 안정과 불평등 완화도 비슷하게 볼 수 있습니다. 대량 해고는 자본주의의 고질병입니다. 구조조정이다, 경쟁력 강화다 하면서 기업은 대량 해고를 되풀이합니다. 기업 간 경쟁이 심해질수록, 생산라인의 자동화가 진척될수록 대량 해고와 실업은 더욱 일상적으로 벌어지죠. 정부의 개입 없이 이를 막기란 거의 불가능합니다. 낮아진 실업률은 차베스 사회주의의 공으로 볼 수 있습니다.

경제발전과 더불어 대중정치의 발전도 사회주의의 성과로 들 수 있습니다. 차베스의 정치적 성장은 대중을 파고든 덕분이었고 정권유지도 친인민적 사회주의 정책을 통해서 가능했습니다. 인민의 절대적 지지는 보수집단의 파업과 쿠데타 등 정치적 위기를 돌파하는 데 없어서는 안 될 요소였죠. 이들은 위기 때마다 거리로 뛰쳐나갔을 뿐 아니라 사회주의 개혁에 열정적으로 참여했습니다. 자치회와 주합을 통해 정치적·경제적으로 스스로를 조직해나간 이들은 이전에는 갖지 못했던 영향력을 행사할 수 있게 됐습니다. 정부 지도자와 소통도 가능해졌고 자신들의 목소리가 정책에 반영되는 경험도 했죠. 직접 정부 정책도 집행했습니다. 정치권력의 독과점 상태가 해소된 것이죠.

이런 정치적 진보를 모두가 환영한 것은 아니었습니다. 2001년 말 차베스가 토지개혁, 교육 개정 등 일련의 사회주의 정책을 통과시키자 야권이 들고 일어났고 이들은 대통령 퇴진까지 요구했습니다. 중산층도 차베스가 독재정권을 추구한다는 의심을 거두지 못했고 자본가는 그가 추구하는 사회주의를 환영할 수 없었죠. 2002년 초 베네수엘라는 시위로 조용할 틈이 없었습니다. 대규모 반정부 집회가 잇따라 열렸고 차베스 지지자들도 시위로 맞불을 놓으면서 양측의 대립은 격앙되었으며 무력 충돌이 빚어졌죠. 사상자가 나오면서 정국은 파국으로 치달았습니다. 결국 4월 군사 쿠데타가 터졌습니다. 교회, 미디어, 기업가 등 친자본세력의 동조 덕분에 쿠데타는 성공을 거뒀죠. 차베스는 감금당하고 전국상공인연합회 의장인 뻬드로 까르모나^{Pedro Carmona}가 임시 대통령을 맡았습니다. 하지만 친차베스계 부대가 진압하며 삼일천하로 끝나고 말았죠. 이후에도 야당과 반차베스계 노조의 저항은 선거에서 그리고 길거리에서 계속되었습니다.[124] 하지만 거대한 도전에 직면할 때마다 차베스는 인민의 지지 덕에 살아남았고 이들은 정치적으로 더욱 성숙해졌죠.

스웨덴과 베네수엘라의 사회주의는 그렇게 다를 수가 없습니다. 민주주의 발달과 더불어 성숙해간 스웨덴과는 달리 베네수엘라의 사회주의는 카리스마적 지도자가 이끄는 정치운동으로서 폭발적으로 진행됐습니다. 반대도 만만치 않았고 탈도 많았습니다. 차베스 정부가 사회주의적 정책들을 밀어붙일 수 있었던 것은 인민의 지지와 더불어 풍족한 정부예산이 있었기 때문입니다. 유가의 고공행진이 계속된 덕분이었죠. 베네수엘라 경제를 보면 석유산업이 국가 총수출의 95%, GDP의 25%를 차지합니다. 배럴당 23.4달러였던 1999년 국제 평균 석유가가 2011년 91.4달러로 뛰었습니다. 자연히 정부가 쓸 돈도 풍족했고 메르깔도 바리오아덴뜨로도 가능했죠. 정부의 지도력, 인민의 지지, 풍족한 재원, 이 셋이 어울려 짧은 시간 동안 높은 성과를 올린 것입니다.

지금 베네수엘라의 사회주의는 위기를 맞고 있습니다.[125] 세 요소가 모두 붕괴했거나 붕괴하고 있기 때문이죠. 첫째, 차베스가 사망했습니다. 쿠데타까지 이겨낸 차베스였지만 자신의 암만큼은 어쩔 수 없었죠. 오랜 투병 끝에 2013년 숨을 거두었습니다. 차베스가 지명했던 후계자 마두로 Nicolás Maduro 가 대선에서 승리하기는 했지만 차베스를 대신할 수는 없었습니다. 과반을 간신히 넘기는 득표율(50.62%)로 차베스 지지자들에게 실망을 안겼죠. 야당 후보였던 라돈스끼 Henrique Radonski 는 49.1%의 득표율로 포스트 차베스 시대가 만만치 않을 것임을 예고했습니다. 예상대로 마두로의 여정은 험난했습니다. 2015년 의회선거에서 차베스가 이끌었던 연합사회당은 41석이나 잃으며 대패, 55석을 얻는 데 그쳤습니다. 반면 야당 연합은 45석을 더해 109석을 거느린 거대 정당으로 급부상했죠. 시간이 갈수록 정치동력은 떨어졌고 차베스 지지세력의 대오에도 균열이 생겼습니다. 공세는 더욱 거칠어지고 정부의 지도력은 더더욱 위축되었습니다. 늘어나는 범죄, 높아지는 인플레이션과 실업률이 사회불안을 야기했지만 정부의 대처는 미흡했습니다. 그뿐 아니라 궁지에 몰린 마두로 대통령은 2017년 제헌의회를 열어 독재를 강화하는 등 정치 위기가 더욱 가속화하고 있습니다.

정치 혼란과 위기가 차베스의 죽음 때문만은 아닙니다. 국제유가 하락으로 베네수엘라 경제 크게 위축된 탓이 크죠. 2008년까지 140달러에 달하던 브렌트유 가격은 2009년 40달러 선으로 폭락, 저유가 시대가 갑자기 찾아왔습니다. 사회주의 정책의 기반이던 국영석유공사는 큰 타격을 입었고요. 2016년에만 빚이 410억 달러에 달했죠. 여기에다 운영 미숙, 투자 미비, 정비 불량 등으로 인한 생산 위축 문제까지 불거졌습니다. 2016년 하루 평균 생산량은 240만배럴이었는데 이는 2015년 평균보다 35만배럴, 1998년에 비하면 무려 100만배럴이나 적은 것입니다. 석유산업이 흔들리면서 국가경제가 와해되는 지경에 이르렀습니다. 2016년 한해 동안 전년과 대비해 GDP가 18%나 줄어들었고 인플레이션은 800%로 초고공 행진을 계속했습니다. 하지만 정부는 속수무책입니다. 공공사업 지원도 대폭 줄어 서민들의 삶 또한 곤궁해졌죠. 2016년에는 생필품을 구할 수 없는 지경이 됐습니다. 가게는 텅 비었고 노동자들은 하루 한끼만 먹으며 버티는 일도 예사입니다. 중상류층마저 허덕이고 있죠. 반정부 시위에는 야당 지지자뿐 아니라 차베스 지지자들의 참여도 늘어나 정부를 더욱 궁지로 몰고 있습니다. 이런 상황에서 정부가 바뀐다면 사회주의 정책은 뿌리째 뽑힐 가능성이 농후하죠. 보수정권이 들어서도 사민주의의 틀이 흔들리지 않는 스웨덴과는 사정이 많이 다릅니다.

* * *

스웨덴과 베네수엘라는 사회주의를 바탕으로 한 정치 실험을 했지만 그 과정과 결과는 너무나 달랐습니다. 자본주의 발달을 일찍 경험한 스웨덴에서는 계급 간 정치적 타협을 이룰 수 있었고 경제도 안정적으로 발전했죠. 외세의 착취나 내전 등의 불안 요소도 없었습니다. 사민주의로의 합의, 심지어 미국식 자본주의로의 합의였더라도 그것이 안정적으로 지켜지고 운영될 사회적 기반이 있었던 것입니다. 스페인의 식민통치, 독립전쟁, 노예제, 인종분쟁, 독재, 부패, 쿠데타, 내전 등에 시달려온 베네수엘라는 사정이 전혀 달랐습니다. 계급 간의 합의는 고사하고 갈등과 의심이 사회 전체를 뒤덮었죠. 사회주의가 아니라 그 어떤 이데올로기도 순항하기 힘든 상황일 수밖에 없습니다. 정치 이데올로기가 제시하는 이상향으로 가는 길이 그리 만만치 않다는 것을 우리는 두 나라의 사례를 통해 확인할 수 있습니다.

7장

보수주의: 한국과 미국의 보수 정치

'보수정당'이니 '보수의 가치'니 하는 말을 주변에서 흔히 들을 수 있죠. 하지만 그 의미에 대해서는 많이들 생각해보지 않습니다. '보수주의'라는 말이나 영어의 'conservatism' 모두 무엇인가를 지킨다는 의미를 갖고 있죠. 이는 한 사회의 전통과 기존의 가치를 중요시하며, 점진적이고 빠르지 않은 발전을 선호한다는 공통점이 있습니다. 즉 한국에서든 미국에서든 보수주의는 각각의 전통을 중요시하고 이를 지키는 것을 우선으로 하는 정치사상을 뜻합니다. 각각의 전통이 다른 만큼 이들이 지키고자 하는 전통의 모습 또한 다를 수밖에 없죠. 미국 공화당의 경우, 앞서 살펴보았듯 경제적으로는 개인의 자유를 중시하고 국가 개입을 지양합니다. 사회적으로는 기독교 윤리를 바탕으로 하는 사회질서를 추구하죠. 그것이 이들이 생각하는 미국 원래의 모습이고 이를 지키는 것이 바람직하다고 봅니다. 그럼 우리나라의 보수정당이 지키고자 하는 가치는 무엇일까요?

한국의 보수 이데올로기

보수주의는 새누리당이 표방했던 이데올로기입니다. 박근혜-최순실 사태 이후 탈당한 의원들이 꾸린 바른정당은 자신들이 진짜 보수주의자라고 주장하고 있죠. 2017년 2월 새누리당에서 이름을 바꾼 자유한국당 또한 보수의 타이틀을 놓고 경쟁하고 있습니다. 개명이 이루어진 것은 이번이 처음이 아닙니다. 보수정당은 계속 이름을 바꾸며 보수주의의 오랜 전통을 지켜왔습니다. 박근혜가 2012년 당명을 새누리당으로 바꾸기 전까지 새누리당은 한나라당이었죠. 한나라당은 이회창·조순이 1997년 15대 대선을 준비하며 꾸린 정당이었습니다. 한나라당의 전신은 신한국당으로, 1995년 김영삼 대통령이 당내 반대세력을 제거하고 바꾼 이름이었습니다. 그전에는 민주자유당이었죠. 1990년 김영삼이 이끌던 통일민주당과 김종필의 신민주공화당이 노태우 대통령의 민주정의당(민정당)에 합류하면서 거대 여당을 만들었고 이를 민주자유당이라고 했습니다. 합당을 했지만 의석수로나 정치력으로나 오랫동안 민정당의 그늘에 있었죠. 민정당은 노태우의 육사 동기이자 12·12사태의 주역인 전두환이 정권을 잡고 1981년 세운 정당으로 박정희의 민주공화당을 계승했습니다. 민주공화당은 5·16쿠데타를 주도한 군부세력이 구 자유당 세력과 일부 학계와 시민사회단체를 흡수해 1963년 창당했습니다. 그러니 이승만의 자유당에서 그 뿌리를 찾을 수 있죠.[126] 1951년 창당한 자유당으로부터 공화당, 민정당, 민자당, 신한국당, 한나라당, 새누리당, 그리고 오늘의 바른정당, 자유한국당으로 이어지는 보수정당의 역사는 한국 현대사의 큰 줄기입니다. 한국 정치, 정치사를 이해하기 위해서는 이들의 정치 이데올로기를 살펴보아야 하죠.

물론 새누리당과 그의 적자인 자유한국당이 보수주의를 독점하는 것은 아닙니다. 보수 교회들도 있고 노년층도, 보수적 학자들도 있죠. 야당인 민주당도 보수 성향이 엷지 않습니다. 하지만

표5. 보수와 진보의 가치.129

	보수	진보
대북 지원	대북 지원은 북한 정권을 연장시킬 뿐이므로 전면 중단	북한의 개방과 무관하게 적극적으로 지원
외교·안보정책	미국 주도의 세계질서 유지에 적극적으로 협력	미국 일변도에서 탈피, 자주외교 노선
국가보안법 개정	현행대로 유지하고 엄격히 적용	전면 폐지
한미 자유무역협정	한국의 경제성장과 국익을 위해 반드시 필요	경제주권을 침해하는 불평등 조약
경제성장과 복지예산	불필요한 복지예산을 줄이고 경제성장에 힘써야 함	경제성장이 둔화되더라도 복지예산을 더욱 늘려야 함
비정규직 보호	노동시장의 자율에 맡김	비정규직 보호 조항 강화
부유세 도입	성실하게 부자가 된 사람들의 경제 의욕을 떨어뜨리므로 반대	전면적으로 도입
양심적 병역 거부	분단 상황이기 때문에 시기상조이며 병역기피 수단으로 악용될 수 있으므로 현재와 같이 엄격히 처벌	군복무 수준의 대체 복무제를 허용
집회와 시위	사회질서 유지를 위해 필요하다면 제한	결사와 표현의 자유를 보장하기 위해 제한 없이 허용
환경정책	경제성장을 위해 개발 규제를 최소화해야 함	환경보호를 위해 개발 사업을 자제해야 함

정치 정당으로서 보수주의를 기반으로 하고 있고 이를 통해 정책을 세우고 나라를 이끈다는 점에서 이들의 보수주의는 뚜렷하고 명확하죠. 한국의 보수주의를 돌아보기 위해 가장 먼저 짚어봐야 할 대상이라고 할 수 있겠습니다. 논의의 편의를 위해 자유한국당과 바른정당을 보수당으로 묶어 지칭하겠습니다. 새누리당으로부터 변화가 일어난 지도 얼마 되지 않았고 그것도 박근혜—최순실 사태 때문이지 사상적 괴리 때문이 아니니 말입니다.

보수당 의원들은 스스로 자신들이 '보수'의 가치를 대변한다고 말합니다. 새누리당의 원내대표를 지내며 나름대로 원칙을 지키려고 애썼던, 바른정당의 대통령 후보로 나섰던 유승민 의원의 경우 '따뜻한 보수, 정의로운 보수'를 추구하며 보수 정치세력의 역할을 강조했습니다.[127] 박근혜도 새누리당 비상대책위원장 시절 총선에 앞서 '보수 대연합'에 앞장섰죠. 새누리당을 보는 시각에도 큰 차이는 없었습니다. 한 설문조사에서는 응답자의 절반(49.7%)이 새누리당이 보수적이라고 보았죠.[128]

표5는 주요 논란에 대한 보수와 진보의 가치를 비교해놓은 것입니다. 대표적 쟁점을 들어 비교했는데 둘의 확연한 차이가 눈에 띕니다. 여기 나타난 보수의 가치를 가만히 들여다보고 있으면 두가지 정도의 포괄적·핵심적 주제가 있음을 알 수 있습니다. 첫째는 북한이죠. 북한과 대립하고 있는 상황이니 승리하여 이를 해소하자는 주장입니다. 이런 시각으로 세상을 보니 대북 지원은 말도 안 되는 일이 되죠. '간첩'과 '빨갱이'들을 잡아야 하니 국가보안법 개정도 있을 수 없고요. 집회와 시위도 이런 측면에서 제

한되는 것이 마땅합니다. 종교나 양심을 들먹이며 병역을 거부하는 청년은 벌주는 게 당연하고요. 북한과의 싸움에서 한국을 구한 구세주는 미국입니다. 미국 주도의 세계질서는 당연한 것이고 한미동맹은 탯줄과도 같죠. 이를 강화해줄 한미 자유무역협정도 재고할 이유가 없습니다. 두번째는 경제성장입니다. 산업을 성장시키기 위해서는 부자들의 의욕을 세금으로 꺾어서는 안 되고 정부 규제로 이들의 활동을 방해해서도 안 되죠. 나아가 애써 일한 사람들을 충분히 격려해주지는 못할 망정 일하지 않는 이를 복지로 도와주는 것도 말이 되지 않습니다.

보수주의적 시각에서 보면 반북과 경제발전은 공화국의 탄생과 맞물려 있습니다. 보수주의자들은 1948년 정부 수립을 "통일을 유보하고 분단을 선택"한 결과로, "공산주의를 단호하게 거부"한 정치적 산물로 보고 있습니다. 그러므로 "대한민국은 태생적 반공국가"인 것이죠.[130] 그러므로 반북은 자신들의 실존적 근원이기도 합니다. 보수 진영은 해방 직후 반북에 매달리며 민족주의자들마저 처단하면서 과격화했고 이런 경향은 크고 작은 분쟁과 한국전쟁으로 극대화됐습니다. 이후 "반공을 국시의 제1의"로 삼는 군사정부가 들어서며 반북의 깃발은 사회 전반으로 확산 및 내재화됐죠. 북한과의 대립이 지상 과제가 되었으며, 체제 경쟁에서의 승리는 역사적 사명으로 자리잡았습니다. 이 "사활이 걸린 체제 경쟁"의 중심에는 산업화가 있었습니다. 1960년 통계에 따르면 "1인당 GNP는 94달러 대 137달러, 수출액은 3,300만달러 대 1만 5,400만달러로 북한경제가 남한을 압도"했고 이를 타개하는 일이 군사정부의 주요 목표였죠. 박정희의 민주공화당 강령을 보면 "조속히 후진성을 극복하고 민생고를 해결"하는 일이 강조됐고 기본 정책에서도 "자립경제의 확립"이 주요하게 다루어졌습니다.[131] 이후 잘 알려져 있다시피 지속적 산업화 드라이브를 통해 상황은 뒤바뀌었고 남북 간 격차는 나날이 커졌죠. 이제 남한의 승리를 자랑스럽게, 당연하게 보는 지경까지 되었습니다. 그러니 이런 경제발전을 이끈 군사정부가 자랑스러울 수밖에요. 동시에 북한 정권을 멸시할 근거도 챙겼습니다. 이렇게 반북과 경제발전은 보수 이데올로기의 서로 뗄 수 없는 두 기둥입니다.

이 둘을 긴밀하게 엮는 것이 미국이라는 존재입니다. 한국을 만들고 한국전쟁에서 구한 미국, 주한미군을 통해 안보를 책임진 미국, 다양한 형태의 경제원조를 통해 한국의 산업화를 이끈 미국은 반북과 경제성장을 가능케 한 장본인으로 여겨집니다. 고마움을 느끼는 대상이 아니라, 경배의 대상이자 보수 가치의 존재를 떠받치는 초석 같은 존재가 되었죠. 박근혜-최순실 사태에 대해 미국 학생들과 논의하며 사진을 보여준 일이 있습니다. 학생들이 놀란 것은 한국의 부패가 아니라 탄핵 반대집회에 나타난 성조기였습니다. 말도 안 되는 장소에 나타난 자기네 국기를 보고 학생들은 혼란스러워 했습니다. 많은 외신에서도 이를 다루며 의아해했죠. 하지만 보수주의의 배경을 이해하면 그리 놀라운 일도 아닙니다. '○○전우회' '○○교회' 등 보수단체들의 집회에 성조기가 나부끼고, 미군의 존재가 당연시되고, 매번 미국산 무기를 사고, 별말 없이 한미 자유무역협정을 승인하고, 반미는 자동적으로 종북이 되는 등의 일들은 이런 보수 이데올로기가 사회적으로 발현된 것입니다.

박근혜 정부의 보수주의 1: 반북

보수주의 정당으로서 새누리당 정부는 반북, 경제성장, 친미 등의 가치에 매우 충실했습니다. 박근혜 정부의 한반도 정책 기조는 반북이었으며, 후보 시절 소개했던 '한반도 신뢰 프로세스'는 정부 탄생과 동시에 먼지 쌓인 박제물이 되고 말았습니다.[132] 박근혜 대통령은 기회가 날 때마다 강경한 발언을 내뱉었죠. 신뢰라는 구호는 반북 교향곡의 전주였을 뿐입니다. 2014년 9월 UN 총회 기조연설에서 박근혜는 북한의 핵 프로그램을 "국제평화에 심각한 위협일 뿐만 아니라 비확산 체제의 근간인 핵확산금지조약NPT 체제를 정면으로 부정하는 것"이라고 하며 "개혁과 개방을 선택한 여러 나라들처럼 경제발전과 주민의 삶을 개선하는 변화의 길"로 나서라며 근본적 체제 변화를 주문했습니다.[133] 이러한 발언이 꼭 틀리다고 말할 수는 없습니다. 다만 북핵의 문제, 더나아가 한반도 안정과 평화가 주된 목표라면 삼갔어야 할 발언이죠. 굳이 따지자면 북핵 위협은 상당히 과장되어 있습니다. 핵탄두 수나 무게, 그리고 이를 적진에 떨어뜨릴 수 있는 능력을 보면 북의 핵개발은 아직 초보적인 단계에 불과합니다. 특히 그 상대가 미국이라면 더욱 그렇죠. 그럴 리도 없지만 북한발 핵탄두가

하와이 근처에라도 떨어진다면 북한 정권은 이라크의 후세인 정권처럼 미국의 즉각적이고 살인적인 보복을 당할 것입니다. 한국전쟁 때와는 달리 미국이 핵공격을 할 수도 있고 중국이나 러시아도 북한을 도와주기 힘들 테죠. 이를 누구보다 잘 아는 북한이, 그리고 누구보다도 정권을 오래 잡고 싶어하는 김정은이 서울이나 괌을 노리는 핵공격을 할 리는 없습니다. 김씨 일가가 핵무기를 원하는 이유는 정권유지 때문입니다. 핵무기가 있으면 한국이나 미국으로서는 대북 군사행동이 껄끄러울 수밖에 없습니다. "북침이라니 무슨 소리냐"고 할 수도 있지만 멀쩡한 나라를 심심치 않게 침략하는(최근 예로는 2003년 이라크 침공) 미국을 상대하는 북한으로서는 대비를 안 할 수가 없죠. 이런 상황에 대한 판단이 선다면 북핵 문제 해결은 남북 평화체제 구축으로 해결될 수 있다는 당연한 결론에 도달합니다. 평화와 신뢰만이 북한의 불안을 누그러뜨릴 수 있고 그래야만 북한은 핵개발을 멈출 것입니다.

하지만 박근혜는 북핵 문제를 "국제평화에 심각한 위협"으로 딱 단정해버렸습니다. 여기서 한발 더 나아가 다른 나라들처럼 개혁을 하라며 간섭까지 했고요. 북한을 대화와 타협의 파트너로 여긴다면 하기 힘든 발언입니다. 강경한 발언은 보수당 진영에서 계속되었습니다. "우리 국민에게 굴종을 강요하는 북한의 핵이 존재하는 한 그 어떤 대화도 공염불에 불과할 것"(지상욱, 2016.6),[134] "지구 상에서 가장 위험한 불량국가"(김무성, 2016.1)[135]라는 등의 말이 나왔고, 심지어는 핵무장까지 주장했죠. "북핵에 맞서 자위권 차원의 평화핵을 가질 때가 됐다"(원유철, 2016.1)[136]라면서 말입니다. 이런 반북 기조는 개성공단에서 한국 기업을 철수시켜버린 정책으로 구체화됐습니다. 공단 임금의 핵·미사일 개발 전용 주장은 아무 근거가 없었음에도 전격적·일방적으로 철수 결정이 내려졌습니다.[137] 124개 입주 업체들이 들고 오지 못한 물품을 포함해 총 피해액은 1조 5,000억원에 달한다는 분석이 있습니다.[138] 하루아침에 모든 것을 잃어버린 노동자들의 어려움도 뼈아팠습니다. 개성공단 설립에는 그 지역에 주둔하고 있던 북한 6사단과 64사단, 62포병 여단을 북쪽으로 15킬로미터 이상 후방 배치시키는 효과도 있었지만 이것도 '도로아미타불'이 되었습니다. 서해 교전 등 남북이 충돌할 때에도 계속해서 가동됨으로써 평화와 안정의 상징이 되었던 장치가 없어진 셈이죠. 개성공단 철수로 얻은 것은 전무합니다. 북한은 미사일 실험을 계속하고 있고 한국 정부의 외교력은 약화되었습니다. 판단은 뒷전으로 밀어두고 정치 이데올로기에만 충실하다 낭패를 본 전형적 결과였지만 그런 결정이 보통 그러하듯 정치적 자위는 충분히 되었을 겁니다.

반북의 회초리는 국내에서 더욱 희번덕댔습니다. 반북이 중심 가치이다 보니 상대가 조금이라도 반북에서 멀어졌다 싶으면 종북 논쟁이 튀어나왔죠. 사실 조선민주주의인민공화국이라는 국가는 여느 나라처럼 다양한 모습을 지니고 있습니다. 사정에 따라, 시각에 따라 다양하게 볼 수 있죠. 민족적 시각에서 연대를 할 수도 있고, 직접 교류하며 서로 이해할 수도 있습니다. 북한의 핵 개발을 걱정해도 모란봉밴드는 좋아할 수 있는 것이고요. 하지만 반북의 입장에서라면 이 모든 것은 용납되지 않죠. 고양이 손바

닥만큼의 긍정적 평가나 적극적이지 않은 반북도 의심의 눈초리로 보고 그 긍정의 정도가 약간 강하다 싶으면 바로 종북이라는 딱지를 붙였죠. 계산된 정치 공세이기도 하지만 이들의 시각에서 볼 때 '종북몰이'는 그 나름대로 진정성이 있다고 봐야 합니다. 재미교포 신은미의 강제 출국이 그 한가지 예입니다. 그는 한 온라인 매체에 북한 여행기를 연재해 큰 화제를 모았죠. 스스로 밝힌대로 "기독교 신자이면서 보수·반공주의자인 한 아줌마가" 북한으로 여행을 가면서 새로운 시각을 갖게 된 과정이 드러난 글이어서 인기를 모았습니다.

"세관 직원이 갑자기 시골 마을의 순박한 역장 아저씨처럼 보였다. 오랜만에 고향을 찾은 옛사람을 반갑게 맞이하는 듯한 함박웃음 (…) 늘 영화에서 봐왔던 무뚝뚝하고 무서울 것만 같았던 인민군의 모습은 어디로 사라져버렸단 말인가. (…) 순박한 미소 속에는 따스하고 정겨운, 천상 없는 우리네 아저씨들의 미소가 담겨 있었다. 나는 안도의 한숨을 내쉬었다."[139]

북한에 대한 거부감이 북한 주민들에 대한 애정으로 바뀌는 데 오래 걸리지 않았음을 암시하는 대목입니다. 그는 이후 한국에서 강연회를 열며 활발하게 활동했죠. 하지만 북한 주민에 대한 인간적 연민을 갖는 것조차 남한에서는 얼마나 어려운지를 알게 되는 데는 그리 오래 걸리지 않았습니다. 2014년 12월 신은미의 강연회 도중 극우파 인물의 테러 공격이 벌어졌습니다. 정치테러인

만큼 박근혜 대통령도 이 일을 언급했지만 놀랍게도 방점은 테러가 아니라 콘서트의 내용에 찍혔습니다. 박근혜는 "최근 소위 종북 콘서트를 둘러싼 사회적 갈등이 우려스러운 수준에 달하고 있다. (…) 몇번의 북한 방문 경험이 있는 일부 인사들이 북한 주민들의 처참한 생활상이나 인권침해 등에 대해서는 눈을 감고 자신들의 편향된 경험을 북한 실상인 양 왜곡·과장하면서 문제가 되고 있다"라며 극우 테러범이 아닌 신은미를 정조준한 것입니다.[140] 그날 국회에서 새누리당 김진태 의원은 신은미를 국가보안법상 찬양·고무죄에 의거해 구속수사하라며 맞장구쳤습니다.[141] 대통령과 정치권의 압박에 경찰과 검찰은 신은미를 국가보안법 위반 혐의로 강제 출국시켰습니다. 테러의 피해자가 하루아침에 '빨갱이' 죄인이 된 셈이죠.

이런 반북 히스테리의 예는 하나둘이 아닙니다. 2013년 새누리당 황우여 대표는 민주당을 두고 "종북세력의 숙주 노릇을" 한다며 비난했고[142] 2014년 동작 을 보궐선거에서 정의당 노회찬 후보와 노동당 김종철 후보의 단일화 가능성을 두고 새누리당 김을동 최고의원은 "노골적 종북 연대인 막장 연대"라며 날을 세웠습니다.[143] 박대출 새누리당 의원은 국회 본회의장에서 진성준 민주당 의원에게 "종북하지 말고 월북하지"라고 비꼬았고 한민구 국방부 장관 후보자와 한기호 새누리당 의원은 군대 내 "친북·종북 성향의 군 간부"의 존재를 개탄했습니다. 새누리당 하태경 의원은 19대 총선 당시 통합진보당과 민주통합당(현재 더불어민주당)의 야권 연대가 북한의 지령에 따라 이루어졌다는 황당한 주장까지

했죠.

2013년 박근혜 정부가 헌법재판소에 통합진보당에 대한 정당 해산심판을 청구해 당을 해체시킨 사건은 반북 히스테리의 절정이었습니다. 정부가 정당에 대한 해산심판을 청구한 것은 헌정 사상 처음이었죠. 전세계에서도 드문 예입니다. 박근혜 정부는 통진당이 북한의 대남 혁명전략에 충실한 조직이라고 판단했습니다. 통합진보당 경기도당에 속한 이석기 의원과 그가 총책으로 있다고 하는 소위 지하혁명 조직Revolutionary Organization, RO이 대한민국 체제 전복을 목적으로 '남한 사회주의혁명'을 도모했다며, 형법상 내란 음모와 선동 및 국가보안법 위반 등의 혐의를 씌웠습니다. 황교안 당시 법무부 장관은 "이석기 의원은 주체사상을 지도 이념으로 남한사회 체제변혁을 목적으로 한다고 하는 지하혁명 조직, 이른바 RO를 결성하여 총책으로 활동하여 조직원들에게 북한의 전쟁 도발에 호응하여 물리적·기술적 준비를 해야 한다고 선동하고 주요 기간시설 타격 등 폭동을 일으키는 방안을 강구하여 내란을 음모"했다고 주장했습니다. 이어 2014년 1심에서 유죄가 선고됐고 그해 12월 헌재에서 정당 해산 결정이 났습니다. 정부와 새누리당의 반응은 격렬했습니다. "통합진보당은 만들어질 때부터 북한의 지령에 의해 만들어진 당"(김진태)이고[144] 이석기 의원은 "북한의 대남혁명론에 따라 대한민국의 자유민주주의체제를 전복하려 한 반국가세력의 핵심"(김태흠)이니[145] "무기징역이나 사형시켜야"(김진태) 한다고 목청을 높이기도 했죠[146] 이인제 의원은 "민주주의의 이름 아래, 진보의 이름 아래 사실상

대한민국 헌법의 가치를 훼손하거나 부정하는 세력들이 많이 성장"했다며 안타까워했고[147] 최경환 당시 원내대표는 "진보와 사상의 자유라는 이름으로 위장해 사회 곳곳에 뿌리를 내리고 그 기저를 흔드는 종북세력"이라며 비난했습니다. 새누리당 실버세대위원장인 정해걸은 국회 체포동의안 표결에서 31표의 사실상 반대표(기권·반대·무효)를 던진 의원들을 "종북 아니면 간첩들"이라며 비꼬았고요.[148]

많은 사람들은 박근혜와 헌재의 결정을 비판했습니다. 무기를 모은 것도 군사훈련을 도모하거나 시도한 것도 아닌데 내란죄를 적용한다니 납득하기 어려웠죠. 2015년 1월 대법원은 내란 음모 혐의에 대해서는 무죄로 판결하고 내란 선동·국가보안법 위반 혐의만 유죄로 확정했습니다. 대법원은 "회합 참가자가 생각나는 대로 폭력 행위에 대해 논의했지만 합의라고 볼 만한 증거가 없고, 향후 내란 준비 행위를 구체적으로 했다고 볼 수 없다. 이석기 전 의원의 발언에 호응해 논의했지만 1회 토론을 넘어 내란 실행에 나가자는 합의를 단정했다고 보기 어렵다"고 밝혔습니다.[149] 물론 새누리당은 이 판단을 받아들이지 않았습니다. 받아들일 수가 없었죠. 그들의 눈에는 대법원은 단지 실수를 했고 통진당은 여전히 내란을 기획한 빨갱이들이었습니다. 이들의 확신은 반북 정치 이데올로기의 표출이고, 그래서 이외에도 크고 작은 종북 논쟁이 끊이질 않는 것입니다.

박근혜 정부의 보수주의 2: 경제성장

보수 이데올로기의 또다른 중심 가치는 경제성장입니다. 새누리당의 경우 경제성장이 다른 가치나 논리와 부딪힐 때 거의 빠짐없이 경제성장을 앞에 두면서 보수주의에 충실해왔습니다. 박근혜도 마찬가지죠. 박근혜 정부에 대한 평가로 받아들여진 2016년 총선에서 패배한 후 박 대통령은 "경제발전과 경제혁신 3개년 계획을 마무리하도록 하는 데 혼신의 노력을 다하겠다"며 딴소리만 늘어놨죠.[150] 남북통일에 대해서도 뜬구름 잡는 말만 늘어놓기는 마찬가지였습니다. "저는 한마디로 통일은 대박이다 이렇게 생각합니다. 세계적 투자전문가 (…) 이분이 '남북통합 시작되면 자신의 전재산을 한반도에 쏟겠다, 그럴 가치가 충분히 있다, 그래서 만약 통일이 되면 우리 경제는 굉장히 도약할 수 있다'고 보는 것입니다. 저는 한반도 통일은 우리 경제가 실제로 대도약을 할 수 있는 기회라고 생각을 합니다."[151] 정치적·사회적으로 두 나라의 통일은 어렵고도 중차대한 문제입니다. 독일의 통일 과정만 살펴보더라도 각종 사회적·심리적 문제가 만만치 않았음을 알 수 있죠. 하지만 위의 발언을 보면 박 대통령에게 통일은 그저 경제 도약의 기회일 뿐이죠. 정치적으로 어떤 미래가 올 것인지, 문화적 충격의 무게는 얼만큼일지, 사회적 혼란은 어느 정도일지 등에는 암울할 정도로 관심이 없습니다.

노동 문제도 마찬가지입니다. 박근혜 정부가 꾸준히 추진해온

'노동개혁'은 야당과 노동계의 큰 반발을 샀습니다. 고용을 더욱 불안케 하고 노동자 연대를 파괴할 가능성이 아주 크기 때문이죠. 이 개혁안은 노동 성과가 저조하거나 근무가 불량한 직원을 해고할 수 있는 일반해고(일신상 해고)를 추가하고 2년이었던 비정규직 사용 기간을 4년으로 연장하는 것으로,[152] 가뜩이나 불안한 고용 상황을 악화시킬 가능성이 컸습니다. 여기에다 노동조합을 위축시키는 조항도 담고 있어 그 파장이 노동계 전반에 미치리라는 걱정이 많았습니다.[153] 보수의 시각에서 노조는 고용의 '유연화'를 막는 방해물이고 노동자들이 찾는 고용 안정이란 곧 고용 '경직'이죠. '귀족노조'라며 비아냥대는 보수정당 의원들의 발언은 이런 인식을 잘 드러냅니다. 그러니 "노동비용을 낮춰 기업의 투자 의욕을 높이고, 경쟁국에 비해 기업활동과 창업 여건을 더 좋게 개선"하자는 말이 쉽게, 일상적으로 나오죠. 이는 노동자의 이익과 권리를 축소해 그 몫을 기업으로 돌리자는 말과 다름없습니다.[154] 노동자들의 희생으로 산업화를 이루고자 했던 박정희 시절의 인식에서 한 발짝도 나아가지 않은 것이죠.

기업 위주의 경제성장 이데올로기는 노동자들에 대한 물리적 탄압으로 이어졌습니다. 대표적 사례가 민주노총에 대한 파상 공세였죠. 2015년 11월 민주노총을 비롯 사회 각계에서 참여한 민중대회가 열렸고, 이 자리에서 정부와 여당에 대한 비판이 맹렬히 쏟아졌습니다. 새누리당 대변인은 이를 "법치국가의 근간을 뒤흔들고 공권력에 대한 도전이며, 상습적 반정부 시위단체와 이적단체가 포함된 집회"라고 규정했죠. 철저한 공권력의 응징이 따랐습니다. 경찰은 현장에서 폭력적인 진압으로 수십 명을 다치게 하고 다수를 체포했습니다. 농민 백남기는 경찰이 쏜 물대포에 맞고 의식불명 상태에 빠졌고 2016년 끝내 사망했죠. 경찰은 민주노총 사무실을 압수수색했고 이어 서울 조계사로 피신한 한상균 민주노총 위원장마저 체포했습니다. 민주노총을 정조준한 광범위하고 무차별적인 탄압이었죠. 나라 안팎에서 비난이 이어졌습니다. 미국 최대의 노동조합인 AFL-CIO(미국노동총연맹-산별노조협의회)는 2015년 "한국의 노조 지도자들이 단지 노동자들의 권리를 위해 일어섰다는 이유로 감시, 괴롭힘, 구금을 당하고 있다. (…) 이러한 탄압은 최근 노동 관련 법률 개정에 항의하는 집회에 참석한 노조원 1,531명에 대한 조사로 이어지며 절정에 달하고 있다"며 개탄했습니다.[155] 국제노총도 박근혜 대통령에게 우려의 메시지를 담은 서한을 보냈죠.[156] 한상균은 1심에서 징역 5년의 중형을 선고받았습니다. 이후 2심에서 3년으로 감형된 뒤 그대로 확정되었고요.[157] 경제성장이라는 이념이 법 질서마저 흔들고 있는 셈이죠.

경제발전과 환경보전이라는 가치가 충돌할 때도 번번이 전자의 승리로 끝났습니다. 박근혜 정부의 결정 가운데 환경 전문가들이 꼽은 가장 큰 문제는 '신규 원전 건설 추진'입니다.[158] 박근혜 정부는 동일본 대지진 이후 원전에 대해 재고하고 있는 국제사회와 정반대의 길을 걸었죠. 2011년의 대지진으로 발생한 거대한 쓰나미는 후꾸시마 원자력 발전소를 강타했습니다. 각종 사고에 만전의 준비가 되어 있다고 장담했지만 발전소는 자연재해 앞

에서 허무하게 무너졌죠. 원자로 건물이 수소폭발을 일으켰고, 핵연료가 녹아내리면서 사상 최악의 방사능 유출사고가 일어났습니다. 냉각 장치도 가동이 안 됐고 비상사태를 관리할 인력도 전무하다시피 했죠. 원전을 관리하던 토오꾜오전력東京電力ホールディングス株式会社 TEPCO은 사태의 심각성을 인식하지 못했으며 그나마 파악한 사실도 숨기기 바빴습니다. 정부는 계속 우왕좌왕했습니다. 주민들의 대피는 지연되었을 뿐 아니라, 제한적으로만 이루졌다는 비판을 받았습니다. 폭발한 발전소에서 퍼져나간 방사능은 일대를 사람이 살 수 없는 곳으로 만들었죠. 16만명이 집을 버렸고 5년이 지난 2016년에도 이들 가운데 10%는 이재민으로 남아 있으며 나머지는 타향살이를 하고 있습니다. 앞으로 얼마나 지나야 정상화될지, 정상화가 가능하기는 한지 아무도 모릅니다. 녹아버린 핵연료가 땅속으로 꺼져버렸을지도 모른다는 우려도 나왔죠. 한마디로 시설·회사·정부가 대형사고 앞에서 얼마나 무능한지, 그 결과가 얼마나 끔찍한지 잘 보여준 비극이었습니다.

전세계가 원전의 위험성을 절감했고 당장 독일 정부는 가동을 중단한 원전을 폐쇄하는 것을 시작으로 2022년까지 모든 원전을 닫겠다고 공식 발표했습니다. 스위스 정부도 비슷한 입장을 취하고 있고요. 하지만 원자력 발전은 단기적으로 대기오염을 줄이면서 대량의 전력을 안정적으로 생산할 수 있다는 이점이 있어 포기하기가 쉽지 않습니다. 박근혜 정부도 마찬가지였습니다.[159] 일본의 사태를 애써 외면하고 2015년 '안정적인 전력 수급'을 위해 신규 핵발전소 2기를 추가로 건설하는 데 7조원을 투자하겠다고 발표했습니다. 수요 관리, 대체 에너지 개발, 원전 안정성 등에 대한 고민은 '전력 수급'이라는 당면 과제 앞에서 밀려나버렸죠. 한전과 한수원의 발전 매출액을 합산한 원전산업 전체의 매출액은 이명박 정부를 기점으로 크게 늘었습니다. 2004년부터 2007년까지 11조원에서 13조원으로 완만하게 늘었던 매출액은 2008년 14조 6,000억원에서 2012년 21조원으로 폭발적 증가세를 보였죠. "23기의 원전을 보유한 세계 5대 원전 강국으로 성장"했음을 자랑하는 한국정부로서는 2011년 후꾸시마 사태는 원자력 사업을 '위축'시킨, 극복해야 할 사태였을 뿐입니다.[160] 원전 확장에는 핵발전소 1기를 짓는 데 들어가는 3조 5,000억원이라는 돈과 부수적으로 발생하는 각종 이권도 크게 작용했겠지만 이를 경제성장의 원동력과 증거로 보는 정치 이데올로기도 중요한 요소였습니다. 이명박 대통령은 이를 누구보다 뚜렷하게 보여주었죠. "원전은 핵심적인 먹거리"[161] "원전 수출, 나라의 품격 높이는 것" "원자력발전소를 수출하는 나라의 것이라고 하면 다른 상품의 인식도 좋아질 것" "원자력을 수출하면 많은 일자리가 생긴다"[162]라는 등의 말이 쏟아졌습니다. 2016년 신고리 원자력발전 5·6호기 건설 허가가 났을 때도 비슷했죠. 정부 측은 한국수력원자력 고리원자력본부(고리본부)에 총 공사비 8조 6,000억원이 투입되면 3조 9,000억원의 지역경제 유발 효과가 기대된다며 신고리 5·6호기 건설이 최근 조선산업의 침체로 타격을 입고 있는 동남권 지역경제 활성화에 도움을 줄 것이라고 강조했습니다.[163] 당시 새누리당 강길부 의원은 "원전 건설 과정에서 지역경제 활성화가 도움을 받을 것"이라며 경제발전을 강조했습니다.[164] 비슷한 논란이 일고 있는 영덕군에서도 새누리당의 이희진 군수는 "지역발전"과 "세수 확보"를 위해 원전이 필요하다고 강조했고요.[165] 2011년 삼척에서도 새누리당 김대수 시장은 핵발전을 "미래성장 동력"과 "지역발전"의 필수조건으로 보고 추진해 논란을 키웠습니다.[166]

　보수 이데올로기의 핵심으로서 경제발전의 중요성은 박근혜의 '언어'를 통해서도 확인할 수 있었습니다. 최근 박근혜가 사용한 어휘를 통해 그의 의식 및 가치를 분석하는 연구가 이루어진 바 있습니다.[167] 등장한 어휘와 그 횟수를 세어보면 '국민'(508회)에 이어 '경제'(303회)가 두번째로 많이 사용되었죠. 국민이라는 단어는 연설에서 '국민 여러분' 등으로 사용되는 경우가 많으니 이를 제외하고 보면 박근혜의 핵심 키워드는 '경제'인 셈입니다. '경제'와 함께 언급되는 단어들은 '새로운' '세계' '창조' '일' '발전' '성장' 등입니다. '성장'이 경제의 키워드라는 점에 주목할 만합니다. 즉 박근혜 정부의 경제발전은 다름 아닌 성장, 즉 양적 팽창인 것이죠. 이는 박근혜가 대통령 후보 시절 강조했던 소위 '경제민주화'와는 아득한 거리가 있습니다. 당시의 공약집을 보면 골목상권 보호법, 특정경제범죄가중처벌법상 횡령 등에 대한 형량 강화, 대기업 지배주주·경영자의 중대 범죄에 대한 사면권 행사 제한 등을 통해 경제 약자를 보호하고 강자를 견제한다는 내용이 담겨 있습니다. 대통령에 당선되자 이러한 공약은 곧 자취를 감췄죠. 정부의 경제민주화 법안을 살펴봐도 이 항목들은 완전히 배제되었습니다.[168] 그나마 포함된 공정거래법 위반에 대한 집단소송제 등 소비자 보호 법안, 재벌 총수 견제 등도 전혀 이행되지 않았죠.[169] 전문가들은 경제민주화 공약이행률을 26.5% 정도로 보았습니다. 형편없는 성적표입니다. 이 와중에 정부 여당측은 "경제민주화가 거의 됐으니 이제는 경제활성화로 가야 한다"며 자화자찬에 빠져들었죠. 이들의 정치 이데올로기는 박정희의 불도저식 발전에서 이명박의 건설경제까지, 애초부터 경제의 양적 팽창에 맞춰져 있습니다.

앞서 지적했듯 반북과 경제성장은 서로 관련이 깊은 보수적 가치의 두 기둥입니다. 반북은 북한과의 체제경쟁으로 이어졌고 전쟁 이후에도 다양한 형태로 지속됐죠. 간첩이 넘나들고 소규모 무력 충돌도 지속됐습니다. 1970년대가 지나며 체제경쟁은 더욱 정치적인 색채를 띠었고, 그럴수록 경제성장이 중요해졌습니다. 이후 남한은 폭발적 경쟁성장을 경험했습니다. 경제가 성장할수록 남한 정권의 자신감은 커졌고 커진 자신감을 채우기 위해 더 가열하게 경제성장에 매달렸죠. 오늘날 남북 간 경제 격차가 수십배에 달하니 보수진영은 체제경쟁에서 이겼다고 확신하며 환호하고 있습니다. 경제성장은 남한 사회의 우월성을 입증하는 핵심적 기제입니다. 드디어 완승을 했다는 안도감은 보수주의가 성장하는 양분이자 건국 당시의 원죄를 씻는 비누이기도 합니다. 친일세력이 주축이 된 건국, 하나의 한국을 포기한 건국이니 자랑스러워하려면 상당한 정당화가 필요하죠. 박근혜 대통령은 멀쩡한 교과서를 두고 "지금과 같은 교과서로 배우면 정통성이 오히려 북한에 있기 때문에 북한을 위한, 북한에 의한 통일이 될 수밖에 없다"며[170] 생뚱맞은 트집을 잡았습니다. 보수주의자들은 이 원죄를 경제발전으로 씻었다고 믿고 싶어합니다. 시작이야 어찌 됐건 결과는 우리가 더 낫다는 주장이죠. 북한을 비롯한 국외에 과시할 경제발전은 그래서 정치적으로 매우 중요하고, 이렇게 중요한 과업을 시장에만 맡겨둘 수 없다는 인식은 박정희와 박근혜 모두에서 두드러집니다. 앞서 언급한 연구는 박근혜의 인식이 박정희의 '발전국가모델'을 뚜렷이 계승하고 있다고 밝혔습니다. '국가' '발전' '미래' '도전'이라는 단어가 박근혜에 의해 반복적으로 발화되었죠. 국가가 주도하는 발전을 지향하고 있음을 엿볼 수 있는 대목입니다. 이 점은 '경제혁신 3개년 계획' '474' '창조경제' 그리고 새마을 운동의 재조명[171] 등을 통해 경제발전을 주도하려 한 박근혜 정부의 계속된 시도에서도 알 수 있습니다.

박근혜 정부의 보수주의 3: 친미

보수주의의 두 중심 가치인 반북과 경제성장을 잇는 고리는 미국입니다. 미군 장교 두명이 지도에 38선을 긋는 순간부터 한반도의 운명은 미국의 손을 힘겹게 따라다녀야 했습니다. 미군정은 친일세력을 긁어모아 이승만 정권을 세웠고 한국전쟁을 통해 한국의 안보를 책임지는 위치에 올랐습니다. 전후에는 반공이라는 이름하에 독재정권들을 용인하면서 남한을 냉전의 최전선 부대로 키웠죠. 5·16쿠데타 직후 아직 최고회의 의장 직함을 갖고 있던 박정희가 서둘러 미국을 방문한 것은 그래서였습니다. 좌익 경력 등으로 미국의 의심을 사고 있던 박정희는 한국군의 베트남 파병을 제안해 케네디의 환심을 사는 데 성공했죠. 이후 미국은 침묵으로 박정희의 독재를 용인했고 박정희 정권은 한반도와 동아시아에서, 멀리는 베트남에서까지 반공기지로서 제 몫을 톡톡히 했습니다. 미국은 틈만 나면 반북 합창곡을 불어제끼며 군사정권과 장단을 맞추었고요. 2015년에 리퍼트 대사가 "북한 위협 대비, 첨단 군사력 배치"를[172] 강조한 것은 1989년 릴리 대사가 "미국은 북한으로부터의 위협이 존속되고 있는 한 (…) 한국에 계속 남아 있을 것"이라고[173] 한 언급의 되풀이일 뿐입니다.[174] 현실적으로도 주한미군은 한국 안보의 핵심이며 한국군에 대한 전시작전권마저 확보해 안보주권을 대행하고 있죠.

경제성장도 마찬가지입니다. 건국 이후 쭉 이어진 경제원조와 미국시장의 접근은 한국경제 발전에서 없어서는 안 될 필수 요소였습니다.[175] 박근호 일본 시즈오까대 교수는 "박정희 정부의 정책이 그 자체로 한국의 고도성장에 기여했다고 말할 수 없다. (…) 미국의 대아시아 정책이 빚어낸 필연적 귀결에 가깝다"라고 일갈하기도 했죠. 아직도 자동차·스마트폰 등 한국의 주력 수출산업은 미국시장에 기대고 있습니다.

보수주의 관점에서 보면 미국과의 동맹은 두 나라 사이의 군사적 협동 관계 이상의 의미를 지닙니다. 이들에게 정서적·정치적으로 미국이 얼마나 소중한지는 리퍼트 대사 테러사건에서 잘 드러났습니다. 2015년 3월 리퍼트 대사는 강연장에서 극단적 민족주의자 김기종에 피습당해 큰 상처를 입었습니다. 흥미로운 일은 그다음에 벌어졌죠. 새누리당을 선두로 보수진영이 총궐기에 나섰습니다. 리퍼트 대사의 병실은 방문객이 끊이지 않았습니다. 이완구 총리(6일)가 테이프를 끊었고 이어 본격적으로 병문안을 받기 시작한 8일에는 미국 인사들과 새누리당 김무성 대표, 새누리당 나경원 의원과 신의진, 김학용, 김종훈, 박대출 의원, 최경환 경제부총리(같은 날 문재인 새정치민주연합 대표와 김성곤 외교통일위원과 김현미, 전병헌, 유은혜 의원도 방문) 등이 병문안을 갔습니다.[176] 다음날에는 중동 순방을 마친 박근혜 대통령이 귀국 직후 병원으로 향했고요(9일). 이후 윤병세 외교부 장관, 한승수 전 국무총리, 최연혜 코레일 사장 등 보수 인사의 병문안이 이어지자 병원에서는 면회를 제한하기까지 했습니다. 이들은 하나같이 한미동맹의 안정을 언급했습니다.

여기서 이들의 공포의 깊이가 드러납니다. 안보와 정치에 있어 한미동맹을 나라의 기초로 보는 이들이니, 여기에 손톱만큼이라도 흠집이 난다면 당장 자신의 안위와 보수의 정당성 그리고 나라의 존재 그 자체가 흔들린다고 불안해하죠. 공포는 거리에서도 드러났습니다. 한 기독교단체가 서울 시내에서 리퍼트 대사의 쾌유를 비는 행사를 벌였죠.[177] 수십명이 부채춤과 발레, 난타로 이어지는 요란하고 어설픈 공연을 하며 대사의 쾌유와 영원한 한미동맹을 기원했습니다. 어버이연합이나 엄마부대봉사단 같은 극우단체들의 비슷한 시위가 이어졌고 심지어 석고대죄 퍼포먼스까지 벌이는 이도 있었죠. 말로는 쾌유를 빌었지만, 천조국의 위엄에 상처를 내 모든 것을 잃을까 두려워하는 공포를 온몸으로 드러낸 해프닝에 불과했습니다.

보수의 미국 맹종은 종미정책으로 드러납니다. 사드 배치 결정은 최근의 대표적 예죠. 잘 알려진 대로 사드는 적의 미사일을 아주 높은 고도에서 요격하기 위해 제작된 방어체제로 적의 미사일을 탐지하는 강력한 레이다와 이를 떨어뜨리는 미사일로 구성되어 있습니다. 한국의 사드 배치는 아무런 여론 수렴도 하지 않은 채 2016년 일방적으로 결정됐죠. 명목은 물론 '북한의 위협'이었고요. 박근혜 대통령은 "사드 배치 외에 북한의 미사일 공격으로부터 우리 국민을 보호할 수 있는 방법이" 없다고[178] 강조했지만 이를 그대로 받아들이는 이는 그리 많지 않습니다. 이유는 간단합니다. 북한으로부터의 위협이 있다면 그것은 미사일이 아닌 휴전선에 깔린 포대로부터 올 것이기 때문입니다. 게다가 북한 미사일이 날아오더라도 너무 가깝기 때문에 사드는 별 소용이 없습니다. 즉 사드는 북한의 위협과는 거의 무관하죠. 실제로 경북 성주에 배치된 사드 포대에서 수도권은 사정거리에서 벗어나 있습니다. 북한의 위협이 주목적이라면 있을 수 없는 일이죠. 사드는 미국이 구축하려는 미사일방어체계MD의 일부로 중국을 견제하기 위한 것이라는 설명 말고는 다른 이유를 대기 어렵습니다. 중국을 잠재적 경쟁자이자 미래의 적으로 보는 미국정부는 중국을 고립시키려는 정책을 오랫동안 추구해왔고 사드의 한반도 배치는 그 일부입니다. 중국을 적국으로 보지 않는 한국으로서는 사드를 국내에 배치할 이유가 없죠. 사드는 미국을 중국 또한 북한의 미사일로부터 지키는 것이기 쉽습니다. 중국과 한국의 관계가 틀어지고 비상시 중국 측이 성주의 사드 포대를 공격할 가능성을 생각해보면 사드 배치를 반대해야 마땅하죠. 당장 중국의 경제보복에 크고 작은 한국 기업들이 신음하는 중입니다. 하지만 박근혜의 종미주의는 미국의 이익을 한국의 이익으로 치환하는 마법을 발휘했습니다. 이 점은 사드 배치를 완성한 문재인 정부도 크게 다르지 않습니다. 이러한 종미 주술은 어렵지 않게 찾아볼 수 있습니다. 대대적인 반대에도 불구하고 재개한 미국 소고기 수입(2008), 전시작전권 환수 무기한 연기(2014), 미일 군사동맹 강화와 맞물려 팔어넘기다시피 합의한 한일 '위안부' 협상(2015), 주한미군 탄저균 배달사고에도 조용히 개정된 한미주둔군지위협정(2015) 등 굵직한 사건이 터질 때마다 보수정부는 필사적으로 미국 편에 섰습니다.

미국의 보수주의[179]

이번에는 국내의 보수당들이 신성시하는 미국의 보수주의에 대해 짚어보겠습니다.

서구 보수주의의 근원은 역설적으로 18세기 자유주의의 발달에서 찾을 수 있습니다. 1776년 미국의 독립선언과 1789년 일어난 프랑스혁명은 당시 구미사회에 커다란 충격을 주었죠. 오랜 사회질서뿐 아니라 서유럽과 북미의 정치구조를 뒤흔들었으니 기득권 계층이 느끼는 위기감은 말할 수 없이 컸습니다. 혁명에 대한 이들의 반감과 공포를 대표한 철학자 가운데 영국의 에드먼드 버크Edmund Burke가 있습니다. 버크는 프랑스혁명 후의 무질서와 고통, 로베스피에르의 공포정치에 주목했습니다. 이 기간 중에 정권에 의해 반동분자라고 지목된 수많은 이들이 목숨을 잃었죠. 버크는 이 공포와 유혈사태는 기존의 질서, 즉 전통적 계급사회가 무너져 발생한 것이라고 보았습니다. 왕조와 교회를 기반으로 하는 계급사회가 사회 안정의 근원이었는데, 이것이 없어졌으니 끔찍한 결과가 초래되었다는 주장이죠.

계급의 안정을 중요시하는 이러한 보수적 시각의 근원은 저 멀리 플라톤까지 거슬러올라갑니다. 플라톤 역시 모든 이들이 자신의 직분에 맞는 자리에서 책무를 다할 때 사회가 안정되고 발전한다고 보았습니다. 그는 군인은 군인의 일을, 농부는 농부의 일을, 지식인은 행정 일을 해야 한다고 주장했죠. 물론 이들의 관계는 수평적일 수 없는 것이고요. 플라톤의 이상 사회는 근대적 계급사회의 전형이라고 할 수 있습니다. 이렇게 보수주의의 역사는 아주 길고 깊습니다. 사실 수천년 동안 인류의 문화가 동서를 막론하고 계급과 역사의 반추를 중요시하는 토양에서 자라왔음을 기억하면, 보수주의의 대척점에 있는 진보주의가 오히려 생뚱맞은 것이라고 하겠습니다.

미국 보수주의의 뿌리도 깊습니다. 미국의 탄생을 주도한 페더랄리스트Federalist, 연방주의자, 이후 탄생한 위그당·공화당 모두 보수적 전통을 이어갔죠. 특히 남부 보수세력은 민주당을 통해 정치 세력을 유지했습니다. 이들이 지키고자 한 전통과 가치는 '인종

차별'이었죠. 남부 경제 전체가 이를 기반으로 한 제도, 즉 노예제를 중심으로 하고 있었기 때문입니다. 그들은 북부에서 벌어지고 있는 인종차별 철폐 운동을 전통적 가치에 반한다고 보고, 다양한 법적·사회적 기제를 동원해 노예제를 유지하려 했습니다. 이를 위해 남북전쟁까지 치렀죠.

20세기 초 진보세력의 연이은 집권과 세력 확대로 보수주의는 수세에 몰리며 크게 위축됐습니다. 여기에 1929년 주식시장의 폭락으로 시작된 대공황이 결정적인 역할을 했습니다. 후버의 보수주의 정부는 이 위기를 관리하지 못해 진보 성향의 루스벨트 정부가 등장할 기회를 제공했죠. 루스벨트는 국가의 강력한 경제 개입을 바탕으로 한 '뉴딜' 프로그램으로 미국 경제를 회복시켰고 동시에 진보 어젠다를 정책화했습니다. 현대의 진보적 정치 성향의 기틀을 마련한 중요한 계기였습니다.

보수주의는 1960년대나 되어서야 다시 꽃을 피울 수 있었습니다. 프랑스혁명에 대한 반대 움직임이 근대 보수주의의 기원이었던 것처럼, 미국의 보수주의도 인권신장 및 베트남전 참전 반대 운동 등으로 진보의 목소리가 정점을 찍으면서 재기했습니다. 보수의 재림을 알리는 상징적 사건은 바로 1964년 대선이었죠. 이 선거에서 케네디 암살 이후 대통령직을 수행하던 민주당 린든 존슨Lyndon Johnson이 압도적인 승리를 거두었지만 공화당 후보였던 골드워터Barry Goldwater는 그간 크게 위축되어 있던 보수주의자들의 목소리를 당당히 내면서 귀환을 예고했습니다. 그는 강력한 군사력을 바탕으로 한 공세적 반공주의를 주장했고 동시에 지속적으로 커져갔던 연방정부의 권력에 제동을 걸 것을 주문했습니다. 연방정부는 국방 등에서 기본적 역할만 하고 개인의 자유를 최대한 보장해야 한다면서요. 특히 경제 분야에 있어서 연방정부의 간섭을 강력히 반대했습니다. 사회가 발달함에 따라 수반된 정치적 변화를 지양하고 미국의 옛날 모습, 즉 연방정부가 작고, 간섭도 적을 수밖에 없었던 과거의 모습을 되찾자는 전형적 보수주의 주장이었습니다. 이를 시작으로 보수주의자들은 1970년대에 여론전에서 밀리지 않기 위해 헤리티지재단The Heritage Foundation 등 다양한 연구단체를 설립해 자신들의 아이디어를 공론화하는 데 총력을 기울였죠.

이렇게 기틀은 잡은 미국 보수주의는 1980년대에 레이건 대통령과 제리 폴웰Jerry Falwell 등 기독교 근본주의자들의 득세에 힘입어 또 한번 도약합니다. 특히 기독교 근본주의자들은 기존 보수주의에 종교적 색채를 더욱 강하게 입혔습니다. 이들은 기독교 가치를 미국의 전통적 가치라고 규정하고 이를 지키기 위해서는 정부에서 적극적으로 관여해야 한다고 주장했습니다. 낙태 규제가 대표적 예입니다. 대법원의 1973년 합헌 판정 이후 미국에서는 낙태가 합법적으로 이루어지고 있었죠. 하지만 보주주의자들은 낙태를 성경의 율법에 부합하지 않는 행위, 심지어는 살인이라고 보았습니다. 이들은 줄기차게 낙태를 불법화하거나 힘들게 만들기 위해 끈질기게 공세를 이어왔습니다.

보수주의 전통은 2000년대가 되어 긴 숨 고르기에 들어갔습니다. 보수주의의 화신으로 기대를 모았던 조지 부시 정부가 들어섰죠. 한편으로 부시 정부는 연방정부로 하여금 교회의 사회활동을 적극 지원하게 하여 보수진영을 흡족하게 했습니다. 종교와 정치의 분리라는 원칙을 위협하면서까지 교회를 지지했으니 그럴 만했죠. 하지만 부시 정부는 파키스탄 및 이라크 침공과 2008년 경제위기를 거치면서 연방정부의 덩치를 계속해서 불려나갔습니다. 각종 정부기관을 새로 만들고 이에 천문학적인 예산을 쏟아부었죠. 국가경제에서 차지하는 정부의 비중도 점점 더 커질 수밖에 없었습니다. 연방정부의 축소를 바라는 보수진영은 크게 실망했죠. 게다가 이들이 오랫동안 원했던 사회적 이슈, 즉 낙태 규제 등에서는 아무런 진전도 없었습니다.

결정적으로 오바마가 흑인 최초로 대통령에 당선되면서 보수주의자의 실망은 폭발하고 말았습니다. 이러한 실망은 티파티운동Tea Party Movement으로 이어졌고, 소위 티파티 의원들이 하원에 대거 진출하면서 이들의 목소리는 더더욱 커졌습니다. 이들은 낙태뿐 아니라 성소수자 인권을 위한 정책을 두고 번번이 연방정부와 충돌했습니다. 2016년 북캐롤라이나주정부와 연방정부의 정면충돌이 그 좋은 예죠. 그해 3월 북캐롤라이나 주가 성전환자의 화장실 사용을 성전환 이전의, 자연적 성에 따를 것을 강제하는 법을 통과시켰습니다. 전통적 개념의 남녀 구별을 중시하는 보수주의적 판단에 따른 것이었죠. 이는 성전환자의 인권을 침해하는 조치라는 비판이 미국 전역에서 터져나왔습니다. 연방정부는 주정부를 고소했고 연방정부의 재정지원을 끊겠다는 위협도 마다하지 않았습니다. 주정부는 이를 지나친 간섭이라며 연방정부를 고소하면서 양측의 법적·정치적 투쟁이 뜨거웠습니다.[180]

지구온난화 문제도 정치 성향에 따라 시각이 크게 달라지는 주제입니다. 캘리포니아의 가뭄, 격해지는 허리케인, 잦아지는 토네이도 등 과학자들이 예측했던 온난화의 징후가 뚜렷한 미국에서 이상할 정도로 온난화 자체에 대한 회의적인 시각이 강합니다. 2015년 초에 발표된 여론조사를 보면[181] 미국인들의 44%가 지구온난화를 "아주 심각한" 일로 받아들이고 있습니다. 이 수치가 낮은 점도 흥미롭지만 이것이 정치적 성향에 따라 나뉘는 점 또한 놀랍습니다. 민주당 지지자들은 60%가 아주 심각하게 보고 있는 반면 공화당 지지자 중에서는 오직 21%만이 그렇게 보고 있죠. 지구온난화에 아무런 대응을 하지 않으면 얼마나 심각한 일이 벌어질 것 같냐는 질문에 미국인의 57%가 "아주 심각한" 일이 벌어질 것이라고 했습니다. 민주당 지지자 가운데서는 76%가, 공화당 지지자 가운데서는 26%만이 이와 같은 대답을 했죠. 미국인 전체의 30%(민주당 지지자 16%, 공화당 지지자 47%)는 온난화에 기여하는 물질을 줄이는 등의 대응을 하면 경제에 악영향을 미칠 것이라고 봤습니다. 그 대응에 있어서도 연방정부의 적극적 개입에 반대한 비율은 응답자의 19%였는데, 이 가운데 민주당 지지자는 6%였고 공화당 지지자는 37%였습니다.

지구온난화에 대한 이 정도의 회의적 시각은 전세계에서도 보기 드문데, 이는 정치적·경제적 이해를 바탕으로 하고 있습니다. 석탄 회사들을 비롯한 에너지업계는 '과학자들 사이에서 아직 합의된 것이 없다'고 말하며 지구온난화의 심각성과 그 문제의식을 희석하려고 합니다. '인간이 만든 온난화'라는 과학계의 합의에 도전하는 극소수 과학자들에게 연구비를 지원하며 아직도 논란이 유효하다는 듯한 인상을 만드는 것이죠. 아메리칸 엔터프라이즈 연구소American Enterprise Institute 나 카토 연구소Cato Institue 등 보수 연구단체들 또한 회의적 사회 담론을 생성하고 유지하기 위해 발빠르게 움직였고 이러한 소위 '전문지식'은 보수 매체를 타고 넓게 퍼졌습니다.[182] 이들의 노력은 트럼프 정부에서 열매를 맺었습니다. 트럼프는 에너지업계와 친밀한 관계에 있던 인사를 환경보호청 수장에 임명하면서 충격을 줬습니다. 스캇 프루이트Scott Pruitt 는 오클라호마 연방검사 시절부터 환경보호청을 고소하는 등 에너지업계의 이익을 충실히 대변해왔죠. 이런 과거 덕에 환경보호청 내에서도 지명에 공개적으로 반대하는, 전례 없던 일이 일어났습니다. 청장 임명 이후 환경 규제를 약화하는 데 앞장서며 물의를 일으켰음은 물론입니다. 더 나아가 트럼프 정부는 파리기후협약에서 탈퇴하며 전세계에 충격을 줬죠.

이런 뒤틀린 시각이 정작 보수층에 치명적일 수 있다는 웃을 수 없다는 코미디입니다. 점점 더 거칠어지는 허리케인, 가뭄, 토네이도 등은 중부의 농가들, 즉 기후변화가 당장 생계에 영향을 미치는 이들에게 더 큰 타격을 줄 수밖에 없습니다. 이 지역은 공화당에 대한 지지가 굳건한 곳이죠. 연방정부의 강력한 대책을 요구해야 할 이들이 지구온난화 자체를 부정하고 있고 있는 것입니다. 오바마케어에 반대하는 남부가 의료서비스 낙후 지역인 것 또한 마찬가지입니다. 의료보험이 가장 절실한 이들이 개혁을 추진하는 정부를 비난하고 있는 현실이죠. 정치 이데올로기가 얼마나 무서울 수 있는가를 보여주는 사례입니다.

오바마 정부의 의료체계 개혁

위에서 보수주의에 의해 뒤틀리고 있는 사례로서 언급한 것 가운데, 굉장히 중요한 쟁점인 미국의 의료씨스템에 관해 짚어보겠습니다. 다소 복잡하고 장황한 이야기가 될 수도 있지만 한국 내 의료 민영화 주장이 심화되어가는 상황을 고려해서라도 곱씹어볼 만합니다.

미국은 의료비가 비싸도 너무 비쌉니다. 한국에서는 2만원 안팎이면 되는 치아 스케일링이 100달러도 넘죠. 치과뿐 아니라 어느 병원이라도 갈 때마다 그 비싼 진료비에 깜짝 놀랍니다. 실제로 한 조사에 따르면 2008년 미국인들은 평균 7,000달러를 의료비로 썼습니다. 세계 최고 수준이죠. 영국이나 일본의 경우 3,000달러 정도이고 한국은 약 1,500달러를 지출했습니다.[183] 이것은 말 그대로 평균이고 심각한 치료라면 이야기는 또 달라집니다. 환자가 부담해야 하는 의료비는 신경계(3만 4,167달러) 치료가 가장 액수가 크고, 그 뒤를 당뇨(2만 6,971달러), 부상(2만 5,096달러), 심장마비(2만 3,380달러), 정신질환(2만 3,178달러)이 이었습니다.[184] 좀 심각하다 싶어서 병원에 가면 2만~3만달러는 우습게 쓰게 되는 것이 미국입니다. 한국 돈으로 치면 2,000~3,000만원이니 보통 일이 아니죠. 나라 전체로 보면 2012년의 경우 2.8조달러, 즉 미국정부의 예산과 비슷한 액수가 의료비로 나갔습니다.

이런 살인적 의료비 때문에 치료를 미루는 경우가 허다합니다. 보통 미국 사람들도 허덕이는 상황이니 이민자 등 사회적 약자의 경우 그 고생은 말할 것도 없죠. 미국 중부의 한 종합병원에서 통역을 할 때 만났던 환자도 그런 경우였습니다. 50대 후반 남성이었는데 한눈에 봐도 병색이 완연했습니다. 깜짝 놀랄 정도였죠. 의료비 때문에 오래 앓아온 당뇨를 관리하지 못한 탓이었습니다. 늦게나마 병원을 찾은 것도 한인 사회의 재정지원을 받아서 가능했다고 합니다. 안타깝지만 이렇게 빈곤이 건강 악화로 이어지는 일은 굉장히 흔합니다.

가뜩이나 비싼 의료비가 가파른 상승세에 있는 것은 더 심각한 문제입니다. 의료비 상승률이 물가 상승률을 앞서니[185] 가계에서 부담하는 의료비 부담은 점점 더 커질 수밖에 없죠. 미국 전체로 보아도 사정은 비슷합니다. 1960년만 해도 미국경제(GDP)에서 차지하는 의료비 비율은 5%에 머물렀지만 1980년대가 되면서 10%로, 2010년이 넘어가면서 18%까지 증가했죠. 2010년부터 2014년 사이 평균 의료비 지출 비율을 보면 미국은 17%로, 캐나다와 독일의 11%, 영국의 9%, 한국의 7%보다 한참 높습니다.[186]

미국이 의료비에 이렇게 많은 돈을 쏟아붓고 있는 데는 여러가지 이유가 있지만 가장 중요한 요인은 시장중심적 의료제도입니다. 병원과 환자를 잇는 보험회사들이 사기업이다 보니 이윤을 극대화하려 하죠. 이들은 보는 환자 수에 따라 의사에게 돈을 지불합니다. 의사 입장에서는 빨리빨리 진료를 해 한명이라도 환자를 더 보는 것이 유리한 것이죠. 또한 한번 진료를 할 때마다 가능하면 이익을 많이 남기려 하고요. 이러한 시스템은 고가의, 그것도 필요 이상의 테스트와 약 처방으로 이어졌습니다. 자연히 의료비는 늘고 환자의 부담은 무거워졌죠. 다른 한편으로 의료계 시장화는 독과점을 심화시켜 자그마한 동네 의료원들이 속속 문을 닫았죠. 독과점적 지위의 대형 병원들의 횡포와 이에 따른 의료비 증가 역시 미국 의료비 지출 확대의 중요한 요인이라는 데에 큰 이견이 없습니다.[187]

안 그래도 비싼 치료비가 가파르게 상승하고 있는데 환자들을 도와줄 제도적 장치가 부족하니 큰 문제였죠. 비싼 의료비 부담을 덜기 위해 의료보험제도가 절실한 상황이었지만 오바마케어 이전의 미국 의료보험은 이런 사명을 하기에 턱없이 부족했습니다.

우선 의료보험이 많은 경우 직장과 연관된다는 구조적 문제가 있습니다. 미국에서는 직장을 구하면 회사가 지정하는 의료보험 가운데 하나를 택해서 드는 것이 보통입니다. 회사에서 회사원들의 보험료 가운데 상당 부분을 보조해주는 식이죠. 연방정부 공무원들의 예를 보면 정부가 보험료의 70% 정도를 내줍니다. 예를 들어 워싱턴 D.C.에서 카이저라는 보험회사의 일반 가족 보험Kaiser standard family plan을 들면 한달 보험료가 825.15달러인데 본인은 206.29달러만 부담합니다.[188]

얼핏 보면 아무 문제가 없어 보이지만 이런 직장 의료보험 위주 정책은 많은 부작용을 가져왔습니다. 사회적으로 의료비에 대해 둔감해진 것도 그중 하나죠. 의료비가 올라가지만 많은 부분 회사가 부담하니 개개인이 느끼는 의료비 인상 폭은 훨씬 작습니다. 고용

주도 파는 물건이나 서비스의 가격을 올려 부담을 소비자에게 떠넘깁니다. 사정이 이러니 의료비 인상에 대한 저항이 적을 수밖에 없죠.[189] 의료비용이 오르는 주요 이유 중 하나입니다. 또다른 문제는 이러한 보험이 임시적이라는 것입니다. 직장과 연동되어 있으니 직장을 잃으면 의료보험도 잃게 되죠. 실업자나 임시직, 또는 영세업에 종사하는 사회적 약자들은 보험의 혜택을 받을 수 없습니다. 빈곤과 건강 악화가 서로 맞물리게 되는 것은 당연한 수순입니다. 더욱 기가 막히는 것은 건강이 안 좋은 사람들은 의료보험을 들기가 힘든 사정입니다.

보험이 없거나, 보험이 있더라도 별 도움이 안 되는 미국 성인의 수는 2010년 8,000만명이 넘었습니다. 이는 성인 인구의 거의 절반(44%)에 이르는 수죠. 게다가 이 수치는 꾸준히 상승해왔습니다 (2003년 6,100만명, 2007년 7,500만명).[190] 개인 파산에 이르는 사람의 절대 다수(2007년 67%)[191]가 바로 의료비를 부담하지 못해서였습니다. 소수 민족들의 사정은 더욱 심각합니다. 특히 한인, 중국인, 멕시코인, 에티오피아인 등 갓 이민 온 이주자들을 보면 대부분 소규모 기업에서 노동을 하거나 안정이 되어도 자영업을 하는 경우가 많습니다. 한푼이라도 아껴야 할 판이니 한가하게(?) 보험에 돈을 쓰기 어렵죠. 시간이 지나 여유가 생겨 병원에 가면 병이 이미 돌이킬 수 없는 지경이 되는 일이 흔합니다. 매년 4만 5,000명의 죽음이 이런 식으로 보험이 없어 초래된다는 조사도 있습니다.[192]

보험이 없어서도 문제지만 미국 보험 그 자체도 문제덩어리입니다. 일단 그 체계가 상당히 복잡합니다. 병원에 가면 환자는 의

2010년 3월 23일 「환자보호 및 부담적정보험법」에 서명하는 오바마 대통령.

사들에게 약간의 돈을 내고, 병원 측에서 환자의 보험회사에 '우리가 해당 환자의 치료를 위해 이러저러한 것을 했다, 그러니 얼마를 달라'고 청구합니다. 그러면 보험회사에서는 '이러저러 해서 이건 주고 저건 못 주겠다'라고 공방을 벌이죠. 약과 진료 내역에 따라 청구하는 의료비와 보험회사가 부담하는 돈이 각기 다르고, 이 액수는 지역과 회사에 따라 또 달라집니다. 그러니 이러한 의료 행정이 병원의 주요 업무가 되어버렸고, 약 30%의 의료비가 행정에 쓰이는 실정입니다.[193] 이는 고스란히 소비자의 부담으로 전가되죠. 환자들이 보험회사를 직접 상대하는 경우는 최악입니다. 보험회사는 환자들에게 가능한 많은 부담을 지우려고 하죠, 지식이나 경험이 모자란 환자 측은 복잡함과 시간 앞에서 쉽게 항복합니다.[194] 이래저래 환자들만 죽어나는 것입니다.

이런 사정을 개선하기 위한 획기적인 개혁안이 오바마정부에서 나왔습니다. 개혁의 큰 틀은 세가지입니다. 첫째는 개인들로 하여금 의무적으로 의료보험에 들게 하는 것입니다. 자동차를 사면 보험에 들어야 하는 것과 비슷합니다. 나머지 두가지는 '메디케이드'의 확대와 '익스체인지' Healthcare Exchange 설치입니다. 메디케이드는 기존에 있던 사회보장 프로그램으로, 빈민에게 제공되는 싼 의료 혜택입니다. 이 프로그램을 크게 확장해 일정 기준(빈민층 소득의 133%까지)의 소득을 버는 사람이라면 누구나 정부지원을 받도록 했습니다. 익스체인지는 개인 및 기업체가 여러 보험업체들을 비교할 수 있도록 만든 시스템입니다. 수많은 보험회사가 존재하는 데다 각각의 보험수가, 정책 등이 너무 달라서 일일이 알아보는 것이 소비자들에게는 보통 일이 아니었죠. 그러니 보험회사들은 마음 놓고 소비자들에게 불리하고 불편한 방향으로 비싼 보험을 팔 수 있습니다. 익스체인지는 소비자들의 약점을 보완하는 씨스템인 것이죠. 또한 보험회사들이 병력이 있는 사람들은 보험을 들기 어렵게 만들거나 아주 비싼 보험료를 물리는 부당행위도 금지했습니다.

미국 전체가 흥분에 떨 법도 했지만 사실 반응은 시큰둥했습니다. 한국처럼 일방적으로 중앙에서 밀어붙일 수 없는 미국의 제도가 발목을 잡았죠. 오바마 정부의 의료법 개혁은 주정부 동의를 단서로 했기 때문에 주정부가 개혁을 거절하면 그 주에는 개혁의 혜택, 즉 연방정부의 재정지원이 돌아가지 않습니다. 사실

주정부에서 이를 거절할 이유는 특별히 없었습니다. 지역민들이 더 많은 의료 혜택을 보게 될 뿐 아니라 그 재정 부담 또한 연방정부가 대부분 감당하니까요. 의료보험 확충 후 처음 3년은 연방정부에서 전체 비용을 부담하고 이후에도 주정부가 부담해야 할 비용이 전체의 10%를 넘지 않도록 했습니다.

남부 최대 주인 텍사스를 예로 들어보겠습니다. 한 조사에 따르면, 텍사스의 경우 개혁에 동참할 경우 앞으로 10년 동안 주정부가 160억달러를 부담하리라 예상되었습니다.[195] 그러면 텍사스는 10년 동안 연방정부로부터 약 1,000억달러를 보조받을 수 있었죠. 텍사스 주정부로서는 정말 매력적인 개혁안일 수밖에 없었죠. 텍사스는 이러한 의료보험 개혁이 가장 다급하게 필요한 주였기 때문입니다. 텍사스는 전체 가운데 보험이 없는 주민 비율이 24%에 달합니다. 미국에서 가장 심각한 수준이죠. 560만명이 보험이 없거나 있더라도 모자란 상태입니다. 텍사스는 연방정부의 개혁에 참여함으로써 의료보험이 없는 사람의 수를 12%로 감소시킬 수 있고 290만명을 구제할 수 있었습니다.[196] 그런데 텍사스는 이런 연방정부의 개혁안을 딱 걷어차버렸습니다.

오바마케어의 역설: 텍사스의 저항[197]

연방정부의 도움이 가장 절실한 텍사스가 정작 그 개혁을 마다한 것은 어이없는 일이었죠. 이유는 물론 정치적인 것이었습니다.

2008년 오바마가 대통령으로 취임하며 의료보험 개혁 논의를 시작하자마자 공화당을 중심으로 한 보수세력은 이를 어떻게든 막고자 했죠. 이들은 이 개혁안을 오바마케어라고 부르며 조롱했고, 줄기차게 반대했습니다. 게다가 의료개혁안이 통과되고 한창 실행되던 2012년은 대통령 선거가 있던 해였습니다. 오바마의 재선이 걸린 상황에서 공화당은 표를 모으기 위해 오바마를 깎아내리며 의료개혁을 공격했습니다.

당시 텍사스 주지사 릭 페리^{Rick Perry}가 오바마의 개혁안을 거부한 데에는 이러한 정치 상황이 작용했습니다. 릭 페리가 주지사 선거에서 세번이나 승리를 할 수 있었던 데에는 텍사스의 보수주의적 성향을 잘 요리한 게 주효했습니다. 페리도 정치 초년 시절에는 중도적 성향이었고 이를 오래 유지했죠.[198] 하지만 주지사 재선을 준비하던 2006년 텍사스 정치 지형이 급변했습니다. 경제 악화 등으로 유권자들이 빠르게 보수화되었죠. 게다가 공화당 후보자를 정하는 예비선거에서 페리는 자신보다 더 보수적인 주자들과 맞닥뜨렸습니다. 예비선거 승리에 결정적인 보수층 지지를 되찾기 위해 그는 강경 보수파가 되어야 했습니다. 페리는 복음을 강조하는 보수적 목사들을 규합하고 이들이 요구하던 반^反동성애 운동의 선봉에 섰습니다. 보수 기독교 운동가들이 그토록 바라던 동성 간 결혼을 금지하는 법안을 앞장서서 통과시켰죠. 곧바로 보수의 아이콘으로 등극했습니다. 재선 성공은 물론이고 중앙 정치무대에서도 주목을 받기 시작했습니다. 2009년에는 경제위기 극복을 도우려는 연방정부의 경제개발 기금을 중앙의 간섭이라고 비난하면서 거부했습니다. 그럴수록 그의 위상은 높아졌고 마침내 공화당 대선 예비주자로 전국무대에 등장했습니다. 당내 경선 초기에 보수 패러다임 덕에 선두주자로 오르기까지 했지만 곧 얄팍한 밑천이 드러나 경선에서 물러나야 했죠.

정치적으로 타격을 입은 페리로서 계속되는 의료개혁 논쟁은 더 바랄 것 없는 잔치판이었습니다. 보수와 진보 진영을 선명하게 가르던 주제인만큼 자신이 뛰어들 여지가 많았죠. 보수성을 선명하게 보여줌으로써 공화당 예비선거에서 받은 정치적 상처를 덮으려 했습니다.[199] 오바마케어를 거부하며 페리는 온갖 이유를 댔습니다. '중앙정부의 간섭은 미국적이지 않다, 우리가 다 알아서 한다, 우리는 자랑스러운 텍사스인이다…'

페리가 대변했던 보수진영의 반감은 정치 이데올로기적인 것이었습니다. 오바마케어는 부를 재분배하는 성격을 강하게 띠고 있습니다. 대표적으로 정부개혁안은 25만달러 이상 고소득 가계의 금융투자 소득에 3.8% 추가 세금을 부과하여 이를 재원으로 충당한다고 명시하고 있습니다.[200] 부자들 돈으로 정부의 메디케이드를 확대하고 익스체인지를 만들어 돈이 모자란 이들의 의료부담을 덜어준다는 구상이죠.[201] 이는 시장 원리를 중시하고 정부가 시장 개입을 최소화해야 한다는 보수주의 원칙과 정면으로 부딪칩니다. 가장 투명하고 효율적인 기제는 시장이라고 믿는 이들은 비싼 의료비 문제 해결을 위해 정부의 간섭 대신 시장의 확대가 필요하다고 주장합니다. 그러면 의료 기관들이 경쟁하게 되고 소비자들은 더욱 싸고 질 좋은 서비스를 이용할 수 있다고 믿는 것이죠.

이 싸움에 뛰어든 것은 페리만이 아니었습니다. 보수층 전부가 들고일어났다고 하는 것이 맞죠. 개혁법안인 「환자보호 및 부담적정 보험법」The Patient Protection and Affordable Care Act 은 갖가지 우여곡절 끝에 2010년 초 겨우 통과되었지만 보수주의자들은 오히려 싸움은 이제부터라는 듯 공세를 이어갔습니다. 공화당 출신의 주 검사들은 줄줄이 이 법의 합헌성을 주의 대법원으로 끌고가서 따졌죠. 이들의 끈질긴 반대로 이 법안은 결국 연방대법원에 가고 말았습니다.[202] 다른 한편에서는 법의 구체적 규정에 대한 저항도 이어졌습니다. 직장보험에서 여성의 임신중절 수술, 피임 시술, 약품 등을 보조해주도록 강제했는데 이것이 성경에 위배된다며 업주들이 소송을 냈죠. 이런 소송이 무려 100건을 넘었습니다.[203] 하원에서는 오바마의 의료개혁안을 종식하거나, 최소한 약화시키기 위한 법안이 계속해서 통과되었습니다. 상원에서는 민주당이 다수를 점하고 있기 때문에 하원의 법안이 실제 법률로 제정될 가능성은 없다는 점을 다들 알고 있었죠. 더욱이 법제화를 위해서는 오바마 대통령의 사인이 필요하니 가능성은 전무했습니다. 하지만 공화당 하원의원들은 이런 법안을 2010년부터 2014년까지 약 60번이나 통과시키거나 투표에 부쳤습니다.[204] 이런 공세는 오바마를 정치적으로 약화시켰고 공화당 유권자들의 지지를 이끌어냈습니다. 그 결과 2014년 중간선거에서 공화당은 압승을 거두었죠. 2016년 대선에서도 오바마케어는 단골 메뉴였습니다. 기회가 있을 때마다 오바마케어를 '끝내고 대체하겠다'Repeal & Replace며 목청을 높였죠. 이는 보수층을 결집시키는 데 효과적이었고 결국 트럼트가 대선에서 이겼을 뿐 아니라 공화당이 상원까지 다수를 차지하면서 백악관과 양원 의회를 모두 손아귀에 넣었습니다. 공화당 지지자의 상당수가 오바마케어의 혜택을 받았음에도 불구하고 이런 결과가 나온 것은 역설적이라고 하지 않을 수가 없죠.

오바마케어의 역설은 여기서 그치지 않습니다. 2017년 공화당 시대를 열면서 이들은 흥분을 감추지 못했습니다. 보수 지도자들이 모인 워싱턴 D.C. 행사에 참석한 트럼프는 당장 오바마케어를 끝장내겠다고 선언했고, 의회도 바로 맞장구를 쳤습니다. 첫번째 의제로 밀어붙였죠. 오바마케어의 운명은 뻔해 보였습니다. 하지만 일은 생각보다 쉽지 않았습니다. 오바마케어를 끝장내자는 데에는 모두들 동의했지만 어떤 것으로 대체할지에서는 의견이 갈렸죠. 우선 오바마케어의 인기 있는 항목은 그대로 두자는 의견이 많았습니다. 26세까지 자녀들이 부모의 의료보험에 피부양자로 올라가 혜택을 받을 수 있었던 것이나 이전의 건강상 문제를 들어 의료보험을 거부하는 것을 금지하는 조항 등은 좌우를 가리지 않고 인기가 있었기에 감히 건드릴 수 없었죠. 또 한쪽에서는 의료보험을 들지 않으면 세금으로 벌금을 내게 하는 오바마케어의 강제조항을 제거하는 대신 의료보험 가입을 지원하자는 의견도 나왔습니다.

가장 큰 논란은 메디케이드를 둘러싼 것이었습니다. 이미 크게 확장된 메디케이드를 줄여야 한다는 의견이 강했지만 그게 말처럼 쉽지 않았습니다. 이미 많은 이들이 혜택을 보기 시작했는데 이를 빼앗아야 하니까요. 많은 의원들이 정치적 부담을 느낄 수밖에 없었습니다. 공화당 내의 의견이 이렇게 갈리면서 오바마케어에 대한 대처안은 이도 저도 아닌 꼴이 됐고 당내 좌우에서 분노의 목소리가 터져나왔습니다. 특히 프리덤 코커스^{Freedom Caucus}로 불리는 극우파는 공화당 안이 공화당판 오바마케어라며 맹비난을 퍼부었습니다. 당장 하원의원인 폴 라이언^{Paul Ryan}과 백악관이 난리가 났죠. 특히 트럼프 대통령은 공개적인 협박을 서슴지 않았습니다. '법안을 처리하지 않으면 국가를 배신하는 것이다' '망신을 주겠다'라는 등 폭언을 연이어 해댔죠. 하지만 30여명쯤 되는 이 공화당 의원들은 꿈쩍도 하지 않았습니다. 이들의 도움 없이는 과반을 얻을 수 없었으니 표결을 늦추기까지 하며 설득했지만, 라이언 의장은 표결에 부치지도 못한 채 포기해야 했습니다. 패배를 모르던 트럼프는 낭패를 겪었고요.

* * *

한국의 보수주의는 반북·경제성장·친미라는 가치를 가슴에 새기고 해방 직후부터 그 정치적 전통을 이어왔습니다. 그 전통을 이어온 데에는 많은 이들의 지지가 필수적이었죠. 동시에 선동과 선전도 필수 요소였습니다. 정부의 권력이 그 뒤에 있었고 이를 통한 정치적·금전적 도움이 오늘날까지 이어지고 있습니다. 여기에 자본가들도 공권력도 필사적인 선전전을 펼치고 있고요. 흥망

성쇠를 거듭하는 진보정당과는 달리 꾸준히 권력을 보전하는 보수당의 저력은 이런 정치 이데올로기의 안정적 공급과 무관할 수 없죠. 이들은 또한 보수적 유권자를 만들어내는 등, '보수의 선순환'이 계속 이루어지고 있습니다.

미국의 보수주의는 개인의 자유에 그 방점을 찍고 있다는 점에서 한국 보수주의와 크게 다릅니다. 국가주의적 성격마저 띠는 한국 보수주의와는 반대라고 볼 수도 있죠. 하지만 자본세력의 지지를 받고, 이들의 노력에 의해 영향력을 유지한다는 면에서는 비슷합니다. 두 나라 모두, 보수주의는 불행하게도 나라의 미래를 어둡게 하는 결과를 가져오기도 했죠. 과거의 가치를 고집스럽게 움켜쥐고 있는 보수주의의 특성에서 나온 안타까운 현실이라 하겠습니다.

3부

이데올로기는
어떻게 유지되나?

8장

대중매체: 르완다 학살과 이라크전쟁

5월 9일은 나치 독일이 항복한 날입니다. 전쟁으로 초토화되었던 유럽에서는 전승일로 기념하는 아주 중요한 날이죠. 당시 소련은 전쟁으로 가장 큰 피해를 입었습니다. 1941년 독일의 소련 침공은 정말 잔인했습니다. 레닌그라드 등 주요 도시를 봉쇄한 채 약 400만 시민이 병과 굶주림으로 죽어가도록 내버려두었죠. 전쟁 기간 전체를 보면 2,600만 소련 시민이 목숨을 잃었습니다. 러시아인으로서는 뼈아픈 기억일 수밖에요. 그런 만큼 전승일은 러시아에서 중요한 '애국' 행사입니다. 나치를 격퇴한 과거를 축하하며 러시아 깃발 아래 국민을 하나로 묶을 절호의 기회이니 당연히 성대한 행사가 빠질 수 없죠. 각국 정상들이 참여한 가운데 수도 모스크바에서 러시아 군대의 열병식이 화려하게 열립니다. 이를 구경하기 위해 러시아 각지뿐 아니라 이웃 나라에서도 사람들이 모여듭니다. 시민들은 옛 소련 깃발, 애국의 마음을 담은 피켓 등을 들고 거리를 메웁니다. 말그대로 나라 사랑의 물결이 넘치죠. 러시아 정권이 원했던 그대로 말입니다. 반파쇼 및 애국 사상은 러시아 정치의 중요한 이데올로기입니다. 특히 갈수록 고립되고 나라 안팎으로 사정이 안 좋게 돌아가는 요즘, 푸틴 대통령에게는 더더욱 절실하죠.

러시아의 웅장하고 화려한 열병식은 정치 이데올로기를 매개하는 전통적 방식입니다. 국가의 강대함을 대중에게 보여줌으로써 위대한 나라와 이를 관리하는 대통령을 하나로 인식하도록 하는 것이죠. 박정희의 남한도, 김정은의 북한도 애용한 방식입니다. 지도자에 대한 불평이나 나라에 대한 불만은 이 공간에서 자리를 찾기 힘들어집니다.

효과적이라고 해서 열병식을 매일 할 수는 없는 노릇이죠. 권력의 요란하고 엄숙한 행사는 어쩌다 한번 열리지만 그 사이에 정치 이데올로기 공세가 쉬는 법은 절대로 없습니다. 우리는 일상적으로 수많은 매체와 마주하고 이를 이용합니다. 그리고 이 매체들은 항시적으로 특정한 정치 이데올로기를 토해내고 있죠. 마치 밤새 켜놓은 좋은 가습기처럼 이들은 조용하고 은밀하게 속삭입니다. 하도 조용해 애써 찾지 않으면 어떤 매체가 어떤 정치 이데올로기를 퍼뜨리는지 모르고 넘어가기 쉽습니다. 9장에서는 대중매체(매스미디어)를 중심으로, 정치 이데올로기라는 연장이 어떻게 쓰이는지 짚어보겠습니다.

1994년 르완다 학살[205]

친숙하게 우리를 감싸고 있는 대중매체는 위안이 되기도 하고 잔잔한 재미를 주기도 합니다. 동시에 사회나 정권을 유지하는 정치 이데올로기를 알게 모르게 퍼뜨리는 역할도 하죠. 이 대목에서 북한을 떠올릴 수도 있겠지만 북한만 그런 것은 아닙니다. 한국도, 미국도 그런 면을 찾아볼 수 있죠. 사실 대중매체의 이런 역할을 꼭 부정적으로 볼 것은 아닙니다. 사회와 체제의 안정이란 소중하니까요. 단 우리가 경계하지 않으면 비극적인 일이 일어날 수 있습니다. 정치 이데올로기가 대중매체를 타고 어떻게 퍼지고 어떤 결과가 일어날 수 있는지를 알아보기 위해 아프리카 대륙 한가운데로 가보겠습니다.

1994년 중부 아프리카의 작은 나라 르완다에서는 끔찍한 일이 일어났습니다. 다수 민족인 후투와 소수 민족인 투치 간의 살육이 벌어졌죠. 사실 이들 간의 다툼은 아주 오랜 역사를 지녔습니다. 이 지역은 맨 처음에는 독일 그리고 이후에는 벨기에의 식민지였습니다. 벨기에인들은 유목 전통이 강하고 키가 좀더 큰, 그래서 백인과 조금 더 가까워 보였던 투치를 선호했습니다. 투치를 통해 식민지 운영을 하였기 때문에 투치−후투의 갈등은 깊어졌죠. 1962년 독립으로 다수인 후투가 주도하는 공화국이 세워졌고, 양측의 갈등은 더욱 심각해졌습니다. 보복을 두려워했던 투치 주민은 부룬디 능 이웃나라로 피란을 가기도 하고 르완다에 남아 있는 투치들도 불안에 떨었습니다. 정치 대립은 1990년 양측의 내전으로 이어졌죠. 1993년 아루샤 평화협정으로 휴전이 찾아왔지만 휴전이었을 뿐 긴장이 완전히 종식되지 않았습니다. 북쪽에서는 투치 반군이 기회만 보고 있었고 후투 과격단체 역시 젊은이들을 무장시키며 결전을 준비하고 있었죠. 간헐적으로 살육사건이 벌어지던 끝에, 1994년 결국 일이 터지고 말았습니다. 4월 6일 후투계 하브자리마나Juvénal Habyarimana 대통령이 탄 비행기가 격추된 것입니다. 후투 정권은 투치 반군을 배후로 지목하고 대대적인 보복에 나섰죠. 바로 르완다 학살로 알려진 비극의 시작이었습니다.

세상에 끔찍하지 않은 학살은 없지만 르완다 학살은 여러면에서 특별했습니다. 일단 학살 규모가 상상을 초월했죠. 4월 초에서 7월까지 약 4개월간 벌어진 학살로 인구의 2할인 100만명이 목숨을 잃은 것으로 추정됩니다. 후투 무장세력들은 길목마다 검문소를 설치하고 신분증을 요구했습니다. 신분증이 없거나 투치라는 것이 밝혀지면 바로 그 자리에서 커다란 칼로 내리쳤죠. 차를 몰고 다니며 투치 시민을 찾아 살해하기도 했습니다. 시체는 길거리와 골목에 아무렇게나 방치됐고 어디서나 죽음의 냄새가 진동했습니다. 이 학살에 참여한 살인자들 가운데는 각종 무장세력도 있었지만 한편으로는 평범한 후투 남자들도 대거 거들어, 알고 지내던 사람들을 투치라는 이유만으로 죽이는 지경에 이르렀습니다.

또 하나 이 학살을 특별히 잔혹하게 만든 것은 국제사회의 반응이었습니다. 르완다 내전의 휴전을 감독하고 있던 UN은 학살을 예견하고 있었죠. 평화유지군을 지휘하고 있던 캐나다 출신 달레어Romeo Dallaire 장군은 후투 과격단체가 공격을 준비하고 있다는 정보를 입수하고 국제연맹에 보고했지만 무시되었습니다. 게다가 학살이 시작되자 UN은 평화유지군에 대응하지 말라는 지시를 내려 사실상 학살을 방조했죠. 이런 와중에 서방 국가들은 군대를 보내 자국민만 구출하고 지역 주민들이 학살되는 것은 구경만 했습니다. 전세계가 학살을 거의 생중계로 지켜보면서 아무것도 안 한 것입니다.

민족주의의 충돌[206]

르완다 대학살의 배경에는 투치와 후투 두 부족의 뜨거운 민족주의 열망이 있었습니다. 다수인 후투는 자신들을 이 땅의 주인으로 보았고 수백년 전 이 땅에 이주해온 투치족을 이방인이자 침략자로 여겼습니다. 키도 크고 옅은 피부색을 지닌 투치는 목축을 기반으로 경제적으로도 앞서갔고 정치적 주도권도 가져갔습니다. 서구의 식민통치자들은 현지 세력의 도움을 필요로 했기 때문에 투치를 이용했죠. 처음에는 독일, 이후에는 벨기에의 사주를 받은 투치들은 전투를 벌여 후투 부족을 하나하나 무너뜨리며 투치와 서구의 세력을 확장해갔습니다. 이렇게 변화해간 정치적 현실은 이들의 정체성 변화로 이어졌죠. 투치 세력하의 학교교육은 투치의 우월함을 강조했고 투치로서의 정체성과 자긍심이 커지는 만큼 후투 역시 자신들의 정체성을 굳히며 반감을 키워갔습니다. 그도 그럴 것이 벨기에의 식민지배는 후투에게는 벨기에―투치로 이어지는 이중적 식민 경험이었죠. 일제하 한반도에서처럼 후투사이에서는 자주적·독점적 정치권력에 대한 열망이 커갔고 후투농민은 경제 정의를 요구했습니다. 이는 곧 후투 민족주의 성장으로 이어졌습니다. 커가는 후투 민족주의는 투치들을 자극했고투치 민족주의도 맞서 성장했죠.

양측의 충돌은 독립 전부터 끊이지 않았습니다.[207] 그런 와중에 벨기에의 식민통치가 갑자기 끝나면서 대립은 더욱 격해졌죠. 수적으로 우세한 후투가 정권을 잡았고 이들은 나라의 통합보다 후투의 이익을 도모하기에 바빴습니다. 정치적 갈등은 잦은 무력충돌로 이어졌고요. 1963년 투치 반군이 수도 키갈리를 점령할 뻔하자 정부는 남아 있던 투치를 숙청하고 투치 시민들에 대한 폭행을 방조했습니다. 1972년에는 투치족 지역에서 폭동이 일어나후투 시민들이 목숨을 잃었죠. 1973년에 들어선 하브자리마나 정권은 간신히 안정을 찾았습니다. 1989년까지는 비교적 긴장이 잦아들었죠.

후투 민족주의의 부활과 라디오

하브자리마나 정권하에서 간신히 잠잠해졌던 후투 민족주의는 1990년 내전이 시작되면서 부활했습니다. 후투 주도 정권은 곧

바로 대중을 상대로 투치의 위협을 광고하기 시작했죠. 민족주의를 일깨우기 위해 정권은 라디오를 이용했습니다. 생각해보면 대중매체로서 라디오는 기가 막힌 물건입니다. 일단 가격이 저렴하죠. 만원 미만 제품도 흔합니다. 충전도 필요없습니다. 조그만 건전지 하나둘이면 몇주 동안이고 버티니까요. 한국에서도 1990년대 초·중반까지 라디오가 일상적으로 사용됐습니다. 기반시설이 미비했던 1990년대 초 르완다에서는 더욱 중요한 매체였죠. 게다가 당시 르완다의 문맹률은 58%에 이르렀습니다. 대중의 반 이상이 문맹인 상태에서는 신문과 같은 활자매체는 효과적이지 않습니다. 정부는 라디오 채널 두개를 정치선전 도구로 적극 이용했습니다.[208] 하나는 '라디오르완다'이고 다른 하나는 '천개의 언덕 라디오 TV'Radio Télévision des Milles Collines, RTLM 입니다. 라디오르완다는 투치에 대한 증오의 메시지를 송출하며 공격을 부추겼지만 1993년 아루샤 평화조약이 체결되며 문을 닫아야 했습니다. 휴전을 위해 라디오르완다를 닫기는 했지만 중요한 선동매체인 라디오를 후투 정권은 완전히 포기할 수 없었죠. 결국 퍼스트레이디를 비롯한 후투 지도자들은 라디오르완다를 대체할 라디오 채널, 즉 RTLM을 세웠습니다. 방송을 시작하자마자 RTLM은 후투 사이에서 최고의 인기를 누렸습니다. 대중음악을 틀고 청취자와 전화로 직접 소통하면서 젊은층으로부터 특히 많은 인기를 얻었죠. RTLM에서 선전하려는 정치 이데올로기가 대중에게 잘 전달된 것은 물론입니다.

RTLM의 방송녹취록을 보면 투치에 대한 적개심과 공포를 읽을 수 있습니다. 투치 반군의 공격은 단골 메뉴 가운데 하나였죠. 예를 들어 1993년 11월의 어느 집단 살해사건을 보도하면서는 이를 투치 반군의 소행으로 단정했습니다. 사건을 조사했던 UN을 조롱하며 '어린애들도 다 봤다는데 무슨 조사가 필요하냐, 조사를 해봤자 결론은 뻔하다'라는 식으로 몰고갔죠. 투치 반군(방송에서는 바퀴벌레로 불림)이 살해하고 시체를 숨겼기 때문에 증거도 찾기 힘들다며 열변을 토했습니다. 증거는커녕 시체도 없었으니 이러한 주장은 확인할 길이 없었죠. 사실이 아닐 가능성도 컸지만 라디오 호스트나 청취자 누구도 개의치 않았습니다.

투치에 대한 불안과 적개심을 일으키는 방송은 끝없이 되풀이되었습니다. 싸움을 부추기기도 했습니다. "(투치 반군이) 후투들의 집을 불태우고 주민을 학살한 후 숨어 있다. 찾아서 이들을 처단하자. 신은 우리편이다." "우리는 반드시 투치들을 죽여야 한다. 그들은 바퀴벌레다." "지금 이 방송을 듣고 있는 이들은 모두 일어나 싸워라. 아무 무기나 들고 일어나라. 화살이 있으면 화살을, 창이 있으면 창을 들어라. 우리는 반드시 그들을 끝장내야 한다. (…) 왜냐하면 다른 대안이 없기 때문이다."[209]

이런 식의 선동은 1994년 학살 시작 직전까지 계속되었습니다. 대통령의 비행기가 추락하자 대통령의 죽음을 알린 것도, 그 죽음을 투치 반군의 소행이라고 바로 단정한 것도 RTLM이었습니다. 방송국 측은 "바퀴벌레, 너희도 뼈와 살로 만들어져 있다. 너희가 죽이도록 내버려두지 않겠다. 너희를 죽이겠다"라고 사실상 선전포고를 했죠. 학살이 시작되었지만 이를 부추기는 방송은 끝날 줄 몰랐습니다.

RTLM 측이 의도적으로 후투 주민들을 주요 청취자로 삼았다는 것, 후투를 대상으로 하는 정치적 선동을 일삼았다는 것을 뒷받침하는 증거는 여러곳에서 찾을 수 있습니다. 그 가운데 하나는 바로 RTLM의 신호 강도입니다.[210] 데이터를 보면 후투가 많은 지역일수록, 인구가 많은 곳일수록, 또한 라디오 보급이 많이 이루어진 곳일수록 RTLM의 신호가 강했습니다. 이렇게 RTLM의 신호가 강했던 곳은 그렇지 않은 곳에 비해 더 많은 주민들이 학살에 참여했음을 보여주는 연구도 있습니다. 이 연구는 더 나아가 RTLM의 신호가 이웃 마을의 학살과도 연관이 있음을 보여주었습니다.

만약 라디오가 없었다면 르완다 대학살이 가능했을까요? 라디오라는 간편하고 효과적인 매개체 없이 후투의 과격하고 증오에 찬 민족주의 메시지가 그렇게 많은 사람들에게, 그렇게 지속적으로 전달될 수 있었을까요? 역사는 '만약'이라는 가정을 허락하지 않습니다. 하지만 라디오 없이 광범위한 지역에서 다수 주민에게 공포와 증오를 심고 이들을 잔혹한 살인자로 만들기란 불가능했습니다. 이렇게 생각해볼 수도 있습니다. 라디오를 통한 극단적 정치 이데올로기 선전이 성공할 수 있었던 건 르완다의 상황이 특수했기 때문이 아닐까요? 즉 다양한 매체가 존재하고 여러 의견이 공존하는 민주사회라면 과격한 정치 이데올로기가 사람들을 현혹시키기란 어렵지 않을까요?

미국의 이데올로기

다양성은 미국의 큰 특징입니다. 동부와 서부가 다르고 동부라고 해도 저 위의 메인주와 맨 밑의 플로리다주는 같은 나라라고 보기 힘들 정도죠. 화려한 뉴욕의 모습과 뉴멕시코 사막의 원주민 거주 지역을 생각해보세요. 집안에 총과 비상식량을 쌓아놓고 사는 시골 지역 주민들, 대대로 도시빈민으로 사는 소수 인종들까지 그 다양성은 우리가 상상하기 힘듭니다. 그만큼 사람들이 갖고 있는 생각도 다르고 관심을 보이는 정치 이데올로기도 갖가지입니다. 앞서 논의한 보수주의가 있고 이에 반하는 진보주의도 주요 이데올로기 가운데 하나입니다. 사회주의도 있고 그 반대인 자유지상주의도 있습니다. 이러한 다양성 덕분에 미국인으로서의 민족주의가 강하지 않은 것도 특징이라면 특징이죠. 그렇다고 미국인들을 하나로 묶는 정치 이데올로기가 아예 없는 것은 아닙니다. 그중 대표적인 것이 바로 '미국예외주의'입니다. 지금부터 우리는 대중매체를 통한 이데올로기 신전을 미국 같은 나라에서도 찾아볼 수 있다는 점을 살펴보겠습니다.

미국예외주의는 굉장히 독특한 사상입니다. 한마디로 말하면 '미국은 다른 나라들과 질적으로 다르다'라는 인식이죠. 우리가 최고라는 인식은 대부분의 나라에 어느 정도는 있을 것입니다. 한국도 한글·김치·무구정광대다라니경 등을 들어 최고이고 최초라는 사실을 일상에서 강조하죠. 미국 예외주의는 유럽과의 비교에서 유래했습니다. 미국은 유럽 열강과 달리 청교도의 전통이 굉장히 강하며 혁명으로 세워진 나라이고 미국 민주체제는 완전히 새로운 것이었습니다. '서부 개척'이라는 이름의 내부 영토 확장도, 그 와중의 원주민 '소탕'도 유럽 대륙에서는 드문 경험이었습니다. 이렇게 얻은 영토는 두 대양을 끼고 있는 광대한 것이었고, 온화한 기후와 풍부한 자원, 비옥한 녹지는 축복 그 자체였죠. 게다가 세계대전을 거치며 군사 초강대국으로, 냉전을 통해 정치적 제국으로 성장하면서 미국은 다른 나라들과 질적으로 다르다는 생각이 널리 퍼졌고 점차 정치 이데올로기화했습니다. 게다가 미국 경제는 규모와 질에서 따라올 나라가 없었죠. 여기에 발전한 민주체제를 전세계에 확산시킬 사명이 있다는 믿음까지 더해지면서 미국예외주의는 마치 종교와 같은 지위를 갖게 되었습니다.

'네오콘'으로 불리는 신보수주의자들은 미국예외주의를 외교정책의 핵심 지침으로 여겼습니다.[211] 이들은 강력한 중앙정부를 추구하며 동시에 미국의 힘에 걸맞는 외교정책을 추구했죠. '미국은 예외적인 나라이고 세계의 지도자이다, 그러므로 우리의 대외정책 또한 이에 걸맞게 공격적이어야 한다'고 주장했습니다. 이들의 주요 관심 지역은 중동, 특히 이스라엘이었습니다. 네오콘들은 이스라엘의 안보를 위협하는 세력, 특히 걸프전 때 이스라엘을 향해 미사일 공격까지 감행한 후세인 정권을 가만히 두어서는 안된다고 보았죠. 민주당 정권하에서 절치부심하던 이들은 부시 정권이 들어서자 재빨리 백악관을 장악했습니다. 그리고 바로 9·11테러 공격이 터졌습니다. 미국 전체가 충격에 빠져 있을 때 네오콘은 이를 기회로 활용해 자신들의 구상을 현실화했죠. 바로 이라크 침공입니다.

　미국의 침공은 2001년 10월 아프가니스탄에서 시작됐습니다. 탈레반 정권과 여기에 기생하던 알카에다 조직을 파괴한 미국은 바로 이라크로 눈을 돌렸죠. 당시 대통령이던 사담 후세인의 이름이 여기저기서 나오기 시작했습니다. 후세인과 9·11테러와의 연관성을 찾는 데 중앙정보국 등 정보기관은 많은 시간과 공을 들였죠. 증거는 못 찾았지만 대중은 후세인이 테러의 배후이거나 적어도 어느 정도는 관계가 있을 것이라고 확신했습니다. 갑자기 사람들 사이에서 후세인 정권은 대량살상무기를 갖춘 위험한 독재정권이라는 인식이 확산되었죠. 곧이어 3월 20일 뉴스는 속보로 대이라크전의 시작을 알렸습니다. '충격과 공포'라는 작전명에 걸맞은 일방적 공습이 생중계되었죠. 곧이어 시작된 미국 주도의 70만 대연합군의 북진은 거침이 없었습니다. 이라크군은 저항다운 저항도 변변하게 못한 채 괴멸되었고, 단 9일 만에 후세인 정권은 몰락했습니다. 그리고 5월 1일, 부시 대통령은 전투기를 타고 항공모함 링컨호에 내려 전쟁이 끝났음을 자랑스럽게 선포했죠. 당시 연합군 측 사망자는 172명, 부상자는 551명이었던 반면 이라크 측은 3만여명의 병력을 잃은 것으로 추정됩니다. 한마디로 일방적인 침략이었죠.

전쟁의 광기

이라크 침공은 신속했고 성공적이었지만 정당성을 주장하는 근거는 취약했죠. 침략 전 딕 체니 부통령은 "테러 공격 배후인 모하메드 아타가 이라크 정보국 고위직 관리와 만난 것은 잘 알려진 사실이다. 이라크는 여러 테러범, 특히 9·11 테러범의 기지 노릇을 오랫동안 해왔다"라고 주장했습니다. 근거가 전무한 주장이었죠. 오사마 빈라덴이 이끌던 알카에다는 극단적 종교집단이었고, 이들은 후세인 정권을 세속적이고 부패한 타도 대상으로 봤습니다. 독재자 후세인도 알카에다를 경계했죠. 두 세력이 서로 손을 잡을 개연성은 애초부터 굉장히 약했습니다. 대량살상무기를 보유했다는 주장도 신빙성이 없기는 마찬가지였습니다. 1991년에 끝난 걸프전쟁으로 피폐해진 이라크군은 경제제재까지 겹쳐 전력을 증강하기 어려웠고, 생화학 무기는 완전히 포기한 상태였죠. 2002년 이후 시작한 UN 조사단도 대량살상무기를 찾지 못했고요. 하지만 미국은 후세인이 조사를 방해하고 있다며(그래서 무기를 못 찾는 것이라고) 계속 시비를 걸었습니다. UN 조사단을 이끌고 있던 한스 블릭스^{Hans Blix}는 조사는 잘 이루어지고 있다며 미국 측 주장을 일축하고 후세인 정권은 핵무기를 보유하고 있지 않으며 대량살상무기도 찾을 수 없다고 결론을 내렸습니다. 별 신통한 결과가 없기는 미국정부 조사도 마찬가지였죠. 이라크가 아프리카의 니제르에서 우라늄을 밀수하려 했다는 정보를 입수했지만 미 중앙정보국은 증거를 찾지 못했습니다. 후세인 정권이 생화학무기를 개발해서 대량으로 보유하고 있다는 증언도 나왔지만 그 신빙성이 문제가 되었죠. **결론적으로 부시 정부는 명확한 이유도 없이 전쟁을 시작해버린 거죠.** 정말로 놀라운 일입니다.

이쯤 되면 '미국사람들은 바보냐, 부시가 나라를 전쟁으로 몰고가는데 어떻게 가만히 있었냐'라는 물음이 생길 법도 합니다. 하지만 문제는 사람들이 부시가 전쟁을 시작하도록 가만히 놔둔 것이 아니라 전쟁을 적극 지지했다는 것입니다. 전쟁이 벌어지기 전 여론조사가 많이 이루어졌지만 대략 결과는 비슷했습니다. 미국인들은 'UN의 조사가 더 이루어지면 좋겠지만 전쟁은 찬성이다' '국제적 연합군이 꾸려지면 더 좋다'라는 의견을 일관적으로 내놓았습니다. 예를 들어 2003년 2월의 한 조사에서는 57%가 전쟁에 찬성했고 독자적 침략에도 50%가 찬성했습니다. 'UN의 지지가 있는 경우라면 전쟁에 찬성하겠다'라는 응답은 무려 85%나 되었죠.[212] 전쟁의 열기는 어디서나 쉽게 느낄 수 있었습니다. 아프가니스탄전 승리와 애국심에 도취해 이라크 전쟁을 기다리는 사람들이 많았습니다. 매우 보수적인 캔사스주의 시골 마을에 살던 저도 그런 사람들을 일상적으로 보았습니다. 수업에 들어가면 '본때를 보여야 한다' '증거가 있다'라며 목청을 높이는 학생들이 다수였고, 동네 빵집에 가도 이발소에 가도 사정은 비슷했죠. 미국 대중의 전쟁 열기 아래에는 미국예외주의가 깔려 있었습니다. 예외적이어야 할 미국이 다른 보통 나라들처럼 본토에서 공격을 당했다는 분노와 공포가 상당했죠. 이는 미국의 예외적 힘과 지위를 통해 해결하자는 정서로 이어졌고요. 그래도 의아함은 완전히 가시지 않습니다. 어떻게 앞뒤가 맞지 않는 정부 측 주장을 그렇게 많은 사람들이 지지할 수 있었을까 하는 물음 말입니다.

전쟁 팔기[213]

 이라크 침공 전후의 미국예외주의는 네오콘이 전략적으로 퍼뜨렸고 그 핵심수단은 대중매체였습니다. 9·11테러가 발생하자마자 부시 정부와 정책 전문가들은 TV, 신문 등 각종 매체를 통해 곧 제2의 공격이 이어지리라는 전망을 내놓았습니다. 뉴스매체 전체가 24시간 내내 9·11테러, 이에 대한 분석과 대응, 이후 테러의 가능성에 대해서만 이야기했죠. 불안감은 전 사회로 퍼졌고 이에 대한 대응으로 정부는 빨강, 오렌지, 노랑, 파랑, 녹색 다섯 단계의 경계 등급을 내놓았습니다. 하지만 어떤 근거로 그런 등급을 내놓는지 알 수 없었으니 막연했고 불안감은 더 커졌습니다. 이 등급이 오를 때마다 모든 미디어가 공포에 질린 아우성을 토해내고는 했죠. 한 여론조사에 따르면 9·11테러 직후인 10월에는 무려 81%의 미국인이 '곧 테러가 일어날 것이다'라고 답했고 이 수치는 2008년까지 60%를 웃돌았습니다. 지속되는 공포는 부시 대통령에 대한 지지로 이어졌고요. 취임 이후 신통치 않던 지지율은 90%까지 급등했고 이후 점차 떨어지기는 했지만 60%대를 2003년까지 유지했으니 대단한 효과였죠.[214] 공포에 떨던 미국

사회는 안도를 주는 어떤 말도 믿을 준비가 됐고 부시 정부는 슬며시 9·11테러와는 아무 관계도 없던 이라크를 전쟁에 끌어들였습니다.

부시 정부와 전문가들은 TV나 주요 신문 등을 통해 사담 후세인의 이라크 정권이 9·11테러의 배후였음을 강력하고도 끈질기게 주장했습니다. 당시 부시 대통령의 브레인 중 하나였던 리처드 펄Richard Perle 은 CNN 토론에 나와 아프가니스탄 다음은 "당연히" 이라크라고 못을 박았죠.[215] 전 중앙정보국 국장 제임스 울시James Woolsey Jr. 도 방송에서 비슷한 역할을 했습니다. 부시 정부 인사는 거의 매일 방송과 지면을 통해 같은 주장을 되풀이했죠. 부시 대통령, 체니Dick Cheney 부통령, 럼스펠드Donald Rumsfeld 국방장관 등 최고위급 지도자들은 틈만 나면 방송에 나와 이라크에 대량살상무기가 있다고 계속해서 강조했습니다. 이들의 이러한 발언은 별다른 여과나 확인 없이 그대로 전파를 타고 대중 속으로 파고들었죠. 그리고 다음날 아침이면 그 발언 그대로 신문에 실렸습니다. 아침 신문에 인터뷰가 나갔으면 오후에 TV에 보도됐죠. 2002년 8월부터 전쟁이 나던 2003년 3월까지 『워싱턴포스트』는 부시 정부의 이라크 침공 관련 발언을 140번이나 1면 기사로 다루었습니다. 마치 '땡전뉴스'처럼 "대통령에 따르면" "부통령에 따르면" 하는 식의 보도가 만연했죠.

영향력이 큰 보수 주간지 『위클리스탠다드』의 경우 2001년 10월 1일, 특별한 증거도 없는 상황에서 오사마 빈라덴과 후세인 이라크 대통령의 사진을 나란히 싣고 그 위에 큼지막하게 "수배"라고 적었습니다. 이후에도 꾸준히 '9·11테러의 배후인 모하메드 아타와 이라크 정보원이 프라하에서 만났다'[216]라거나 '이라크 침략 없이는 테러와의 전쟁을 마칠 수 없다'[217]라는 등의 기사를 내보내면서 이라크 전쟁을 기정사실화 했죠. 2001년 11월 12일 『뉴욕타임스』에는 「프라하 연계」라는 칼럼이 실렸습니다. 유명 칼럼니스트인 윌리엄 새파이어William Safire는 여기서 9·11테러의 배후인 모하메드 아타와 이라크 정보원이 열번 이상 만났다면서 이라크와 알카에다의 연대는 부정할 수 없는 사실이라고 못을 박았죠.[218] 그는 TV 토론 프로그램에도 등장하여 이 주장을 되풀이했습니다. 2002년이 되면서 『뉴욕타임스』 등 주요 언론에서 이라크 망명자(망명한 정부 요인, 전직 특전사 간부 등)의 인터뷰를 내보내기 시작했습니다. 이라크 정권의 전쟁 준비가 무시무시하게 보도됐죠. 특전사 비밀 훈련장을 소개하는가 하면 비밀리에 준비한 대량살상무기 등에 대한 증언도 쏟아져나왔습니다. 「폭스뉴스」에서는 이라크 핵 연구자를 인용하며 2005년까지 핵무기를 만들 것이라고 열을 올렸죠.[219] "후세인 핵폭탄 부품에 열올려"[220] "부정할 수 없는"[221] 등의 문구를 앞세운, 자극적이고 확신에 찬 기사들이 지면과 화면을 꽉 채웠습니다. 정확하고 객관적 보도로 정평이 나 있는 『뉴욕타임스』가 이런 보도를 내보내면서 조금이나마 남아 있던 의심은 크게 위축됐죠.

　게다가 9·11테러 직후의 안보 분야는 비밀이 많기에 그만큼 정부가 정보를 관리하기도 용이합니다. 이를 잘 이해하고 있던 부시 정부는 발표 내용과 시기를 골라 여론을 주도해갔죠. 심지어 적극적인 공작도 마다하지 않았습니다. 이라크 망명자를 이용한 것이 한 예입니다. 언론은 망명자 인터뷰를 통해 후세인을 전쟁 상대로 몰아갔죠. 언론사들은 이런 망명자나 외국 인사들을 상대로 취재한 후 정부기관에 확인하는 것이 보통입니다. 이때도 국방부와 부통령실에 확인을 요청했고 미국정부는 이들의 증언을 자신들도 들었다면서 확인해주었습니다. 언론사들은 그 취재 내용이 제3자가 확인해준 객관적 정보라고 생각했지만 이는 사실 조작된 것이었습니다. 그 망명자를 소개한 이라크 망명정부가 사실상 미국정부에 의해 관리되고 있었으니까요. 제3자의 존재는 없었던 셈이죠. 결과적으로 언론은 객관적 정보가 아닌 정부에 의해 생산된 정치적 메시지를 이용한 셈이었습니다.

2002년 9월 8일 일요일 아침에는 주요 정부 인사들이 TV에 총출동했습니다. 미국에는 일요일 아침 주요 방송사 대담 프로그램에 정부 고위관료나 유명 국회의원이 나와서 주요 현안에 대해 논의하는 전통이 있습니다. 그날 아침 NBC의 「미트 더 프레스」Meet the Press라는 프로그램에는 딕 체니 부통령이 나왔습니다. 진행자는 당일 아침 『뉴욕타임스』에 보도된 이라크 핵 개발에 대한 질문을 던졌습니다. 그러자 체니 부통령은 어쩔 수 없다는 듯이 확인을 해주었죠. '비밀이지만 이미 보도됐으니 확인해주겠다, 보도는 사실이다, 이라크 정권은 핵 개발을 위해 전방위적 노력을 하고 있다.' 당시의 긴박했던 상황을 생각해보면 이는 아주 심각한 주장이었죠. 문제는 그날 아침 『뉴욕타임스』의 보도가 부시 정부가 흘린 정보를 바탕으로 이루어졌다는 것입니다. 게다가

체니가 NBC에 나오던 아침 콘돌리자 라이스Condoleezza Rice, 도널드 럼스펠드 등 정부의 핵심 지도자들 역시 다른 방송국 대담 프로그램에 동시다발적으로 출연하여 똑같은 이야기를 했습니다. 부시 정부는 자기가 하고 싶은 말을 언론에 흘린 뒤 그 보도를 확인해주는 식으로 언론플레이를 했던 것이죠.

일요일 아침의 대표적 TV 토크쇼인 「미트 더 프레스」에 출연한 체니 부통령.

부시 정부는 더 나아가 언론에 압력도 행사했습니다. 미국도 언론 통제가 전무하다고 할 수는 없습니다. 정부로부터의 정보가 시급한 마당에 정부가 이래라 저래라 하는 것을 완전히 무시할 수는 없으니까요. 9·11 사태 직후에 정부의 간섭은 더욱 눈에 띄었습니다. 당시 백악관 국가안보좌관이던 콘돌리자 라이스는 주요 방송사 사장들과 원격회의를 열어 알카에다 선전용 동영상에 비밀신호가 있을 수 있으니 방송을 자제해달라는 부탁 같은 지시를 내렸습니다. 어떤 비밀신호인지 구체적인 설명도 없었고 설명을 할 수도 없었지만 언론에서는 이를 수용했죠. 아프가니스탄 전쟁 보도도 마찬가지였습니다. 아프가니스탄 민간인의 고통이나 이들의 피해를 보도하자 광고주와 일반 시민들로부터 비애국적이라는 비난이 쏟아졌고 정부에서도 점잖은 불평이 나왔습니다. 방송사 사장이 나서서 이런 '비애국적인' 보도를 중지시키기지 않을 수 없었습니다.[222] 신문사들도 비슷한 일을 겪었죠.

2003년 3월 전쟁이 시작될 때까지 2001년 9월부터 공들인 언론 공작의 결과로, 미국정부는 이라크 침략을 기정사실화하는 데 성공했습니다. 네오콘들은 상처받은 미국예외주의를 더욱 강력한 예외주의, 무차별적이고 일방적인 무력행사로 돌파하자는 합의를 도출해낸 것이죠.

***

부시 정부의 언론플레이는 앞의 르완다의 예와는 확연히 다릅니다. 르완다에서처럼 방송국을 세워 정치적으로 이용하지는 않았죠. 박정희 정권처럼 기존 방송국을 협박 및 위협하고 보도지침을 하달하지도 않았습니다. 이런 식의 관리를 하기에는 미국 언론은 너무나 다양하고 덩치도 큽니다. 하지만 부시 정부는 언론의 생리를 잘 이해했고 대중들이 어떤 메시지를 듣고 싶어하는지 잘 파악하고 이를 적극 이용했습니다. 덕분에 이들의 주장은 독립성과 공정성으로 신임이 두터운 미디어를 타고 대중 속으로 파고들었습니다. 언론사의 평판이 오히려 미국인들로 하여금 정부 주장을 수용하도록 도운 셈입니다. 매체를 보다 세련되게 활용한 것이죠. 극단적인 후투 민족주의, 극단적 미국예외주의는 참사로 이어졌습니다. 르완다 학살로 100만명이나 목숨을 잃었고 이라크 전쟁은 나라를 산산조각 냈고 그 여파는 이란뿐 아니라 주변 국가에서도 아직까지 느껴지고 있습니다.

이렇게 정치 이데올로기를 현실화하는 데는 매개체가 필요하죠. 르완다의 경우처럼 언론이 적극적으로 총견 노릇을 하건 미국처럼 교묘하게 조작하건 결과는 크게 다르지 않습니다. 한 정치 이데올로기가 생산되고 유지되고 정책으로 이어지는 데 있어 언론은 절대적으로 중요한 매개체입니다. 그러니 이를 잘 이용하는 이들은 그만큼 국가를 수월하게 운영할 수 있습니다.

9장

조직화: 미국 내 친이스라엘 세력

2015년 초 이스라엘 총리 네타냐후가 미국의회에서 연설을 했습니다. 상원과 하원 의원 모두 참석한 가운데 하는 연설은 외국 정상으로서 얻기 힘든 기회이고 그만큼 큰 의미가 있죠. 일본처럼 중요한 우방국도 아베 수상이 2015년에 와서야 일본 수상으로서는 처음 양원합동연설을 했습니다.[223] 외국 정상의 양원합동연설의 역사를 보면 1874년 하와이의 칼라카우아 국왕이 시작한 이래로 2015년 5월까지 116회 이루어졌습니다. 1990년 이후에는 46회 이루어졌고, 두번 이상 기회를 얻은 나라는 별로 많지 않습니다. 세번 이상 한 나라는 더더욱 적죠. 인도(3회), 한국(4회), 영국(3회), 이스라엘(5회) 등 네 나라밖에 되지 않습니다. 이 가운데 단연 일등은 이스라엘로 무려 다섯번이나 그러한 기회를 가졌습니다. 더군다나 2015년 3월의 네타냐후 연설은 본인의 1996년 7월, 2011년 5월 연설에 이어 세번째였으니 더욱 놀라울 수밖에요. 이는 이스라엘의 위상뿐 아니라 네타냐후의 인기를 반영합니다. 전례가 없는 일이죠. 2015년 연설은 백악관의 초청을 거치지 않았다는 점에서 특히 흥미롭습니다. 삼권분립이 확립된 미국은 대통령이 정부 수반일 뿐 아니라 나라의 대표입니다. 자연히 외교 업무는 대통령과 행정부의 몫이죠. 특히 정상외교의 경우 백악관이 담당합니다. 그런데 이스라엘 수상이 백악관 초청 없이 워싱턴 D.C.에 와서 양원합동의회에서 연설을 해버린 것입니다. 굉장히 이례적이었고 백악관도 불쾌감을 숨기지 않았습니다. 네타냐후를 초대한 당사자는 바로 의회였습니다. 정확히 말하면 다수당인 공화당 측에서 초대한 것이죠. 여기에는 복잡한 미국 국내 사정이 얽혀 있습니다. 그 실타래를 풀다보면 조직화를 통해 정치 이데올로기가 유지되는 모습을 살펴볼 수 있죠. 이번 장에서는 이러한 조직화에 대해 살펴볼 것입니다.

오바마 대통령은 중동의 평화를 '역사적 업적'으로 남기기 위해 노력해왔습니다. 그 가운데 이란의 핵무기 문제는 핵심 과제였죠. 꽉 막힌 양국 관계 때문에 협상이 쉽지 않았던 차에, 2013년 새로이 선출된 하산 로하니 이란 대통령이 미국과의 관계 개선과 핵 문제 해결을 우선 과제로 삼자 오바마는 쾌재를 불렀죠. 이란-미국 협상은 급물살을 탔고, 2015년 4월 스위스 로잔에서 협상안을 발표하는 등 빠른 발전을 이루어냈습니다. 네타냐후가 이끌던 이스라엘 정부와 미국의 공화당은 이 협상에 적대적이었고요. 둘 다 '이란을 믿을 수 없다' '지금의 협상안은 이란의 핵무기 개발을 도울 뿐이다'라고 목소리를 높였죠. 하지만 이를 제외하고는 미국 안팎에서 큰 지지를 얻었습니다. 네타냐후 정부와 공화당으로서는 어떻게든 이런 사정을 뒤집고 싶었고 그 방책으로 바로 네타냐후의 양원합동연설이 이뤄졌습니다. 전례가 없었던 만큼 미국과 이스라엘 내에서 논란이 많았죠. 하지만 공화당과 네타냐후로서는 각자의 입맛에 딱 떨어지는 좋은 정치 흥정이었습니다.

무리를 해서 의회로 네타냐후를 부른 공화당은 오바마 대통령을 상대로 정치적 공세를 펴고자 했습니다. 미국 내 친이스라엘 세력을 자극하려는 속셈이었죠. 백악관 측에서 언짢은 심기를 분명히 전달했음에도 의회에 방문한 네타냐후도 대단하죠. 그만큼 이스라엘 총리의 미국 내 위상이 만만치 않음을 보여줍니다. 여기서 우리는 궁금해지지 않을 수가 없습니다. 미국 내에서 이스라엘 총리의 위상은 어째서 그렇게 높을까요? 한국 대통령에게 없는 그 무엇이 이스라엘 총리에게는 있을까요?

친이스라엘 이데올로기

미국에서 이스라엘은 아주 특별합니다. '이스라엘은 우리의 혈맹이다' '중동에서 유일한 민주주의 국가로서 우리의 가치를 대변하고 있다' '그러므로 우리는 이스라엘의 투쟁을 지지해야 한다' '이스라엘의 적은 우리의 적이다' '이란, 이라크, 하마스 등 이스라엘을 위협하는 세력을 처단해야 한다'라는 등의 생각은 많은 미국인들이 지니고 있는 것입니다. 정리하자면 '중동은 이스라엘을 중심으로 재편되어야 하고 이를 위해 미국은 어떠한 노력도 아끼면 안 된다'라는 인식이죠. 이러한 생각은 사실 알게 모르게 정치 이데올로기화되어 정치 지도자들뿐 아니라 일반인들에게도 깊숙히 퍼져 있습니다. 미국정부의 친이스라엘 정책은 유별나지만 시민들은 별 거부감 없이, 당연한 듯 받아들이죠.

수업 중 이스라엘에 관한 논쟁은 늘 격한 감정을 불러일으킵니다. 이스라엘을 지지하는 쪽도, 이스라엘의 침략정책에 반대하는 쪽도 마찬가지입니다. 이를 조정하기란 쉽지 않죠. 하지만 지지하는 학생들은 확실한 이유도, 논리도 가지지 않은 경우가 많습니다. 본인이 유대계인 경우도 있지만 그들조차 '원래 우리 땅이다'라는 주장 말고는 내세우는 것이 없습니다. 지지의 열정에 비해 근거가 너무 희박해 놀랄 정도죠.

여론조사 결과를 봐도 이런 사고가 일반화되어 있음을 쉽게 알 수 있습니다.[224] 네타냐후 이스라엘 총리에 대한 긍정적인 평가가 우선 눈에 띕니다. 분쟁을 일으킨 당사자이기도 한 네타냐후를 긍정적으로 보는 시각(39%)이 부정적 시각(30%)보다 높습니다. 이스라엘과 팔레스타인 측 분쟁의 핵심인 이스라엘 정착촌 확장정책에 대한 지지도 공고했습니다. 2012년부터 2015년까지 꾸준히 과반에 가까운 응답자가 이를 지지했죠. 이러한 미국인들의 지지는 이스라엘과 팔레스타인을 비교했을 때 더욱 뚜렷이 나타납니다. 이스라엘과 팔레스타인 가운데 어느 쪽을 더 좋게 보느냐는 질문에 약 70%가 이스라엘을 택했고 팔레스타인을 택한 이들은 불과 20% 안팎이었습니다. 정치인들은 친이스라엘 경향이 더욱 심합니다. 이스라엘에 충성 경쟁을 하느라 난리도 아니죠. 충성 경쟁이라는 말이 과장이 아님은 AIPAC the American-Israel Public Affairs Committee 이라는 친이스라엘 로비단체의 회의 모습을 보면 알 수 있습니다. 2016년 회의에서는 힐러리 클린턴, 도널드 트럼프, 테드 크루즈 Ted Cruz 등 민주당-공화당 대선주자들이 연설을 했고 바이든 Joseph Biden, Jr. 부통령, 하원의장 등 국가 지도자도 참석했습니다. 이들은 모두 한결같이 미국과 이스라엘의 특별한 유대를 강조하며 이스라엘의 국익을 도모하겠다는 다짐을 했죠.[225]

미국 내 팽배한 친이스라엘 이데올로기는 미국의 대이스라엘 정책으로 구체화됐습니다.[226] 그 정책들은 한마디로 직접적·파격적 지원입니다. 이스라엘은 1970년대 초반 미국의 대외원조를 가장 많이 받는 나라로 등극한 이후 이 타이틀을 놓친 적이 거의 없습니다. 게다가 그 원조의 규모도 엄청나죠. 거의 매해 미국의 총 대외원조 액수의 5분의 1이 이스라엘 한 국가로 온전히 갑니다. 2015년 이스라엘은 31억달러를 받았습니다. 그다음은 16억달러를 받은 아프가니스탄, 15억달러를 받은 이집트입니다. 일등도 월등한 일등이죠. 1948년 이스라엘 건국 이후 무려 1210억달러의 원조를 받아 미국 원조의 최대 수혜국으로 자리했습니다. 이스라엘이 이렇게 월등하게 많은 원조를 받아가는 사실도 놀랍지만 이스라엘의 경제 규모와 발전의 정도를 생각해보면 더욱 놀랍습니다. 2014년 기준으로 이스라엘의 1인당 GDP는 약 3만 7,000달러로 석유강국 쿠웨이트와 맞먹는 세계 24위 경제 선진국입니다. 그런데 120위의 이집트보다 많은 경제원조를 받고 있죠. 경제원조를 결정할 때 정치적 고려가 중요할 수밖에 없지만, 경제 선진국에 이런 규모의 경제원조를 쏟아붓고 있다는 점은 굉장히 특이하다 하겠습니다.

이스라엘이 받는 원조 대부분은 군사 분야에 집중되어 있습니다. 2015년에는 30억달러가 군사비용으로 책정됐습니다. 이는 미국의 해외 군사원조 규모의 반이 넘고 이스라엘 안보예산의 4분의 1에 달합니다. 게다가 오바마 정부는 이 군사원조 외에도 거의 3억달러에 달하는 돈을 직접 써서 이스라엘에 미사일 방어체제를 마련하고 양측의 군사교류를 장려하느라 바빴습니다. 이스라엘 방어에 얼마나 많은 공을 들이고 있는지를 알 수 있죠. 이스라엘이 이 돈을 쓰는 방식도 흥미롭습니다. 미국의 군사원조를 받은 나라는 이 돈 전부를 미국에다 써야 합니다. 미국 무기를 사라는 것이죠. 하지만 이스라엘만은 미국 군사원조 금액의 4분의 1을 다른 곳에 써도 된다는 예외적 특권을 누리고 있습니다. 그리고 그 돈을 어떻게 썼는지 설명할 필요도 없죠. 다른 나라들로서는 상상도 못할 특권입니다.

군사적 지원도 눈물겹습니다. 2008년에 미국은 이스라엘에 엑스밴드X-Band로 불리는 최고의 레이다 씨스템을 설치했고 이를 운용하고 있습니다. 이란·이라크 등 잠재적 적대 국가로부터의 미사일 공격을 사전에 탐지하는 능력이 강화되었죠. 미국은 이스라엘에 군사물자를 저장해두고 있기도 합니다. 물론 이는 미군을 위한 것이지만 비상시에는 이스라엘군이 사용을 요청할 수 있습니다. 실제로 2006년 헤즈볼라와의 전투에서 이스라엘이 이 미군

물자를 사용했다고 알려졌죠. 최고 무기를 제공하는 데에도 주저하지 않습니다. 2010년 미국은 28억달러를 제공했고 이스라엘은 이를 이용해 최첨단 전투기 F-35 19대를 구입했습니다. 미국은 무기, 이착륙 능력, 스텔스 기능 등에서 최고로 발전된, 사실상 상대가 없는 이 전투기를 제공하여, 안 그래도 제공권에서 우위를 점하고 있는 이스라엘 공군을 세계 최고 수준으로 만들어주었습니다.

가장 중요한 군사 지원은 다른 게 아니라 바로 미국의 '침묵'입니다. 이스라엘 핵무기에 대한 침묵이죠. 이스라엘은 약 200~300여기의 핵탄두를 보유하고 있다고 알려져 있습니다. 물론 불법입니다. 하지만 이에 대한 어떠한 제재는커녕 논란 자체도 없습니다. 불법적으로 핵무기를 개발했거나 개발하고 있다고 생각되는 북한, 이란, 이라크 등의 나라들을 미국이 어떻게 대했는가를 돌이켜보면 이런 암묵적 지지는 정말 예외적이죠.

외교 분야에서의 지지도 눈부십니다. 주변 아랍 국가나 무장 단체와 긴장이 조성되면 미국은 예외없이 이스라엘 편에 서서 성명을 발표하거나 압력을 넣습니다. 한 예로 미국은 1982년부터 UN에서 이스라엘에 대한 부정적 의결안을 지속적으로 막아왔습니다. 미국에게 주어진 거부권을 행사한 것이죠. 회의 기록을 보면 대부분 반대표는 1~2표에 지나지 않습니다. 즉 15석의 안전보장이사회 국가 대부분이 찬성하는, 국제적 지지를 받고 있는 의결안을 미국 혼자 이스라엘에 부정적이라는 이유만으로 막는 상황이죠. 국제기구 밖에서도 마찬가지입니다. 이스라엘의 중요한 외교협상은 늘 미국이 뒤를 봐주었습니다. 1978년 이집트가 아랍 국가로서는 최초로 이스라엘을 공식 인정한 캠프데이비드 조약이나, 1993년의 오슬로 조약도 미국의 중재와 지원 없이는 불가능했죠. 캠프데이비드 조약은 협상이 진행된 장소의 이름을 붙인 것입니다. 그곳이 미국 메릴랜드의 군사시설이자 대통령의 휴식처라는 사실을 생각해보면 이스라엘 외교에서 미국의 역할이 얼마나 중요한가를 짐작할 수 있죠.

이스라엘의 가치

외교는 나라의 안위를 흔들 수 있는 중요한 일입니다. 게다가 미국과 이스라엘, 즉 제국과 중동 화약고 한복판에 있는 나라 사이의 외교는 더욱이 가벼울 수 없죠. 그러니 저렇게 미국이 지원을 한다면 그에 부합하는 전략적 이유가 있으리라고 생각하며 넘어가기 일쑤입니다. 한국에서도 소개된 책인 존 미어샤이머와 스티븐 M. 월트의 『이스라엘 로비』[227]는 바로 이러한 상식에 도전해 큰 파장을 일으켰죠. 여기서 저자들은 '미국의 이스라엘 지지는 비이성적이다'라고 단언했습니다. 이들의 주장도 주장이었지만 저자들이 흔히 팔레스타인에 동정적인 좌파가 아닌 주류 정치학자였기에 더욱 놀라왔습니다. 이들의 논의를 바탕으로 세간에 널리 퍼져 있는 '상식'과 그 허구를 돌아보겠습니다.

우선 많은 이들은 이스라엘이 냉전 동안 미국 동맹국으로서 소런 진영의 중동 진출을 막는 역할을 했다고 지적합니다. 소련은 이집트 등 아랍계 국가를 이용했죠. 양측 간 경쟁이 뜨거웠습니다. 이런 지정학적 가치를 따지면 이스라엘에 대한 지원은 아깝지 않다는 게 주류의 시각입니다. 이 주장의 설득력이 떨어지는 이유는, 우선 냉전은 이미 끝난 지 오래이고 러시아 등 그 어느 외부의 세력도 미국의 이스라엘 지원을 정당화할 만큼 이스라엘 안보를 해칠 위치에 있지 않다는 점입니다.

여기에 더해 이스라엘의 전략적 가치를 드는 이들도 많습니다. 냉전은 끝났지만 호전적이고 불안정한 국가들이 많은 중동에 미국의 강력한 우방이 필요하다는 주장이죠. 이 주장 자체가 크게 틀리지는 않습니다. 하지만 이스라엘은 그런 우방으로서 가치만 지닌 것이 아니라 전략적인 문제도 가지고 있습니다. 예를 들어 걸프전 당시 후세인 정권은 이스라엘에 대대적인 미사일 공세를 했습니다. 자극을 받은 이스라엘이 이라크를 공격하면 미국 침공은 당장 정당성 없는 서방 대 이슬람의 십자군전쟁으로 변질되고, 그러면 무슬림 국가들이 이라크 편에 서리라는 전략적 사고의 결과였습니다. 상당히 근거가 있는 것이었고 미국은 이스라엘의 공격을 예방하느라 진땀을 빼야 했습니다. 2015년 이란과 미국의 핵 협상 또한 그 예입니다. 이스라엘 정부의 줄기찬 반대는 공화당의 입김을 강하게 만들었고 민주당이 주도했던 협상은 그만큼 더 어려워졌죠. 그러니 이스라엘은 심각한 골칫덩어리이기도 합니다.

테러공격에 초점을 두고 이스라엘 지지를 역설하기도 합니다.

'이스라엘은 하마스 등 과격단체의 계속되는 테러공격의 희생자였고 미국 역시 마찬가지다. 그러므로 이스라엘 지원은 공동의 적인 테러범들을 약화시켜 미국 국익에도 도움이 된다. 이스라엘의 적은 우리의 적이다'라는 식의 주장이죠. 하지만 이스라엘의 적은 사실 미국에는 큰 관심이 없습니다. 물론 미국이 이스라엘을 지지하니 미국 욕을 하고 미국이 지역 분쟁에 개입할 때면 (1982년 베이루트의 예처럼) 직접 미국을 공격하기도 했습니다. 하지만 이는 어디까지나 미국이 개입을 할 때이고 대부분 미국은 이들의 공격으로부터 벗어나 있죠. 9·11테러를 예로 들며 '미국과 이스라엘에게는 공동의 적이 있다'고 열변을 토하는 경우도 있습니다. 하지만 이는 인과관계를 거꾸로 본 것입니다. **공동의 적이 있어서 두 나라가 뭉쳐야 하는게 아니라 두 나라가 뭉쳐서 미국이 테러 위협에 시달리는 것이니까요.** 오사마 빈라덴 등 대부분의 이슬람 과격분자들은 이스라엘의 팔레스타인 점령을 중요한 문제로 보고 있고, 그 배후로 미국을 지목하고 있습니다. 즉 미국의 이스라엘 지원은 문제의 원인이지 결코 문제의 해결일 수 없는 것입니다.

미국 내 이스라엘 지지자들은 흔히 '이스라엘이 이 지역의 유일한 민주국가다'라는 이야기를 합니다. 민주주의라는 미국의 가치를 중동 지역에서 더욱 확산하기 위해 이스라엘 지지는 필수적이라는 주장이죠. 그럴듯한 주장이지만 이 또한 문제가 많습니다. 우선 이 세상에 위협받는 민주국가는 한둘이 아닙니다. 당장 러시아의 공격을 받고 있는 우크라이나가 있고, 내전에 지친 소말리아, 내전의 언저리에서 헤매고 있는 태국이 있습니다. 하지만 그 어느 나라도 미국의 도움을 못 받는 실정이죠. 게다가 역사를 돌이켜보면 미국은 남미나 아시아에서 민주체제를 파괴하는 일에 주저없이 뛰어든 일이 많았습니다. 쿠바같이 직접 침공한 예도 있고 온두라스처럼 민주정권 붕괴를 조장한 사례도 있습니다. 한국이나 칠레에서처럼 민주정권의 붕괴를 방조한 경우도 있고요. 이런 역사를 생각해보면 민주체제가 대이스라엘 지원의 이유라기에는 설득력이 떨어집니다.

'이스라엘이 민주국가인가' 하는 것 또한 논란거리입니다. 아랍계 이스라엘 시민들은 정치적·사회적 차별을 받고 있으며 주권을 온전히 갖지 못한 상황이죠. 게다가 이스라엘 점령하에 있는 난민들은 이스라엘 시민도 아니고 자신의 국가가 있는 것도 아닌 모호한 상태에서 이스라엘의 통치를 받고 있습니다. 이스라엘은 유대인들을 위한 민주체제와 아랍인들을 위한 비민주적 정치체제가 공존하는 기형적 체제입니다. 민주국가라고 보기가 어렵죠. 이스라엘이 고립된 피해자라는 주장도 문제가 있기는 마찬가지입니다. 고립된 피해자이기에 앞서 이 지역 유일의 핵보유국으로, 군사면에서도 경제 및 기술 발전의 정도에서도 지역의 절대 강자이기 때문입니다. 이웃국가나 무장단체들에 의해 공격도 많이 받았지만 피해자라고만 보기에는 이스라엘의 공격이 매서웠죠. 건국 전 유대인들의 이주가 시작되면서 발생한 양측 간의 충돌에서는 유대인 테러와 폭력이 더 심했습니다. 건국 후 이웃 국가들과의 되풀이되는 전쟁에서도 연전연승이었고요. 침략도 마다하지 않았습니다. 1982년 시작되어 2000년 끝난 이스라엘의 레바논 침공 및 점령으로 수많은 레바논 시민의 삶이 파괴되고 레바논 남부가 초토화되었습니다. 현재 진행되고 있는 가자의 봉쇄와 서안지구의 지배 또한 폭압적이고 살인적이죠. 되풀이 되는 가자지구 침공으로 수많은 민간인이 죽어가고 있습니다. 그래도 아무도 말릴 수 없는 지경입니다. 이스라엘이 고립된 약자라는 인상은 말 그대로 인상일 뿐입니다.

이렇게 보면 그 '상식적' 주장들이 별 근거가 없음을 쉽게 볼 수 있습니다. 그러면 왜 미국은 이스라엘에 특혜를 제공하는 걸까요? 진짜 이유는 무엇일까요? 친이스라엘 이데올로기를 친이스라엘 정책으로 잇는 그 고리의 정체를, 미국 정치 내부를 살펴보며 탐색하기로 하겠습니다.

이스라엘 로비

친이스라엘 이데올로기가 정책으로 이어지는 과정의 핵심에는 이 정치 이데올로기를 조직, 선전, 확대하는 정치 공세가 있습니다. 그 공세는 입체적 조직화가 없다면 불가능하죠. 즉 친이스라엘 세력들의 조직화에 힘입어 이렇듯 의아한 정책들이 실현되었을 뿐 아니라, 심지어 일상적인 것으로까지 자리잡았습니다. 미어샤이머와 월트는 다양한 친이스라엘 단체와 조직, 갖가지 세력을 통칭하여 '이스라엘 로비'라고 불렀습니다.[228] 이들은 미국의 친이스라엘 정책을 유도하고 친이스라엘 정서를 확산시켜 미국의 전반적인 기조를 친이스라엘로 유지한다는 공통점을 갖고 있습니다. 뚜렷한 체계나 지휘자가 있지는 않지만 이런 공통의 목표하에 유기적 연대를 이루고 있죠. 이들 가운데 가장 대표적인 것은 친이스라엘 로비단체들이고, 그 중에서도 앞서 살펴본 AIPAC은 최고의 영향력을 자랑합니다. 이들은 선거에 앞서 후보들의 이스라엘에 대한 성향을 검증하고 이에 따라 유대계 시민들을 조직하고 선거자금을 모아줍니다. 이들의 평가와 선거자금 동원은 선거에 결정적 영향을 미칩니다. 선거가 끝나면 국회의원들을 상대하느라 쉴새가 없습니다. 국회의원이나 보좌관들이 법안을 마련할 때는 각종 전문가들의 조언을 받는 것이 보통입니다. AIPAC이 바로 그 중동 '전문가' 역할을 담당하죠. 노골적인 친이스라엘 정책들이 법제화되는 한 이유입니다.

정부 고위관리들도 이스라엘 로비의 일부입니다. 미국정부에는 친이스라엘 인사가 다수 포진하고 있습니다. 친이스라엘 단체의 간부였거나, 이스라엘에서 오랫동안 살았거나, 심지어 이스라엘 시민인 고위관료들이 백악관·국무부·국방부 등에 자리를 잡고 있습니다. 이스라엘에 대한 이해가 깊은 이들은 중동 문제를 보통 이스라엘의 시각에서 해석합니다. 이들이 만드는 중동 정책이 친이스라엘적이지 않으면 그거야말로 이상한 일이겠죠.[229] 어느 대통령, 어느 정당도 예외는 없지만 친이스라엘 성향이 가장 심했던 정부는 부시 정부였습니다. 막강한 영향력을 휘두르던 네오콘 지도자들 모두 뚜렷한 친이스라엘주의자였죠. 이들의 리더격이자 국방정책위 위원장이었던 리처드 펄, 백악관 국가안보회의 중동 담당자였던 엘리엇 에이브럼스Elliott Abrams, 부통령 비서실장이었던 루이스 리비Lewis Libby 모두 유대계였죠. 이들은 2006년 이스라엘이 레바논 남부를 침공하자 UN의 안전보장이사회가 휴전을 강제할 의정서를 발표하지 못하도록 압력을 넣기까지 했습니다.[230] 앞서 본 대로 이들이 앞장서서 9·11테러와 아무 상관 없던 이라크를 이스라엘의 평화를 위해 직접 침략했음은 말할 필요도 없죠.

의회 또한 마찬가지입니다. 유대인계 의원들이 상당수 포진한 의회는 친이스라엘 정치 이데올로기가 만연해 있는 대표적인 곳입니다. 114대 국회(2015~17)를 살펴보면 유대인은 상원에만 11명, 하원에는 19명이 있습니다.[231] 하원에는 약 30명의 의원들로 구성된 '이스라엘동맹 모임'Israel Allies Caucus이라는 조직까지 있죠.[232] 이 조직의 의장인 트렌트 프랭크스Trent Franks는 예루살렘을 이스라엘의 수도로 정하고 골란고원을 이스라엘 영토로 규정하는 법안을 제출했습니다.[233] 전쟁을 통해 불법 점령 중인 땅을 이스라엘로 영구적으로 귀속시키려는 의도가 논란이 됐지만, 사실 남의 나라 일에 이렇게까지 나서는 것 자체가 놀랍죠. 유대계 보좌관들이 미국 의회 온사방에 포진하고 있다는 점도 눈여겨봐야 합니다. 의원들의 눈과 귀, 머리 역할을 하는 보좌관들이 중요한 것은 한국이나 미국이나 마찬가지입니다. 그런 이들이 뚜렷한 친이스라엘 성향을 가졌으니 어떤 정책이 쏟아져나올지 뻔하죠.

친이스라엘 세력의 조직화는 정부나 의회 바깥에서도 이루어지고 있습니다. 그 가운데서 가장 눈에 띄는 것은 친이스라엘 정책연구소들입니다. 1985년에 세워진 워싱턴중동정책연구소The Washington Institute for Near East Policy, WINEP, 유대국가안보연구소the Jewish Institute for National Security Affairs, 안보정책센터the Center for Security Policy 등은 친이스라엘의 깃발 아래 세워진 연구소들입니다. 그 외에도 아메리칸 엔터프라이즈 연구소, 새로운 미국의 세기 프로젝트the Project for a New American Century, 헤리티지재단, 허드슨 연구소the Hudson Institute 등 굴지의 연구단체들도 친이스라엘 성향의 연구를 하고 있죠. 이들이 만드는 친이스라엘 담론은 전문가들과 학계의 논의를 통해 전파되고 각종 인터뷰 및 지면을 통해 대중 속에서 소비됩니다. 지식의 조직화로 친이스라엘 정치 이데올로기를 퍼뜨리는 중요한 역할을 하죠.

이스라엘 로비는 학교에서도 찾아볼 수 있습니다. '민주 캐러밴'Caravan for Democracy이라는 조직은 대학교 교정에서 이스라엘에 대한 비판이 커지자 이에 대한 대응으로서 출발했습니다. 거대한 '유대민족기금'the Jewish National Fund의 산하 조직으로, 학생 친위대라고 할 수 있죠. 이들은 친이스라엘 인사의 강연을 기획하고 교내 단체들과의 연대를 통해 친이스라엘 학생들을 조직합니다. 친유대 자금은 학생 조직화를 넘어 대학 정책에도 큰 영향을 미치고 있습니다. 이러한 기부금에 힘입어 이스라엘학 학과를 새로이 설립하는 학교가 한둘이 아닙니다. 이런 캠퍼스 환경에서는 이스라엘 측 주장에 공감하는 연구와 강의가 진행될 가능성이 크죠. 이들은 이스라엘에 대한 비판적 목소리를 적극적으로 감시하기도 합니다. '캠퍼스 감시'Campus Watch라는 조직적인 행동을 통해 교수들을 모니터링하기도 하죠. 이스라엘에 비판적인 교수에 대해 조치를 취하라고 학교 당국에 압력을 넣기도 합니다. 아랍계 최고 지성이자 이스라엘 정책에 대한 매서운 비평으로 유명했던 에드워드 사이드Edward Said 교수가 있던 컬럼비아 대학교에는 그런 압력이 끊이지 않았습니다.

친이스라엘 개신교 그룹

이스라엘 로비는 미국 대중을 효과적·지속적으로 동원하여 위력을 발휘할 수 있었습니다. 개신교 교회는 대중의 지지를 직접 조직화하는 창구로서 중요한 역할을 합니다. 미국 전인구의 70%가 기독교 신자죠. 2007년 78.4%였던 것이 2014년에는 70.6%로 눈에 띄게 감소해 화제가 되었지만,[234] 기독교는 아직까지 미국 내에서 최대 종파입니다. 자연히 정치·사회에 큰 영향을 끼치죠. 친이스라엘 정치사상을 퍼뜨리는 역할도 그중 하나입니다. 일요일에 교회에 가면 어린 아이들을 돌봐주는 곳이 따로 있습니다. 어른들은 예배당으로 들어가고 아이들은 따로 모여 기독교 지식과 문화를 익히죠. 모세가 어떤 과정을 통해 바다를 가르고 애굽(이집트)에서 도망쳤는지, 아브라함이 누구와 결혼하여 누구를 낳고, 그 자손들이 어떤 일을 했는지 등의 이야기를 일찍부터 배웁니다. 정말 놀라운 일 아닙니까? 학교에 가서 자기 나라 역사나 사회에 대해 공부하기 전에 유대인의 역사를 배우는 꼴이니까요.[235] 이렇게 유아 시절부터 쌓은 지식 및 인식의 인프라는 이후 지적 성장에 지대한 영향을 미칠 수밖에 없습니다. 아무리 뉴스에서 친이스라엘 보도가 계속되고 정치 지도자들이 이스라엘 안보의 중요성을 강조한다고 해도 대중의 기본적 인식이나 이해가 없다면 그런 사상이나 정책이 유지되기 힘들죠.

미국에 널리 퍼진 교회가 인지적·정서적 토양만을 제공하는 것은 아닙니다. 그 토양 위에 친이스라엘 이데올로기를 쌓아올리는 일에도 적극적이죠. 물론 정도의 차이는 있고 노선도 다를 수 있습니다. 이스라엘 정부의 점령을 비판하는 교회도 있으니까요. 한편으로는 이스라엘 정부를 지지하는 발언을 설교나 기도에 슬쩍 끼워넣는 정도로 그 소임을 다하는 목사도 있습니다. 하지만 이보다 훨씬 적극적인 이들도 많죠. 그 가운데서 전국적으로 유명한 이들을 살펴보면, 고인이 된 제리 폴웰을 비롯, 게리 바우어Gary Bauer, 팻 로버트슨 등이 있습니다. 이들은 1967년 6일전쟁의 이스라엘 승리 이후 더 적극적인 태도를 취했고, '이스라엘의 기독교 친구들'the National Christian Friends of Israeli Communities, '기독교인들의 이스라엘 정치행동협의회'the Christians' Israel Public Action Committee, '국제기독교 예루살렘 대표'the International Christian Embassy Jerusalem 등 유력 기구들도 꾸렸습니다.

존 헤이기John Hagee 목사는 그중에서도 가장 대표적 인물입니다.[236] 그의 텍사스 교회 설교를 듣고 있으면 여기가 이스라엘인가 싶은 생각이 들 정도죠. '팔레스타인은 원래 존재하지도 않았다. 그러니 그 땅에 팔레스타인이라는 나라를 세우는 것은 억지다.

팔레스타인 땅은 원래부터 유대의 땅이었고, 유대의 땅이며, 영원히 유대인들의 땅이다. 성경에 보면 창조주께서 그렇게 말씀하셨다.' 그가 되풀이해서 하는 말입니다. 「창세기」 12장 3절 "너를 축복하는 자에게는 내가 복을 내리고 너를 저주하는 자에게는 내가 저주하리니"를 인용하며 이스라엘 지지는 성서적으로 합당하다고 강조합니다. 신이 약속한 땅이니 이 땅을 가지고 팔레스타인과 정치적 타협을 하는 것은 말도 안 된다고도 하죠. 이런 이야기를 듣는 신자들은 연신 고개를 끄덕이며 정치적 메시지를 소비합니다. 코너스톤 교회에서는 일요일에만 세번의 모임이 열리고 보통 2만명의 신도가 참석합니다. 그뿐 아니라 그의 설교는 TV 채널과 라디오를 통해 미국 내에서만 수백만의 가정에서 소비되고 있죠.

헤이기의 조직화는 교회라는 울타리 안에서만 머무르지 않습니다. 정치적 야심이 큰 그의 손길은 워싱턴 D.C.에서도 쉽게 느낄 수 있습니다. '이스라엘을 위한 기독교연대'Christians United for Israel, CUFI 또는 쿠파라는 단체는 자칭 최대의 친이스라엘 기독교 조직으로 회원 수가 200만명이 넘습니다. 헤이기의 정치조직으로, 친이스라엘 사상을 정책화하는 데 초점을 두고 있죠. 기독교 신자들에게 이스라엘 이슈에 대한 이해를 넓히고 이들의 조직화를 통한 이스라엘 안보 확충이 목표임을 밝히고 있습니다. 쿠파의 목표와 활동이 절대적 종교가치를 바탕으로 하고 있다보니 이스라엘과 긴장관계에 있는 국가들, 예를 들어 팔레스타인·이란 등은 절대악으로 규정되어버립니다. 이들을 '이슬람파쇼' '악마' 등 극단적인 표현을 사

2007년 텍사스 코너스톤 교회에서의 쿠파 연례 회의 중 연설하는 존 헤이기 목사.

출처: Christians United for Israel

용하여 부르기를 주저하지 않죠.

쿠파의 활동을 보면 열정적 에너지와 치밀한 조직화에 놀라지 않을 수 없습니다. '이스라엘을 위한 밤'이라고 불리는 모임이 대표적입니다. 미국 전역에서 회원들이 모여 친목도 다지고 정치 토론도 벌입니다. 2015년 5월만 해도 28개의 도시에서 다양한 이름의 이런 행사가 열렸습니다. 2015년 5월 3일에는 네바다의 레노, 알래스카의 앵커리지, 텍사스 헤리퍼드, 캘리포니아 어바인 등지에서 회원들이 모여 세를 과시했죠.[237] 매년 7월 워싱턴 D.C.에서 열리는 연례 대회는 마치 주요 학술회의를 방불케 합니다. 유명 인사들이 참석해 기조연설도 하고 강연도 하죠. 정치인들로서도 얼굴을 안 비칠 수 없는 모임이 되었습니다. 미국 대선이 슬슬 시동이 걸리던 2015년에는 네타냐후 이스라엘 수상을 비롯해 젭 부시Jeb Bush, 테드 크루즈, 린지 그레이엄Lindsey Graham 등 공화당 대선후보 주자들이 대거 참석했죠. 정치인들에 대한 로비도 이들의 특기입니다. 이메일을 보내고 서명운동을 벌이는 것은 물론 의원들을 직접 면담하여 구체적인 정책을 주문하는 것도 서슴지 않습니다. 2015년 영국에서도 지부를 여는 등 미국을 넘어 그 영향력을 확장해가고 있습니다. 이들 조직의 성장세로 미루어 친이스라엘 정치 이데올로기 또한 성장하고 있음을 가늠할 수 있죠.

* * *

미국 어느 시골에서나 이상하게 생긴 가로수를 볼 수 있습니다. 꺾이거나 기울어져 자라는 것도 있고 심지어는 한쪽에 구멍이 뻥 뚫린 나무도 있습니다. 이런 이상한 모습은 전봇대 때문입니다. 가지에 눈이 쌓이면 그 무게로 가지가 전선을 건드리게 되죠. 안전상 가지를 칠 수밖에 없습니다. 하지만 자연의 법칙이란 무서워서 아무리 쳐내도 똑바로 자라려는 나무를 막지는 못합니다. 결국 매해, 끊임없이 손을 보아야 겨우 유지되죠. 자연스러운 것을 억지로 변화시키는 데에는 많은 공과 돈이 들 수밖에 없습니다. 친이스라엘 이데올로기와 정책을 유지하는 데에도 많은 공과 돈이 듭니다. 광범위하고 일상적이며 강력한 이스라엘 로비로 인해, 기형적인 친이스라엘 이데올로기가 미국사회 내에서 유지됩니다. 이는 달리 말하면 이스라엘 로비의 적극적이고 조직화된 노력 없이는 친이스라엘 정치 이데올로기가 존재할 수 없다는 의미이기도 합니다. 정치 이데올로기를 유지하는 데 조직화가 얼마나 중요한지를 알 수 있습니다.

10장

자본: 코크 형제의 정치자금

정치 이데올로기는 그냥 유지되지 않습니다. 앞서 짚어보았듯이 대중매체를 통해서 퍼뜨리고 사람들을 조직해야만 유지할 수 있죠. 여기에는 늘 돈이 듭니다. 특히 자본주의가 고도로 발달된 사회에서는 더 그럴 수밖에 없습니다. 그러니 돈 많은 사람, 특히 거대 자본가는 정치 이데올로기에 큰 영향을 미치기 쉽죠. 이들이 지지하는 정치 이데올로기는 목소리가 클 수밖에 없습니다. 알게 모르게 대중매체에서, 길거리에서, 책에서 우리의 눈과 귀를 홀립니다. 상대적으로 경쟁에서 뒤처지는 정치 이데올로기는 우리의 관심을 끌기 위해 발버둥치고, 그러는 와중에 많이들 고사해버립니다. 좋은 영화들이 대형 상영관을 잡지 못해 외면당하는 것과 비슷한 이치입니다. 문제는 자본가와 특정 정치 이데올로기의 관계를 뚜렷하게 밝히는 일이 생각만큼 간단하지 않다는 것입니다. '자본'은 일단 추상적 관념이고 굉장히 포괄적이기도 하고요. 삼성 같은 거대 자본이 있는가 하면 집앞 가게를 움직이는 소규모 자본도 있습니다. 적극적으로 정치 공세를 펴는 자본가도 있고 아닌 사람도 있습니다. 적극적이어도 숨어서 움직이는 경우가 많죠. 그렇다고 둘의 연결고리를 찾는 일을 포기할 수는 없습니다. 소수의 자본가라 하더라도 그 자본의 크기와 이들의 열정에 따라 사회에 끼치는 영향력이 엄청나니까요. 다행히 잘 드러난 예가 있습니다. 미국의 '코크인더스트리'Koch Industries 입니다. 코크인더스트리의 주인인 코크 형제를 통해 자본과 정치 이데올로기의 관계에 대해 살펴보겠습니다.

코크 형제와 보수주의[238]

자본가의 정치활동이 자유롭고 당당한 곳, 돈 정치가 양성화되어 있고 떳떳한 나라는 흔치 않습니다. 하지만 예외는 늘 있는 법, 미국이 그 대표적인 경우입니다. 자본주의가 극도로 발전되어 있지만 이것도 모자라 보다 더 큰 자본의 자유를 추구하죠. 선거에 돈 쓰는 것을 표현의 자유로 보는 지경에 이르렀죠. 이렇게까지 된 여러 사정 가운데 천문학적인 선거비용이 있습니다. 미국 대통령 선거가 있었던 2012년의 기록을 보면 민주당과 공화당에서 각각 약 10억달러씩 쓴 것으로 나타났습니다.[239] 선거자금을 모으기 시작한 2011년 1월부터 선거를 치른 2012년 11월까지의 합계입니다. 선거 직전인 10월에만 두 당이 각각 약 2.5억달러를 썼습니다. 이 수치는 어디까지나 대통령선거만 집계한 것입니다. 이때 동시에 열린 국회의원 및 지자체 선거 등을 모두 합하면 총 70억 달러가 쓰였다고 하죠. 70억달러. 감이 안 오는 액수입니다. 이 돈은 미국 연방정부 2016년 예산 중 교육에 배정된 예산(78.9억달러)과 맞먹습니다. 한국으로 치면 2012년 환율로(1달러당 1,100원) 7조 7,000만원, 거의 8조원이라는 거금입니다. 이는 삼성SDS의 2015년 매출(7조 8977억원)과 맞먹습니다. 18대 대선의 선거비용으로 박근혜와 문재인 후보는 각각 480억여원, 450억여원을 썼습니다. 미국의 대선에 비할 바가 못 되죠. 게다가 미국은 선거전이 길어도 너무 깁니다. 미국 대선은 4년마다 11월에 열립니다. 2016년 대선을 앞두고 공화당의 테드 크루즈 상원의원이 맨 처음 출사표를 던졌습니다. 그게 2015년 3월 23일이었죠. 선거가 시작되기 무려 19개월 전이었습니다. 곧바로 당내 경쟁자들의 출사표가 뒤따랐습니다. 4월에는 론 폴Ron Paul·마코 루비오Marco Rubio, 5월에는 벤 카슨Ben Carson·칼리 피오리나Carly Fiorina 등이 뒤를 이었죠. 민주당에서는 힐러리 클린턴(2015년 4월)에 이어 버니 샌더스(4월), 마틴 오말리Martin O'Malley(5월) 등이 뛰어들었죠. 선거전은 19개월가량 지속됩니다. 돈이 많이 들 수밖에 없고 돈을 대는 사람의 목소리가 클 수밖에 없죠. 돈을 대는 입장에서는 목소리를 낼 수 있는 시간이 여간 충분한 게 아닙니다. 1년 내내 후보들이 '전주'들에게 코가 꿰어 있는 셈이죠. 20달러 안팎의 작은 기부도 있지만 중요한 기부자들은 자본가들입니다. 단순한 기부를 넘어 대형 투자와 비슷한 지원이 이루어지기도 합니다. 코크 형제는 이런 자본가들 가운데서 가장 눈에 띄는 인물이죠.

코크 형제는 누구인가

전문가들은 정치활동을 가장 활발하게 펴는 자본가로 코크 형제를 꼽습니다. 한국에서는 낯선 이름이지만 미국에서는 잘 알려져 있죠. 찰스 코크Charles Koch, 데이비드 코크David Koch 형제는 코크인더스트리라는 대기업의 주인으로 두 형제의 재산은 350억달러에 육박합니다. 이는 마이크로소프트의 빌 게이츠와 워렌 버핏 다음으로 많은 것이죠. 코크 형제는 선친이 일구어놓은 기업을 물려받아 거대 기업으로 성장시켰습니다. 그 덩치에 비해 일반인들이 잘 모르는 이유는 애플처럼 인기있는 제품을 생산하는 기업이 아니기 때문입니다. 그러나 코크인더스트리는 1,000억달러에 이르는 매출액을 기록하는 미국 제2의 사기업입니다. 이들이 아우르는 산업도 다양해 석유·가스·정유 등 에너지, 광산, 비료, 산림, 목축, 소비재, 플라스틱 등 방대하죠. 미국 밖 60여개국에서도 활동 중이고 직원은 약 10만명에 이르는 말 그대로의 초거대 기업입니다. 이런 다양한 산업 가운데 에너지산업이 가장 중심적인 위치를 차지하고 있습니다. 한창 주가를 올린 천연가스 개발이 그 한 예입니다. 자회사 하나가 송유관을 깔고 다른 자회사가 이를 처리함으로써 막대한 수익을 올렸죠. 캐나다의 샌드오일을 수입 및 가공하여 중국이나 멕시코로 수출하기도 합니다.

코크 형제는 활발한 자선활동으로도 유명합니다. 이들의 고향 캔사스의 위치타에 가면 코크의 이름을 단 간판을 어디서나 볼 수 있죠.[240] 코크인더스트리의 본부 등 주요 기관이 도시 북부와 동부에 퍼져 있고 각종 편의시설에도 '코크'가 붙습니다. '코크 주민 플라자' '코크 수영장' '코크 오랑우탄·침팬지 서식지' '찰스 코크 농구장'처럼 말이죠. 코크 형제의 돈으로 짓거나 보수한 시설들입니다. 고향인 캔사스에만 국한되지도 않습니다. 데이비드 코크는 국제적으로도 명성이 높은 아메리칸발레시어터에 250만달러나 기부했고 형인 찰스 코크는 뉴욕 링컨센터의 공연장에 1억달러를 기부했습니다. 또한 찰스 코크는 자신의 암 투병 이후 암 연구에 전폭적으로 지원하기 시작하면서 의학계의 주목을 받았죠. 뉴욕 장로교병원(1,500만달러), MIT 암센터(1억달러), 존스홉킨스 대학교(2,000만달러), 휴스턴 앤더슨암센터(2,000만달러) 등으로 상상을 초월하는 액수의 기부 행렬을 이어갔습니다. 이외에도 두 형제는 각종 재단을 통해 뉴욕 메트로폴리탄 박물관, 워싱턴 D.C. 자연사박물관, 대학교 등의 각종 연구를 지원하고 장학금을 주는 등 다방면에서 기부 활동을 벌이고 있습니다.

코크 형제의 정치사상

코크 형제가 여느 자본가들과 다른 점은 이들이 활발하게 정치 활동을 한다는 점입니다. 지향하는 정치 이데올로기도 뚜렷하고 그 지향점을 향한 활동 또한 다른 어떤 이들보다 공격적이죠. 이들의 정치 성향의 뿌리는 아버지인 프레드 코크Fred Koch에게서 찾을 수 있습니다. 그의 초기 사업 가운데 하나가 소련 정유사업의 현대화였습니다. 500만달러의 큰 수익을 내면서 코크인더스트리의 경제적 기반을 세웠죠. 동시에 소련체제의 무능과 부패를 직접 경험하며 환멸을 느꼈고, 이때의 경험으로 그는 귀국 후 공산주의 세력의 확장 저지에 발벗고 나섰습니다. 보수세력 내에서도 극단적이라는 평을 받은 '존버치소사이어티'John Birch Society 에 발기인으로 참여했고요. 이들의 반공주의는 공산주의에 대한 반대를 넘어 국가의 압제 자체에 대한 증오로 발전했고, 미국 내 좌파세력뿐 아니라 흑인 인권단체에 대한 공세를 멈추지 않았죠. 1960년대 마틴 루터 킹 목사 등이 이끈 시민권운동과 연방정부의 인종차별 금지 조치에도 저항했습니다. 이들은 연방정부가 "헌법에 의하여 합중국에 위임되지 아니하였거나, 각 주에게 거부되지 아니한 권한들은 각 주나 인민이 보유한다"라는 수정헌법 10조를 어긴 것이라며 반대했습니다. 헌법이 주정부의 실질적 인종차별까지는 막지 않았기 때문에 연방정부가 이런 차별을 종식시킬 권한이 없다는 논리였죠.[241] 반면 그는 의사표현의 자유, 기업 활동의 자유 등 개인이 정부의 간섭을 받지 않을 자유는 적극 지지했습니다. 존버치소사이어티의 자유에 대한 열망과 공산국가에 대한 비판은 사실 같은 동전의 다른 면이라고 할 수 있습니다. 개인의 자유에 대한 갈망이 큰 만큼 이를 제한하는 국가체제에 대해서는 비판적이었죠.

존버치소사이어티의 정치 이데올로기는 큰 줄기에서 보면 서구 자유주의 이데올로기의 한 갈래라고 할 수 있습니다. 중세의 정치질서와 종교적 압박에 저항하며 성장한 자유주의 이데올로기는 유럽에서 근대적 질서를 이룩하는 데 사상적 기반을 제공한 중요한 전통이죠.[242] 왕과 영주들 사이에서 이루어진 충성 계약하에 분할된 영토를 영주들이 직접 통치함으로써 중세적 질서가 유지되었고, 교회를 통해서는 사상적 통일이 이루어졌습니다. 국가라는 개념은 희박했고 이를 대표하는 왕 또한 나약했죠. 하지만 세상이 바뀌기 시작했습니다. 상업을 기반으로 한 신흥세력들로서는 영토마다 달라지는 세금과 계약 내용 등이 달갑지 않았죠. 이런 상인 계층이 성장하면서 구체제도 흔들렸습니다. 상인들의 거점인 도시가 성장하고 그만큼 영주들의 정치적·경제적 권력은 줄어들었습니다. 17세기가 되면서 신흥세력이 우위를 점하게 되었고 왕을 중심으로 하는 정치세력은 영주들을 타파할 기회를 맞았죠. 정치·사회·경제를 망라하는 구조적 변화가 일어나 사회 전반으로 확산되었습니다. 상인들을 중심으로 한 평민들이 자유와 정치적 권리를 요구하고 나섰고 농노 또한 영주의 땅에서 벗어날 수 있는 자유를 원했죠. 이들의 주장, 곧 경제적 자유와 이를 존중하는 대의정부는 자유주의라는 새로운 이데올로기의 두 주요 기둥으로 자리잡았습니다.

대표적 자유주의 철학자로 영국의 존 로크를 들 수 있습니다. 그는 개인의 자유란 어떤 권력이나 체제에서 주어지는 것이 아니라 자연적 현상이라고 보았죠. 그리하여 국가가 개인의 자유를 인위적으로 제약할 수 없다고 주장했으며, 국가권력은 개인들의 동의와 지지에서 나온다고 보았습니다. 주권은 신이 군주에게 내려준 절대적인 것이라는 통념에 대한 직접적 도전이었고, 이후

민주주의의 기본 개념이 되었습니다. 국가권력은 개인의 자유를 지키기 위해 최소한으로 절제되어야 한다는 주장도 여기서 출발했습니다.

로크의 자유주의 정치 이데올로기는 애덤 스미스라는 또다른 거인의 손을 거쳐 발전했습니다. 1776년에 발간된 『국부론』을 통해 애덤 스미스는 개인의 자유로운 경제활동이 나라 전체를 부유하게 한다는 놀라운 주장을 펼쳤습니다. "우리가 저녁 식사를 기대할 수 있는 건 푸줏간 주인, 술도가 주인, 빵집 주인의 자비심 덕분이 아니라, 그들이 자기 이익을 챙기려는 생각 덕분이다." 유명한 구절이죠. 그는 자기 이익을 챙기려는 이기심이 시장이라는 '보이지 않는 손'을 통해 서로의 욕구와 필요를 자연스럽게 채워주리라고 보았고, 국가는 시장에 개입해서는 안 된다고 주장했습니다. 자유주의는 미국혁명·프랑스혁명 등 대격변의 중심 사상으로서 중요한 역할을 했습니다.

자유주의 전통에도 여러 갈래가 있습니다. 개인의 자유를 보장하기 위한 방법론에서도 갈리고, 개인의 자유라는 개념에 대한 생각도 다양합니다. 개인의 자유를 보장하기 위해서는 적극적인 사회의 보호가 필요하다고 보는 사회민주주의도 자유주의의 한 갈래로 볼 수 있죠. 이런 자유주의 전통 가운데 근본적 해석을 중심으로 극단적 진화를 한 갈래가 자유지상주의^{Libertarianism} 입니다. 개인의 자유를 절대적 가치로 보기에, 이를 제한하는 모든 것을 부정적으로 봅니다. 물론 여기에는 국가의 간섭이 포함되죠. 개인이 남을 해치지 않는 이상 그 개인을 내버려두어야 한다는 게 이들의 주장입니다. 국가의 번영을 개인의 성공과 동일시하는 우리에게 자유지상주의적 주장은 좀 황당하게 들립니다. 자유지상주의적 총기 애호가는 '연방정부가 헌법이 보장하는 개인의 자유를 침해하고 있으니 여차하면 싸워야 한다, 총은 필요하다'라는 식의 주장을 아주 진지한 얼굴로 합니다. 사회복지제도에 대해서도 불평이 많죠. '가난해진 것도 개인이 자유롭게 선택한 결과다, 그걸 국가가 왜 책임져주느냐'라는 식이죠. 국가 개입을 부정적으로 본다는 면에서 자유지상주의는 무정부주의와 통하는 면이 없지 않지만, 무정부주의는 자본주의체제와 이를 보호하는 국가제도 자체를 부정하기 때문에 보다 좌파적인 흐름이죠. 자유지상주의는 국가의 보호하에 시장의 자유를 옹호한다는 면에서 우파로 분리됩니다.

자유지상주의는 얼핏 앞에서 이미 소개한 미국 보수주의의 목소리와 비슷하게 느껴집니다. 개인의 자유, 특히 기업의 자유를 강조하는 데서 특히 그렇죠. 이 교집합은 이들을 하나로 묶는 중요한 고리입니다. 공화당 내에서 이 둘의 목소리가 큰 기둥인 현실은 그런 사정을 반영하죠. 하지만 둘은 분명히 다릅니다. 보수주의는 강력한 국방정책을 추구하고 보수적 사회가치를 중시하죠. 자유지상주의는 이러한 가치 논쟁에서 한걸음 떨어져 있습니다. 낙태·동성 간의 결혼 등은 보수주의자들의 정체성을 이루는 주요한 이슈입니다. 하지만 자유지상주의자들에게는 크게 중요치 않습니다. 외교정책도 마찬가지입니다. 공격적 외교를 추구하는 보수주의자들과는 달리 자유지상주의자들은 도리어 전쟁 등 외국에 대한 개입을 반대하기까지 하니까요. 데이비드 코크는 동성 결혼과 중동으로부터의 미군 철수를 주장해 눈길을 끌었습니다. 2016년 미국 정치판을 보면 대선 주자 가운데 하나였던 자유지상주의자 랜드 폴Rand Paul 공화당 상원의원은 공화당의 보수주의자들을 겨냥해 매파라고 부르며 이들이 추구한 공격적인 외교정책을 비판했죠.[243] 그는 오늘날 '이슬람국가'는 이들 매파 주도의 이라크 전쟁으로 시작된 중동 개입 때문에 생겨난 것이라고 지적했고, 심지어 지난 20년간의 중동 정책을 싸잡아 비난하기도 했습니다. 공화당 전당대회뿐 아니라 정치판 자체를 흔든 공화당의 도널드 트럼프가 자유지상주의자들에게서 열렬한 지지를 받은 것도 비슷한 맥락에서였습니다.

자유지상주의의 목소리가 2016년 공화당 전당대회에서 폭발한 큰 요인은 나빠진 경제 사정이었습니다. 2008년의 대불황은 끝났지만 상처가 컸죠. 5% 이내였던 실업률은 2009년 10월에 10%에 다다랐고 경제규모는 5%가량 줄어들었습니다. 개인 파산이 줄을 이었고 빈곤이 전국을 강타했죠. 2010년이 넘어가면서 대불황은 끝이 났지만 일반인들이 느끼기에 사정은 달라지지 않았습니다. 직장은 여전히 귀했고 있어도 이전같지 않았습니다. 봉급은 줄었고 혜택도 반토막이 났죠. 하지만 경제위기를 촉발한 이들, 특히 금융업계 최고위 간부들은 책임을 지기는커녕 보너스를 받고 물러나거나 자리를 지켰습니다. 최상위 계층은 점점 더 부를 쌓았습니다. 하지만 인민의 분노는 묘하게도 정부로 향했죠. 정부가 대규모 구제금융으로 대기업과 금융업계를 살려내 결과적으로는 이들에게 부당한 이득을 주었다는 인식이 강했습니다. 정부의 경제자유화 조치로 공장이 중국·멕시코로 옮겨가면서 국내 산업이 붕괴했다는 비난도 한몫했습니다. 바로 이런 반감이 자유지상주의자들의 주장과 겹친 것입니다. 2013년의 여론조사에 의하면 미국 인구 가운데 7%는 열혈 자유지상주의자, 15%는 온건한 자유지상주의자로 나타났습니다.[244] 총 22%, 미국인 가운데 거의 4분의 1이 자유지상주의자인 셈이죠. 특히 공화당 지지자 가운데서는 이들이 무려 43%에 달해 공화당을 더욱 오른쪽으로 이끌고 있습니다.

코크 형제는 잘 알려진 자유지상주의자들입니다. 2008년 찰스 코크는 사내 공문을 통해 미국은 1930년대 이후 이루어온 자유와 번영을 잃어버릴 위기에 처해 있다며 소득세와 사회복지를 줄이고 각종 정부 규제를 풀어야 한다고 주장했습니다. 자유지상주의자로서 정치 행보도 거칠 것이 없습니다. 많은 이들이 코크 형제를 오늘날 미국 자유지상주의의 대부로 여기고 있죠. 심지어 데이비드 코크는 1980년 대선에서 자유지상주의정당the Libertarian Party의 부통령 후보로 나서기까지 했습니다. 이들의 정치사상은 그들의 산업과도 밀접한 관계가 있습니다. 자본가들은 흔히 정부의 간섭을 달가워하지 않지만 에너지업계는 좀더 심하죠. 정부는 오염규제라는 공공의 사명을 지고 있고, 이는 오염을 피하기 힘든 에너지 기업의 사정과 직접 충돌하니까요. 코크인더스트리의 주력 부대가 바로 각종 에너지 사업이고 이들이 환경오염을 초래해온 역사는 유명합니다. 미국의 최대 '오염기업' 가운데서도 가장 심각한 업체로 정유회사인 엑손모빌Exxon Mobil, 에너지 회사인 아메리칸 일렉트로닉 파

2015년 '번영을 염원하는 미국인들' 행사에서 연설하는 데이비드 코크.
출처: Gage Skidmore

워American Electronic Power, 그리고 코크인더스트리가 꼽히죠. 특히 기름 유출은 코크인더스트리의 대표적인 실책입니다. 정유시설과 송유관을 운영하다 보니 누출 사건이 한두건이 아니었고 연방환경보호국 등 당국과의 마찰도 끊이지 않았습니다. 2000년 정부는 오염물질 방출을 감추려고 한 코크인더스트리를 상대로 무려 97개의 소송을 벌였고 거금 2,000만달러를 벌금으로 받아냈습니다. 2009년에는 계열사인 인비스타가 벌금으로 170만달러를 냈고 5억달러를 따로 내어 오염 지역을 청소하라는 명령을 받았습니다.[245] 아무리 재벌이라 해도 작은 돈이 아니죠. 코크 형제에게 정부의 간섭이 얼마나 꼴보기 싫을까요. 정부의 간섭이 없는 세상, 기업의 자유가 극대화된 세상을 꿈꾸는 것 뒤에는 이러한 이해관계의 충돌이 숨어 있습니다.

코크 형제의 자본정치

찰스 코크는 "사회를 바꾸기 위해서는 종적이고 횡적인 전술이 필요하다. 이를 통해 생각을 정책으로 바꾸고, 시민들을 조직하고, 적극적으로 로비해야 한다"며 정치적 행동의 필요성을 강조했고, 두 형제는 이에 걸맞는 행보를 보여왔습니다. 자신들의 목소리를 대변할 수 있는 연구소를 설립하는 것은 초기의 주요 활동이었습니다. 1977년 미국 최초의 자유지상주의 연구단체를 설립했죠. 바로 카토연구소입니다. 1986년에서 2011년 사이 코크 집안은 여기에 무려 1,500만달러나 기부했고 카토연구소는 자유지상주의에 충실한 연구활동을 이어갔습니다.[246] 1980년대에 들어서는 워싱턴 D.C. 바로 남쪽에 위치한 조지메이슨 대학에 수백만달러를 기부해 또다른 연구단체인 머카터스센터Mercatus Center를 건립했습니다. 학계와 현실을 잇는다는 거창한 목표를 가지고 출범했지만 이 또한 코크 형제의 영향권에서 벗어나지는 못했죠. 이 센터는 코크 형제로부터 3,000만달러에 이르는 기부금을 받았고 계속해서 연방환경보호국을 공격하고 신뢰를 떨어뜨리는 연구결과를 생산했습니다.[247]

코크 형제는 연구소만으로는 자유지상주의를 현실화하는 데 한계가 있음을 인식했습니다. 담론을 키워도, 이를 구체적 의제나 정책으로 바꾸기에는 역부족이었죠. 이런 자각으로 보다 적극적인 정치단체를 조직했습니다. 1984년 탄생한 '경제발전을 위한 시민들'Citizens for a Sound Economy, CSE이 그 시작이었습니다. 코크 형제는 1986년부터 1993년까지 무려 800만달러를 지원했고, CSE는 정책 연구서를 국회나 언론에 보내 자유지상주의적 담론을 퍼뜨리는 데 주력했습니다. 기존의 점잖은 연구소들과는 달리 선전전에 팔을 걷어붙이고 나선 것이죠. 1990년대 클린턴 정부의 에너지 세금과의 전쟁은 CSE의 가장 성공적 정치활동이었습니다.[248] 거의 모든 연료에 세금을 부과하는 정부안이 나오자 에너지 업계, 농가, 생산업체의 반발이 거셌죠. CSE는 때를 놓치지 않고 이들의 목소리를 조직했습니다. 의회당 앞에서 대형 시위를 벌이고 대중매체에 광고를 실어 당시 여당이던 민주당 의원들을 위협했죠. 메시지는 간단하고 분명했습니다. '세금을 올리면 다음 선거가 힘들어질 것이다.' 이들의 조직화된 힘은 의원들을 움직였습니다. 정부안은 의회를 통과해 1993년 법제화되었지만, 정치적 후폭풍을 두려워한 의원들이 각종 규제를 무력화한 후에나 가능했습니다.

CSE가 코크 형제 식 정치 공세의 '미약한 시작'이었다면 '번영을 염원하는 미국인들'Americans for Prosperity, AFP은 그 '창대한 끝'이라고 할 수 있습니다. AFP는 2004년 CSE가 둘로 나뉘어지면서 태어났고 코크형제로부터 매해 수백만달러의 지원금을 받습니다. 코크 형제 외에도 여러 자유지상주의 자본가들이 지원하고 있고요. 2009년 데이비드 코크는 "2004년 우리는 AFP에 자금을 대기 시작했지만 이렇게까지 성장할 줄은 꿈에도 몰랐다"라고 소회를 밝혔습니다.[249] 2014년 직원 240명에 전국적으로 200만명이 넘는 회원을 거느린 이들은 보수 계열의 비슷한 조직들 가운데서 가장 영향력 있는 단체로 꼽힙니다. 많은 정치 전문가들은 AFP를 공화당과 민주당에 이은 제3의 정치정당으로 꼽기도 합니다. 후보를 직접 내지 않을 뿐 활동과 영향력을 고려해보면 사실상 주요 정당이라는 거죠. 2014년의 연방정부 선거에도 AFP는 막대한 자금을 댔습니다. 이들이 선거에 쓴 돈은 공식적으로만 약 280만달러에 이릅니다.[250] 미국 선거법에 따르면 AFP가 쓴 돈은 대외자금Outside Spending 으로 분류됩니다. 비정치단체들은 선거기간 중 특정 후보나 당을 지지하지 않고, 이들과 어떠한 공조나 조율을 하지 않는다는 조건하에 돈을 제한 없이 쓸 수 있는데, 이것이 대외자금입니다. AFP처럼 거대 자본이 뒤에 있는 조직들에게 이 조항은 굉장히 요긴합니다.[251] 이를 이용해 AFP는 2014년 선거에서 선거자금을 끌어모아 다수의 민주당 후보를 공격했고 이들 가운데 많은 후보들이 고배를 마셔야 했습니다.[252] 한 예로 AFP는 아칸소 상원의원 선거에 20만달러가 넘는 거금을 쏟아부었죠. 민주당 마크 프라이어Mark Pryor 상원의원이 목표였습니다. 프라이어 의원은 오바마의 의료보험 개혁, 2009년의 정부 경기부양책에 찬성표를 던져 자유지상주의자들에게 미운 털이 단단히 박혔죠. AFP의 광고 공세는 치열했습니다. 오바마의 개혁때문에 많은 이들이 보험을 잃고 의사도 못 보게 되었다는 식의 흑색선전이었죠.[253] 광고 어디서도 특정 후보나 정당을 언급하지 않았지만 그 광고가 프라이어 의원을 겨냥한 것이라는 사실은 너무나 분명했습니다. 프라이어 의원은 결국 낙선했고요.

2010년 중간선거를 흔든 '티파티운동' 또한 AFP의 작품입니다. 티파티운동은 자유지상주의자들이 공화당 주류에 반발해 시작한 시민운동입니다. 이들은 정부의 과다한 재정지출과 늘어나는 부채를 경제위기의 근본 요인으로 보고 시장경제의 강화를 주문했죠. 기존 정치인들에 대한 불신 또한 특별했습니다. 2000년대 후반부터 전국에서 시위 및 각종 정치활동을 벌여 주목을 받았고, 그럴수록 더 많은 지지를 얻었습니다. 그 가운데 2009년 워싱턴 D.C.에서 열린 '납세자의 행진'은 가장 강렬한 인상을 남겼죠. 약 10만명이 모인 이 시위에서 참석자들은 비대해지는 연방정부를 비난하며 초기의 미국으로 돌아가자고 외쳤습니다. 여기에는 공화당 지도자들도 참가해, 자신들의 세를 단단히 과시했죠. 2010년 공화당은 중간선거에서 압도적 승리를 거두고 하원 내 과반이 훨씬 넘는 의석을 획득했습니다. 많은 공화당 초선의원들이 바로 이 티파티 후보였습니다. 시민운동이 워싱턴 D.C.를 뒤흔든 대표적 사례로 꼽히지만 이는 사실이 아닙니다. 티파티의 시작은 페이스북이었고 티파티 페이스북 페이지를 만든 것이 바로 AFP였죠.[254] 티파티를 처음 조직한 사람들에게 돈을 댄 것도 물론 AFP였습니다. 돈만 대고 음지에 숨어 있었느냐 하면 그것도 아닙니다. AFP는 활동 또한 직접 관리하다시피 했으니까요. 앞서 언급한 2009년 대형 시위는 장소 예약, 피켓 등 시위용품 제작, 참가자 독려 등 모든 부분에 걸쳐서 이들이 계획한 것입니다. 코크 형제는 티파티 운동과의 관계를 묻는 질문에 자신들과 티파티는 전혀 관련이 없다고 밝혔지만 거짓임이 곧 드러났습니다. 데이비드 코크가 티파티 전국 지부장 모임에 참가해 활동 상황을 보고받고 치하하는 등 '지도자 없는 운동'의 사실상의 지도자 노릇을 하는 영상이 공개되었기 때문입니다.

2010년 공화당 열풍에는 코크 형제의 지원을 받은 티파티, AFP 등 조직뿐 아니라 이들의 직접적 선거자금 운용도 한몫 단단히 했습니다. 코크 형제는 코크인더스트리의 다양한 기업들을 통해 200만달러가 넘는 선거자금을 댔고, 공화당 당선자의 대부분은 이들 형제의 돈을 받아 썼죠.[255] 87명의 초선 하원의원 가운데 62명, 초선 상원의원 가운데서는 12명이 코크 형제의 신세를 졌습니다. 하지만 이는 소소한 시작에 불과했습니다. 그들은 2012년 선거철에는 330만달러를 내놓았습니다. 대부분이 공화당 측(97%)으로 흘러들어갔고요. 이외에도 국회 내에서 각종 법안을 밀고당기는 로비자금으로 2012년에는 1,000만달러를, 2013년에는 800만달러를 쏟아부었습니다. 2014년 선거철에는 선거 기부금으로만 약 1,100만달러를, 로비자금으로 1,400만달러를 썼습니다. 코크 형제가 자선사업가도 아니고, 공짜로 돈을 쓸 리가 없죠. 쓰는 만큼 뽑겠다고 공공연하게 말하기도 했습니다. 그러니 코크 형제 돈을 받은 이들이 어떤 정치인이 될 것인지는 쉽게 짐작할 수 있죠. 그중 눈에 띄는 이가 캔사스 하원의원 마이크 폼페이오Mike Pompeo입니다. 2014년 선거에서 무려 10만달러나 받아 개인으로서는 코크 형제의 기부금을 제일 많이 받았죠. 2012년에도 마찬가지였습니다. 당시 대선후보였던 미트 롬니^{Mitt Romney}(7만 6,850달러)보다 더 많은 지원(11만달러)을 받았죠. 폼피오 의원은 의료법 개정에 반대한 것은 물론이고, 2014년 연방정부의 임시폐쇄를 결정한 모든 투표에서 찬성표를 던졌습니다. 하원의 에너지/산업 위원회 소속 의원으로서 그는 매연가스 규제를 반대하는 데 목청을 높였고 연방환경보호국을 계속 공격했죠. 심지어 풍력발전에 주는 세금면제 혜택에도 반대했습니다. 딱 코크형제가 원하는 흡족한 활동이었죠. 문제는 이런 이가 폼피오 의원만이 아니라는 것입니다.

2015년 1월 코크 형제는 또 다시 세상을 놀라게 했습니다. 2016년 선거전에 9억달러 상당의 자금을 투자하겠다고 밝혔기 때문이죠.[256] 새로운 장을 열었다기보다 새로운 '막장'을 팠다고 해야 할까요. 이는 미국 기준으로 봐도 정말로 놀라운 일이었습니다. 일단 9억달러란 어마어마한 돈이죠. 2014년에 이들이 쓴 돈의 무려 90배이고 2012년 대선에서 오바마 대통령 측이 쓴 돈 전체에 맞먹는 금액입니다. 자본 크기로만 치면 한 정당만큼의 영향력을 행사할 수 있게 되는 셈입니다. 실제로 이 발표 직후 루비오·크루즈 상원의원 등 공화당 대선주자급 정치인들은 코크 형제와 비슷한 억만장자들의 모임에 참석해 이들의 비위에 맞는 말을 쏟아냈습니다. 하지만 트럼프라는 아웃사이더가 나타나면서 이 계획은 순항하지 못했습니다. 양측의 사이가 일찍부터 틀어졌고 트럼프에 대한 코크 측의 지원은 전무했죠. 그럼에도 코크 형제는 2016년 대선에서 2.5억달러를 쓴 것으로 알려졌습니다. 그리고 2018년에 있을 중간선거를 위해 4억달러를 쓸 계획도 내놓았죠. 앞으로 미국정치에 미치는 이들의 영향력이 더욱 비대해지리라고 쉽게 예상할 수 있습니다. 코크 형제를 비롯한 거대 자본가 몇몇이 모여 사실상 한 정당의 대통령 선거 후보자의 심사를 한 셈입니다. 극소수 자본가들의 힘이 얼마나 커지고 있는지를 보여주는 사례죠.

* * *

미국의 자유지상주의 전통은 오래됐고 대중적으로 널리 퍼져 있습니다. 특히 2010년 이후에는 공화당 주류에 도전장을 내밀 만큼 성장하기도 했죠. 2016년 선거전에서도 많은 이들이 자유지상주의적 주장에 공감했습니다. 이 정치 이데올로기가 이 정도의 영향력을 유지하기 위해서는 대중적 지지 외의 다른 요소가 필요하죠. 자유지상주의자들이 선거에서 승리하고, 정치인들이 자유지상주의 정책을 내놓고 이를 위해 비장하게 싸우는 것은 바로 그 깃발 뒤에 자본이라는 괴물이 숨어 있기 때문입니다. 자본은 윌리엄 골딩이 쓴『파리대왕』속 괴물처럼 실체가 쉽게 드러나지 않습니다. 하지만 다행히 코크 형제의 얼굴에서 그 일단을 엿볼 수 있죠. 한마디로 코크 형제를 비롯한 초거대 자본가들의 자본력 없이 자유지상주의는 지금처럼 성장할 수 없었습니다. 자본이 정치 이데올로기의 주요 기제로 활용된 좋은 예입니다.

11장

사회제도: 교육 및 정치제도의 힘

미디어, 조직, 자본은 정치 이데올로기 유지에 필요한 도구입니다. 이 목록에 하나를 추가하자면 사회제도를 들 수 있습니다. 가족제도를 예로 들어볼까요? 한 남자가 여러 여자를 거느리며 살던 중세의 제도는 근대로 넘어오면서 바뀌기 시작했습니다. 중세 질서가 서구식 자본주의를 중심으로 재편되면서 일어난 결과였죠. 개인주의 성장과 인권 발달로 몇몇 국가는 동성혼 법제화에 성공하기도 했습니다. 미국만 보아도 성소수자들은 오랫동안 폭력과 박해에 시달려왔고 처절한 정치투쟁을 벌여야 했습니다. 그리고 마침내 2015년 6월 미국 대법원은 동성결혼을 합헌으로 판결했죠. 하지만 '결혼은 한 남자와 한 여자의 성스러운 결합이다'라고 주장하는 보수 기독교 세력의 저항이 계속되고 있습니다. 이들이 쉽게 싸움을 포기할 수 없는 이유는 이 논쟁이 다만 결혼제도의 문제로 그치지 않기 때문입니다. 논쟁의 중심은 보다 근본적인, 사회의 중심 이데올로기가 무엇이어야 하느냐의 문제입니다. '평범한 결혼'으로 상징되는 이전의 합의(가부장적 가족과 기독교 중심의 사회)가 흔들리는 데 대한 위기감이 깊어질 수록 반발도 거세졌습니다. 평범한 결혼 혹은 이와 비슷한 제도들의 압박이 유지되는 한 그 합의도 쉽게 흔들리지 않습니다. 이러한 제도 및 압박 속에서 성소수자들은 자신의 성적 정체성을 깨닫기 어렵고, 깨달은 뒤에도 자신의 성향을 부정하며 괴로워하는 일이 많습니다. 자신이 죄를 짓고 있는 것 아닌가 생각하기도 하죠. 사회제도가 용인하지 않기 때문에 생기는 혼란입니다. 자신의 정체성마저 자각하지 못하게 만들 정도로 사회제도의 '이데올로기적' 위력은 대단합니다. 일상적이고 전방위적이기에 더 무섭다고 볼 수도 있습니다. 다만 사회제도이니만큼 특정인이 조정하기 쉽지 않고 정치적 목적으로만 쓰이지는 않기 때문에 무관심하게 넘어가기 쉬울 뿐이죠. 이렇게 무심하게 넘어갔던 제도의 정치 이데올로기적 행태를 살펴보기 위해 교육제도와 정치제도에 대해 논의해보고자 합니다.

교육과 정치 이데올로기

정치 이데올로기에 대한 교육의 영향은 지대합니다. 특히 유아 및 초등 교육은 그 영향이 평생을 간다 해도 과언이 아닙니다. 성장하면서 비판적 안목과 대안을 생각하는 사고력을 키우기도 하지만 그마저도 학교에서 배운 것을 바탕으로 하기에 교육제도는 그 중요함을 아무리 강조해도 지나치지 않죠. 교육의 무게는 사실 누구나 자신을 돌이켜보면 쉽게 알 수 있습니다. 한국에서 보통 교육을 받은 사람이라면 대부분 민주주의에 대한 호감을 갖고 있고 공산주의나 사회주의에 대해서는 알 수 없는 불안감을 갖습니다. 한민족에 대해서는 무조건적 자부심이 들고 일본은 일단 부정적으로 보죠. 이런 조건반사적 태도를 재고하는 일은 어지간한 성찰이나 특별한 기회 없이는 무척 힘듭니다.

지금은 없어졌지만 김영삼 대통령 시절까지 고등학교에서는 '교련'이라는 과목을 두고 총검술 등 군사교육을 했습니다. 군복 같은 제복도 입고 군인 흉내를 냈죠. 열병식도 하고 부상자 붕대 묶는 법도 배웠습니다. 이를 가르치는 교사도 교사라기보다는 전직 군인으로, 학교의 군기를 잡는 일에 혈안이 된 사람들이 많았습니다. 학교나 학생들 모두 교련 교육이 군력 증강에 별 소용 없다는 사실을 뻔히 알고 있었습니다. 정치권력의 목표는 그런 교육을 통해 학생들에게 반공의식을 불어넣고 군대식 위계질서에 복종하는 태도를 심어놓는 것이었죠. 그런 면에서 교련 교육은 이데올로기 교육의 꽃이었으며, 굉장히 성공적이었습니다. 군사 독재와 국민 사이의 수직적 관계는 학교에 일상적으로 퍼져 선생은 학생을, 선배는 후배를 혹독하게 다루었고 또 그것이 당연하게 받아들여졌습니다.

부당한 일에 따지고 들면 '공산당이냐'는 조롱을 들었고, '빨갱이'란 최악의 딱지였습니다. 사회나 학교에서 일상화된 폭력은 덤이었죠.「말죽거리 잔혹사」(2004)라는 영화에 당시 학교의 이러한 모습이 잘 담겨 있습니다. 의무교육이 일반화된 현대국가에서 교육의 형태로 퍼부어지는 이데올로기 공세를 피할 수 있는 사람은 별로 많지 않습니다. 자퇴 등 적극적 저항(?)이 없는 한, 노출되는 것만큼은 누구도 피할 수 없죠. 학생들, 더 나아가 사회 구성원 전체가 배워온 것에서 크게 벗어나는 생각을 하지 않는, 소위 '안정적 사회'가 구축되죠. 정치 이데올로기의 기제로서 교육이 활용되는 좋은 예가 있습니다. 바로 2차 세계대전 직후 일본입니다.

일본의 변화

동아시아 식민화에 나서서 태평양전쟁을 벌인 일본과 패전 후의 일본은 아주 다른 나라입니다. 1945년 이전에는 동아시아공영권을 구축하여 전 아시아를 천황 지배하에 놓겠다는 극우적 정치 이데올로기를 바탕으로 파괴적 식민정책을 광대하게 펼쳤죠. 1941년 일본 교육부에 의해 발간되어 전국의 학교에 배포된『신민의 도』라는 책자에 따르면 천황은 창조주의 직계 후손으로서 일본의 바탕이자 정수입니다. 반면 이에 반하는 것들, 즉 개인주의·물질만능주의 등은 처단의 대상이죠. 반일본적인 서구의 가치는 일본의 정신을 위협하니 이에 저항하는 전쟁은 성스러운 것으로 간주됩니다. 이 전쟁을 통해 오염된 세계질서를 일본의 그것으로 바꾸는 일은 도덕적·종교적 사명이나 다름 없었죠. 끈질긴 이데올로기 공세로 극우 사상은 일본을 점점 잠식했습니다. 정부도 결정적 역할을 했습니다. 오늘날 한국 국가보안법의 모체가 되는 각종 보안법, 즉 치안경찰법(1900), 치안유지법(1925)을 내놓으며 좌파 등 반대세력에 대한 탄압을 이어갔죠. 덕분에 극우파와 군부가 권력을 거머쥐었고 일본은 확전일로를 걸었습니다.

극우 사상의 승리는 무서운 비극으로 이어졌습니다. 극우파와 군부에게 정치적 승리를 안겨주었고 일본민중을 세뇌시켰죠. 일본은 아시아 전체를 전쟁으로 몰고갔습니다. 하지만 모두 잘 알다시피 그 끝은 패망과 파탄이었습니다. 항복하지 말고 끝까지 싸우다 죽으라는 기막힌 요구를, 극우 사상에 젖어 있던 군인들은 저버리지 못했습니다. 이런 믿기 힘든 일본인들의 행태는 클린트 이스트우드 감독의 2006년작 「이오지마에서 온 편지」에 잘 드러나 있죠. 아무 희망이 없는 청년들이 항복하는 대신 동굴에 모여 천황 만세를 외치며 수류탄 위에 앉아 하나하나 죽어갑니다. 그 조그만 섬을 지키고자 했던 일본군은 이 전투에서 약 1만 9,000명이 죽었고 불과 216명만이 포로가 됐죠. 미군 폭격으로 수도 없는 민간인들이 목숨을 잃었고요. 토오꾜오에서만 10만명이 죽었고 히로시마와 나가사끼의 핵공격으로 약 20만명이 희생됐습니다. 이렇게 고초를 겪었음에도 일본인들은 천황이 항복을 발표했을 때 통곡을 했죠. 정치 이데올로기의 사슬이란 그렇게 무섭고 질긴 것입니다.

전후 일본은 마치 방학을 시작한 학교처럼 달라졌습니다. 전쟁의 광기는 없어진 학생들처럼 자취를 감췄고 좌파세력이 빈 교정을 메우듯 나타났죠. 미 군정하에서 좌파적 사회가 준동했고 이들이 전후 질서를 주도했습니다. 반동의 물결이 거세지며 자민당의 장기 집권이 이어졌지만, 좌익 전통은 쉽게 가시지 않았죠. 전투적 노조세력이 1970년대까지 일본을 휩쓸었고 이를 기반으로 한 사회민주당과 공산당은 꾸준히 정치력을 유지했습니다. 1947년 첫 민주선거에서 사회당은 의회 내 466석 가운데 무려 143석을 얻으며 제1당으로 나섰고 내각도 꾸렸죠. 이후 주요 정당으로 20% 안팎의 득표율을 꾸준히 기록했습니다. 1994년 선거에서는 당수인 무라야마 도미이찌村山富市가 연정을 이끌며 수상이 되는 기염을 토하기도 했죠. 일본 공산당 역시 탄탄한 대중적 지지를 바탕으로 주요 정당으로 성장했습니다. 기복은 있었지만 아직도 10% 정도의 표를 얻고 있으며 2014년 선거에서는 무려 21석을 획득했습니다.[257] 부진을 면치 못하고 있는 유럽 공산당들과는 사정이 크게 다르죠. 이러한 일본 좌파의 선전은 일본의 현대사를 돌이켜보아도 그렇고 바로 이웃인 한국 좌파 정당의 운명을 생각해보아도 정말 놀라운 일입니다. 해방 직후 제주도의 사정을 그린 김석범의 소설 『화산도』에는 한 혁명가가 토오꾜오 공산당 본부 앞에서 느낀 감회가 나옵니다. "비바람에 바랜 듯한 붉은 깃발이 흐린 하늘에 나부끼고 있었다. 일개 노동조합이 아니라 공산당본부의 간판을 당당히 내걸고서, 혁명을 논하고 지도할 수 있는 건물을 눈앞에 본 남승지는 순간, 여기가 어디일까 하고 눈을 깜빡거렸다. 일본인 줄은 알면서도 비현실적인 감각이 남승지의 가슴을 뜨겁게 한다. 남조선에서는 이미 있을 수 없는 광경이다."[258] 당시 불과 몇년 전만 해도 공산당에 대한 탄압은 일본이나 조선 땅이나 똑같았는데 일본만 이렇게 달라진 것을 보는 마음이 어떨까 상상이 가는 대목이죠.

좌파의 성장은 평화의 전통을 만들었습니다. 일본 평화주의의 상징이자 제도적 근간은 무장 영구금지 조항을 포함한 평화헌법이죠. 평화헌법 9조는 "일본국 국민은 정의와 질서를 기조로 하는 국제평화를 성실하게 희구하고, 국권의 발동에 의한 전쟁과 무력에 의한 위협 또는 무력의 행사는 국제분쟁을 해결하는 수단으로서는 영구히 포기하며 이를 위해 육·해·공군 기타의 전력은 보유하지 않는다. 국가의 교전권은 인정하지 않는다"라고 명시하고 있습니다.

보수진영은 정상적 국가라면 군대가 있어야 한다며 개정을 추진해왔지만 번번이 무릎을 꿇었죠. 전쟁으로 인한 뼈져린 아픔을 기억하는 시민사회와 의회 내 좌파의 목소리를 꺾지 못했기 때문입니다. 아직도 50% 이상의 국민들이 헌법 개정에 반대합니다. 아베 수상의 보수몰이가 강력하고 헌법 개정 또는 그에 상응하는 변화가 예상되지만, 그럼에도 쉽지 않을 것이라는 전망은 바로 이런 평화세력의 힘 때문이죠. 군국주의와 전쟁의 피가 끓어오르던 나라에 어느새 평화 전통의 뿌리가 깊고 굵게 내려졌다는 증거입니다. 불과 두세대 전만 해도 아시아 전체를 전쟁으로 몰아넣었던 일본이 잘 떠오르지 않을 정도입니다.

일본의 교육 개혁[259]

전쟁이 끝나자 일본은 새 시대를 열었습니다. 파쇼적 민족주의를 기본으로 한 군국체제로부터 좌파적 성향이 강한 민주체제로의 전환이 불과 몇년만에 이루어졌죠. 이런 혁명적 전환은 많은 요인 덕분에 가능했습니다. 전쟁의 패배로부터 온 기존 질서에 대한 환멸은 가장 중요한 이유였겠죠. 오랜 핍박을 이겨낸 좌파 지식인과 노동자들의 연대, 조직화 등 정치적 노력 또한 중요했죠. 미군이라는 존재 또한 결정적이었습니다. 천황을 대신한 이들은 대대적이고 급진적인 변화를 요구하고 강제했습니다. 미군정은 일본이 다시 전쟁을 일으키는 것을 막고자 상당한 공을 들였습니다. 첫 과제는 전쟁 주도 세력의 제거였죠. 동아시아 국제 군사재판을 열어 수상이자 육군의 지도자였던 도조 히데끼東條英機를 포함한 수천명의 전범을 재판정에 세웠고 천황도 '사람'으로 지위를 격하시켰습니다. 전쟁경제를 이끌었던 미쓰비씨 등 재벌도 해체 또는 대폭 축소했죠.

당시 일본 민중은 천황을 살아 있는 신이라고 여기고 숭배했습니다. 빛의 신, 아마테라스의 직계 후손으로서 천황은 절대적 정당성을 확보하고 있었죠. 전쟁은 이런 자랑스러운 일본이 서양세력으로부터 아시아 민중을 보호하기 위한 것이라는 말로 정당화되었습니다. 미국은 학교교육에 주목했습니다. 일본의 교육, 특히 도덕·지리·역사 등의 교과목들이 군국주의 사상을 전파했기에 민중 동원이 가능했다고 진단했죠.

미군정부는 일본 교육에서 군국주의의 그림자를 완전히 제거하는 것과 미국식 가치체계 주입을 주된 목표로 삼았습니다. 우선 전쟁 전 구체제 교육의 틀을 깨는 명령을 연이어 내려보냈죠. 1945년 12월 당시 일본의 국교이자 천황의 신성화에 중심적 역할을 했던 신도 교육을 학교에서 금지했습니다. 이어 학생들의 신사 참배 등 일체의 종교 행위 또한 불허했습니다. 과거 일제의 군국주의를 정당화하는 데 활발하게 이용됐던 과목들(역사, 지리, 도덕 등)도 일시적으로 폐지했죠. 1946년 학교 내 극우 조직을 모두 해산시켰고 더 나아가 민주적이지 않은 요소를 모두 금지하는, 굉장히 포괄적인 명령을 내렸습니다. 이러한 조치들은 민주체제를 바탕으로 하는 정치질서와 이를 뒷받침하는 개인주의·인권·평등을 강조하는 가치체계를 퍼뜨리고자 했던 맥아더 정부의 큰 구상의 일부였습니다.

일년도 채 안 돼 구체제 교육의 틀을 부순 미군정부는 곧 구조적 개정을 단행했습니다. 군국주의 가치를 효과적으로 주입시킨 교육부 약화가 그 중심이었죠. 교육자 양성이나 교과서 채택 등의 사안에서 교육부가 일방적으로 가지고 있던 권위를 지역의 교육관청에 나누어주었습니다. 다양한 목소리를 장려함으로써 예전처럼 단일한 사상이 국민 전체를 현혹할 수 없게 하려는 의도였죠. 구체제로 회귀하려는 반동적 분위기가 일더라도 이를 어렵게 하고자 한 제도적 안배이기도 했습니다. 권력의 분배는 일선 교사 선에까지 미쳤습니다. 수업과 과제의 선택에 보다 더 많은 자율성이 주어졌고 토론을 통해 민주·인권 등 미국식 가치를 가르치도록 장려됐습니다. 이를 돕기 위해 미국 전문가들이 태평양을 건너왔죠. 미국의 교육방식과 가치가 직접적으로 심어진 계기였습니다. 사상검증을 통해 군국주의 사상에 물들었다고 판단된 교사가 12만명이나 해직당했으니, 교사 양성도 주요 과제였습니다.

이런 구조적 개혁을 바탕으로 새로 출발한 교과들은 이전과는 완전히 달라진 모습이었습니다. 새 사회 교과는 민주체제 강조와 일본 특유의 집단문화 약화를 목표로 했습니다. 지리 교육도 지난 교과과정과 정반대로 흘러갔습니다. 이전에는 대동아공영권을 중심으로 한 제국 확장이 지리교육의 중심이었지만 지리적 팽창과 대동아공영권 구상에 대한 비판과 과학적 접근이 강조되었죠. 역사 과목 또한 대대적 수술을 받았습니다. 일본의 신화와 천황 신격화를 통해 일본의 식민지배를 정당화했던 논의는 사라지고 사료를 바탕으로 한 교육, 나아가 창조적 사고를 장려하는 데 초점이 맞춰졌습니다. 전쟁에 대한 참회가 명시되었고, 교사가 일본의 전쟁 책임을 분명히 하고 평화의 가치를 교육해야 한다는 내용이 교육지침서에 포함되었습니다.

미군정부의 개혁은 일본 측 조력자가 생겼기 때문에 가능했습니다. 바로 교원노조였죠. 교육을 통한 사상 개혁에 교사들의 협조가 필수임을 인식한 미군정부는 노조를 적극 지원했습니다. 정치적으로도 구체제에 대한 대항마로 알맞았죠. 1947년 창설된 교원노조에 당시 40만명에 달하는 교사 대부분이 가입했으니 그 영향력이 상당했습니다.[260] 교사들은 다른 집단에 비해 상당히 진보적이었고 이를 반영하듯 교원노조의 공식 목표에는 평화교육의 정착이 포함되어 있습니다.

예상대로 이들은 평화교육을 폄하하려는 보수정권을 상대로 지속적 정치투쟁을 벌였습니다. 예를 들어 1956년 정부는 법 개정을 통해 교과서의 수를 줄이고, 이를 채택하는 데 지방관료들의 영향력을 강화할 길을 터주려 했습니다. 교원노조는 즉시 반발했고, 이는 곧 전국적 시위와 파업으로 이어졌습니다. 이미 50만에 이른 노조원들의 단결된 저항을 이기지 못한 정부는 결국 이 안을 폐기해야 했죠. 교원노조가 평화교육의 수호자로서 자리매김한 것은 물론입니다.

한국 보수주의의 선전

지금까지 보았듯 정치 이데올로기는 여름이 오면 덥고 추워지면 나뭇잎이 떨어지는 자연현상이 아닙니다. 반북·경제성장·종미라는 가치를 아우르는 한국 보수주의도 마찬가지입니다. 박정희 때야 교과서에서도 북한을 주적으로 삼고 때려 부수자는 식의 노골적 보수주의 찬양가가 당당히 흘러나왔지만, 이제는 그런 노골적 선동보다 일반적인 경로를 통해 이런 가치를 퍼뜨리고 있죠. 반북시위가 그중 눈에 쉽게 띕니다. 북핵 문제가 불거질 때마다, 또는 한국전쟁 기념일 때나 천안함 기념일이면 보수단체들은 군복을 입은 사람들을 앞세우고 북한 깃발과 북한 지도자 사진을 불태우곤 합니다. "김정은 척살하자" "금수산궁전 폭파하자" 등 구호만 들으면 아직도 박정희 시절인 듯한 느낌마저 듭니다. 이들의 적은 북한만이 아니죠. 남한 내 적대세력도 그냥 지나치지 않습니다. 어버이연합은 박근혜 대통령을 비판하는 정치인이면 여야를 가리지 않고 빨갱이로 몰아붙여온 대표적 단체입니다.[261] 학자나 일반 시민단체에 대해서는 말할 것도 없습니다.[262] 2006년 창립 이후 10년간 어버이연합의 시위 활동을 보면 반공/종북몰이 (79건), 반야당(47건), 친보수(44건), 친재벌/반노조(26건) 등 보수주의의 정수라 할 만한 활동을 해왔음을 알 수 있습니다. 이런 보수 선전 단체는 이들만이 아니죠. 고엽제전우회·서북청년회·국민행동본부 등도 선전전의 주요 세력입니다.

　어버이연합이 중요한 이유는 앞에서 논의했던 정치 이데올로기 선전매체들이 엮이는 교차로이기 때문입니다. 어버이연합은 사람들을 동원해 보수이데올로기를 전파하는 데 여념이 없습니다. 지난 10년간 분석된 시위만 봐도 거의 200건이니 창립 후 매달 최소 한번씩은 시위를 한 셈입니다. 시위를 조직하는 데는 많은 자원이 들어가죠. 리더십, 계획, 조직력, 열정, 자금 등 많은 요소들이 맞아떨어져야 대규모 시위가 가능합니다. 그 가운데 어버이연합의 강점은 자금력이었음이 드러났죠. 시위 참여를 돈으로 산 것입니다. 2014년 4~11월의 '어버이연합 집회 회계장부'에 따르면 이 시기 총 1,259명의 탈북자를 동원했고 일당은 2만원으로, 장부상 총 2,518만원을 지출했습니다.[263] 당시 참여자 전부는 아니었겠지만 최소 반 이상이 이런 '알바생'이었으리라 추측됩니다. 이렇게 사람들을 동원하기 위해 총책이 탈북자 밀집 지역인 서울·인천 지역을 관리하기까지 했죠. 관리 책임자는 인맥이 두터운 탈북인이 맡아 주변 탈북인에게 언제, 어디로 나오라는 전화나 문자를 돌리기도 하고 전문 브로커를 이용하기도 했습니다.[264] 이들이 시위 참여자를 찾는 데는 아무 어려움도 없었습니다. 생활고에 시달리는 노년층 탈북인에게 보수 시위는 소중한 아르바이트였으니까요. 2만원 일당을 위해 시위에 경쟁적으로 몰렸고 어떤 이들은 심지어 목돈을 보증금처럼 미리 내놓고 집회에 정기적으로 참가할 특권을 따내기도 했습니다.[265] 어버이연합 시위 참여자들은 나라를 걱정하고, 나름대로는 어버이연합과 근접한 정치적 관점을 가지기도 했겠지만 일당 없이는 시위에 나오지 않았을 가능성이 매우큽니다. 그런 면에서 이들의 시위는 1980~90년대 반정부 학생 시위나 2000년대 시민단체 주도의 시위, 또는 최근의 세월호 진상규명 요구 시위, 박근혜 대통령 탄핵 요구 촛불 시위 등과는 뚜렷이구분되죠.

어버이연합이 시위 참여자들의 일당으로만 수천만원씩 쓸 수있었던 것은 든든한 자금줄이 버티고 있었기 때문입니다. 한국자본가들의 최대 모임인 전국경제인연합회는 2014년 9월과 11월, 12월 세 차례에 걸쳐 1억 2,000만원을 어버이연합 쪽에 건넸습니다. 이 돈은 한 선교복지재단의 계좌로 흘러든 뒤 어버이연합 추선희 사무총장에게로 넘어갔죠. 선교복지재단 관계자는 추 사무총장이 해당 계좌의 현금카드를 소유하고 통장을 관리했다며 그계좌가 추 사무총장의 차명계좌임을 밝혔습니다.[266] 어버이연합에서는 이를 인정하는 분위기였습니다. 이종문 어버이연합 부회장은 "(전경련으로부터) 1억 2,000만원 안 받았다고는 못 한다.

(…) 솔직히 말해서 1억 2,000만원은 떡값 수준"이라며 전경련으로부터 돈을 받았다는 사실을 인정했죠.[267] 경제단체가 정치시위에 개입한 것도 충격적이었지만 드러난 것 외에 얼마나 더 많은 자금이 흘러갔을지 알 수 없는 일입니다. 추선희를 통해 다른 보수단체에도 지원이 갔을 가능성도 지적됐습니다.[268] 의혹이 제기된 이후 추 사무총장은 1억 2,000만원 외에는 받은 돈이 없다고 잡아뗐지만 곧 4억원이 더 있음이 밝혀졌죠. 벧엘선교재단 계좌에 전경련이 2012년 2월 21일 1,800만원을 입금한 것을 시작으로 2014년 말까지 20차례에 걸쳐 5억 2,300만원이 지원됐습니다. 그리고 이때마다 어버이연합은 친정부 집회를 열었습니다.[269] 전경련만이 아니었습니다. SK와 CJ도 어버이연합에 돈을 건넸죠.[270] 어버이연합의 차명계좌에는 2013년 '씨제이주식회사' 명의로 1,000만원, 2014년 'SK하이닉스' 명의로 5,000만원이 입금되어 있었습니다. 의혹은 더 조사해보아야겠지만 드러난 것만으로도 자본과 보수 이데올로기의 고리를 드러내는 데는 부족함이 없습니다. 어버이연합처럼 대기업 돈으로 시위를 하는 단체의 숫자와 자금의 규모도 현재 드러난 것보다 훨씬 클 공산이 있죠. 노조를 비난하고 자본친화적인 정부를 보호하는 이들에게 돈을 대고 이슈화하는 일은, 대기업으로서는 밑질 것 없는 장사입니다. 자유지상주의가 자본가들의 지갑을 통해 미국에서 퍼져나갔듯이 보수주의도 전경련을 비롯한 대기업 장부를 거쳐 한국사회에 번지고 있는 것이죠.

조직과 자금, 여기에 권력까지 더해지면 정치 이데올로기 선동의 교과서적 예(나치가 전형적)가 됩니다. 어버이연합의 경우도 딱 그렇습니다. 핵심 권력이 어버이연합을 정치선전기관으로 이용한 정황은 여러 곳에서 나타납니다. 보수인사들은 추선희 사무총장이 청와대가 뒤에 있다는 것을 늘 자랑했다고 증언했습니다. 추씨는 청와대 비서관과 연락한다고 큰소리를 치고, 회의하다 전화가 오면 'BH'에서 왔다고 하기도 하고, 청와대 관계자와 식사도 했다며 으스댔습니다. 실제로 청와대 허현준 행정관 명함을 보여주며 친교가 있다는 사실에 대해 우쭐거렸죠. 청와대가 이들의 배후에 있음을 짐작케 하는 대목입니다. 어버이연합은 관제 시위 지시가 청와대에서 직접 내려왔다는 것도 털어놓았습니다. 어느 내부인사의 말에 따르면 청와대는 반대가 거셌던 한일 '위안부' 합의안 체결 지지 집회를 지시했고, 이후 청와대 배후설에 대한 보도가 나올 듯한 조짐이 보이자 이 언론사를 위협하는 시위를 주문하기도 했습니다. 추씨는 "우리는 지시를 받은 게 아니다. 우린 협의를 했다. 아는 사람이니까"라고 털어놨죠.[271] 청와대가 어버이연합을 조종해 보수 이데올로기를 바탕으로 국정을 운영해왔음을 보여줍니다.

정치선동 공작은 청와대만 펼친 것이 아니었습니다. 국정원도 배후로 지목되고 있는데 2012년 원세훈 국정원장은 종북좌파가 다시 정권을 잡으려 하고 있다며 이를 막아야 한다고 지시했고 곧 대선에 개입했죠. 이미 법정에서 밝혀진 대로 조직적으로 댓글을 달아 여론을 호도하는 한편 오프라인에서는 어버이연합을 이용했다는 정황이 나왔습니다.[272] 국정원이 어버이연합에 돈을 주고 시위를 지시한 것도 밝혀졌죠.[273] 경찰의 지원도 이어졌습니다.[274] 어버이연합은 2012년부터 2015년까지 4년간 불법 폭력집회를 연 혐의로 27차례 경찰에 입건됐음에도 최근 3년간 신고한 3,580건의 집회를 경찰은 모두 허락했습니다. 불법적인 폭력집회로 변질될 것을 뻔히 알면서도 묵인한 셈이죠. 한국 경찰이 모든 집회에 너그럽다면 모르지만 그렇지 않아 문제입니다. 시위를 차벽으로 에워싸고 조금만 수상해도 폭력으로 겁박하는 것을 우리는 너무나 자주 목격해왔죠. 애초에 허가도 잘 내주지 않습니다. 예를 들어 세월호 관련 집회는 2014년에만 61회나 불허했죠.

이뿐 아니라 어버이연합에 정부 지원금도 나왔습니다. 어버이연합의 자금 통로 역할을 한 것으로 의심되는 유령 단체 비전코리아에 정부는 3,500만원을 지원했죠.[275] 보수단체에 대한 자금 지원은 무척 광범위해서 정치색이 강하고 불법 폭력시위까지 일삼은 단체들(국민생활안보협회, 국민행동본부 등)까지 그 대상이었습니다. 보수권력이 이데올로기 선전전에 노골적·적극적으로 관여하고 있음을 알 수 있습니다.

'어버이연합 게이트'는 보수주의 선전전의 한 예일 뿐입니다. 더욱 일상적인, 그래서 어찌보면 더 효과적인 이데올로기 공세가 우리 주변 곳곳에 도사리고 있습니다. 교육도 그중 하나죠. 2015년 한국사 교과서 국정화로 논란이 불거졌지만 이전에도 우리의 교과서는 충분히 보수적이었습니다. 시장경제를 통한 경제성장은 진리처럼 소개됩니다. "경제적 자유와 경쟁이 주는 이점"을 논하며 "가격 경쟁, 광고 경쟁, 품질, 디자인 경쟁, 서비스 경쟁"으로 사람들은 더 큰 혜택을 누리게 되리라 단언하죠.[276] 경제에 관한 논의는 기업 위주의 시장경제 논조에서 거의 벗어나지 않습니다. 역사 서술도 비슷합니다. 이승만 정부도 반공정책을 우선시하느라 친일파를 몰아내는 데 소극적 태도를 취했기 때문에 실패했다는 논의가 주를 이룹니다. 마치 이승만이 친일파 처단을 위해 노력은 했지만 미흡해서 일이 잘 안 풀렸다는 인상을 주죠. 여기에 저항한 좌파세력과 민중의 노력은 공산주의자들의 질서교란을 위한 폭동으로, 사회 혼란만 야기한 불행한 사건으로 언급됩니다. 미국은 세계평화와 자유를 지키는 우방으로 그려집니다. 즉 교과서에 기본적으로 반북·경제성장·친미로 이어지는 보수의 가치가 녹아 있는 것이죠.

그런데 박근혜 정부는 이마저도 모자라다고 주장했습니다. 박근혜 대통령은 기존의 교과서가 "우리나라 현대사가 정의롭지 못하고 오히려 이 대한민국은 오히려 태어나지 않았으면 더 나았을, 더 잘하고 있고 정통성은 북한에 있고, 이렇게 인식이 되면서 자라나면 우리 세대가 대한민국에 대해서 전혀 자부심이나 긍지도 느낄 수 없고 또 통일시대에도 이거 뭐 북한식으로 되어버리고 말"것이라며 "세계가 참 부러워하기도 하는 그런 경제발전, 이런 데 대해서 이건 반노동적이고 어떻게 해가지고 잘못된 이런 걸로 자라나는 사람 머릿속에 심어지게 된다"라고 걱정했습니다.[277] 이어 역사교과서의 국정화를 통해 이를 바로잡고 올바른 역사관을 국가가 주입하겠다는 방침도 내놓았죠. 국가가 역사의 해석을 독점함으로써 보수주의 정치 이데올로기를 퍼뜨리겠다는 결의나 다름없었습니다. 여기서 눈여겨볼 것은 교학사의 교과서입니다. 박근혜 대통령이 교학사 한국사 교과서의 실패를 안타까워했고 이를 계기로 교과서 국정화가 추진됐기 때문이죠.[278] 새누리당도 "7종의 교과서가 다 현대사 부분에선 부정적 사관에 의한 교과서였는데, 교학사에서 긍정적 사관에 의한 교과서를 발행하는 과정에 있다"며 교학사 교과서에 큰 기대를 했고 박근혜 정부는 이를 심의에서 통과시켰습니다.[279]

교학사의 한국사 교과서는 보수주의의 정치적 가치를 충실히 담고 있습니다.[280] 보수주의 진영에 있어 반북 깃발은 그들의 친일 과거를 희석하는 역할을 해왔습니다. 그만큼 지우고 싶은 것이 친일이라는 낙인이죠. 교학사 교과서에는 그 열망이 일제 미화를 통해 잘 드러나 있습니다. 1876년 일제에 의해 강제로 체결된 강화도조약이 '근대화와 개방이 불가피하다는 자주적인 판단에 의한 것이다'라는 주장이나 '당시에는 모두 일제에 협력할 수밖에 없었다'라는 식의 주장이 대표적인 예입니다. 두산 창립자 박승직 등 친일인사의 행적도 칭송하고 있으며, 일제강점기 경제발전을 긍정적으로 묘사하고 있죠. "자급자족적 경제관념에 변화가 일어나고 더 넓은 시야에서 생각할 수 있는 계기가 제공"된다거나, "일제의 식민지 지배가 지속될수록 근대적 시간관념은 한국인에게 점차 수용되어갔다"라는 부분에는 일제 덕분에 조선이 발전했다는 식민지 근대화론이 그대로 투영되어 있습니다.

일제를 미화해놓았으니 이에 대한 저항을 적극적으로 다루기도 어렵죠. 그래서 김구·윤봉길·안창호·이봉창 등의 활약은 축소하거나 아예 누락했습니다. 그 대신 이승만의 비중이 과장되었죠.

"이승만은 당시에 한국인들이 가장 존경하고 신뢰하는 지도자"였다는 언급과 함께 말입니다. 이러한 역사관은 자연스레 박정희를 비롯한 반공 독재정권의 미화로 이어졌습니다. 5·16 "군사정변"은 "혼란을 자초"한 장면 정부의 탓이고 "반공과 함께 자유 우방과의 유대를 강조"했다며 쿠데타를 미화했습니다.

"박정희 정부는 빈곤과 정체에서 잠자고 있는 농촌을 깨워 일으키지 않으면 한국의 근대화는 결코 성공할 수 없다고 확신했다. 그래서 정부는 농민들의 근면, 자조, 협동 운동으로, 그리고 잘 사는 농촌을 건설하기 위한 농촌개발 운동으로 새마을 운동을 추진하였다. (⋯) 농민의 자립정신과 협동정신을 길러주는 운동이 되었다"(334면)라는 식으로 박정희 대통령의 공은 부풀렸고, 유신은 미화했습니다. 독재를 미화하는 것은 전두환 정권에 대해서도 마찬가지였고, 광주항쟁은 폄하했습니다. 이런 역사관에 입각해 있으니, 북한과도 자연스레 각을 세우게 되었죠. 고등학교 8종 교과서 가운데 천안함 사태에 대해 유일하게 기술했고, 육영수 암살, 아웅산 테러 등에 대해서도 약술해 다른 교과서들과 차이를 보였습니다. 김대중 대통령이 남북관계 개선으로 노벨평화상을 받은 사실은 누락했고요.

이 교과서는 왜곡된 주장뿐 아니라 부정확한 서술, 학계에서 인정받지 못하는 학설 주장 등으로 많은 비판을 받고 학계뿐 아니라 학교에서도 완전히 외면받았습니다. 교학사 교과서의 실패는 이 교과서가 시장에서 경쟁력이 없을 뿐 아니라 보수주의가 정치 이데올로기 시장에서도 큰 매력이 없다는 증거이기도 합니다. 이들이 그리는 한국의 미래상에 대한 재고가 필요한 것이죠. 그럼에도 박근혜 정부는 국정화를 통해 이데올로기 전쟁을 이어갔습니다. 강물을 거슬러오르는 보수주의자들의 투쟁은 이들이 교육을 통한 '세뇌' 공세의 중요성을 파악하고 있음을 드러냅니다.

정치제도

특정 정치 이데올로기를 유지·강화하는 제도로서 한 가지를 더 살펴보겠습니다. 교육제도를 예로 들긴 했지만 사실 정도의 차이가 있을 뿐 사회제도 가운데 그 영향이 전무한 것은 없을 것입니다. 얼핏 보면 그 정치적 기능이 눈에 확 띄지 않았을 뿐이죠. 그러한 면에서 선거제도도 비슷합니다. 선거제도를 간단히 정의하자면 '투표의 수를 의석의 수로 전환하는 일련의 규칙'이라고 할 수 있습니다. 선거가 있는 날이면 수많은 이들이 투표를 하고 승자와 패자를 가려내죠. 그 결과는 마치 스포츠 중계처럼 방송되고 수많은 이들이 환호성, 탄식, 맥주를 곁들여가며 지켜봅니다. 출구조사를 통해 결과를 바로 예측할 수 있는 경우도 있지만 박빙으로 끝까지 마음을 졸이는 경우도 많습니다. 이렇게 득표 수를 정치집단들의 의석수로 전환하는 선거제도는 그 자체로 정치적일 수밖에 없습니다. 여기서 또 우리는 바로 선거제도가 한 사회의 정치 이데올로기를 반영하고, 동시에 강화한다는 점을 눈여겨봐야 합니다.

선거제도는 너무나 다양해 논의를 꼼꼼하게 하자면 책 몇권

분량으로도 부족할 것입니다. 방식마다 장단점이 있고 나라마다 정치적 사정이 다 조금씩 다르니 논의가 끝이 없을 수밖에요. 그중에서 우선 간단하고 익숙한 '단순다수제'는 한국에서도 쓰이는 방식으로 누구든 제일 득표를 많이 한 후보 한명만이 승자가 됩니다. 득표율은 상관없고요. 13대 대선을 보면 노태우 후보는 36.6%의 득표율을 기록했습니다. 김영삼(28%), 김대중(27%) 후보가 그 뒤를 따랐고 노태우가 승리했죠. 익숙해서 당연한 듯하지만, 이는 사실 문제시할 수 있는 승리입니다. 과반은 고사하고 40% 득표율에도 미치지 못한 후보가 나라 전체의 대표로 뽑힌, 기가 막힌 선거 결과였으니까요. 선거 결과로 드러난 민심은 무엇이었을까요? 보기에 따라 제일 많은 사람들이 노태우를 대통령으로 원했다고 말할 수도 있습니다. 하지만 약 63%의 유권자가 노태우 이외의 후보에게 표를 던진 것을 보면, 다수가 노태우에 반대했다고 볼 수도 있죠. 그렇지만 바로 그 선거를 통해 노태우는 대통령이 되었습니다. 단순다수제의 원칙에 의해서는 아무 문제가 없는 결과였으니까요.

국회의원 선거도 단순다수제를 기본으로 합니다. 2012년 4월 11일 치러진 19대 총선을 보면 새누리당 이철우 후보(경북 김천)는 80%를 넘는 최고의 득표율로, 무소속 박주선 후보(광주 동구)는 32%에 불과한 최저의 득표율로 승자가 됐습니다. 2016년의 20대 총선에서는 마산합포에 출마한 새누리당 이주영 후보(65.3%)가 최고 득표율, 양산 을에 출마한 더불어민주당 서형수 후보(40.3%)가 최저 득표율 타이틀을 땄습니다. 박주선 후보나 서형수 후보로서는 좀 낯뜨거운 승리일 수 있지만 상관없습니다. 일등을 했으니까요.

여기서 한가지 짚어야 할 것이 있습니다. 총선에서는 유권자가 추가적으로 정당에 투표할 수 있다는 점입니다. 2002년 6·13 지방선거에서 처음으로 도입된 정당명부 식 1인 2투표제는 유권자로 하여금 지역구 후보 가운데 한명에게 한표, 그리고 정당에 한표를 따로 행사할 수 있도록 했습니다. 정당은 전국 정당득표율에 따라 의석을 나누어갖습니다. 득표율과 의석점유율이 비례한다고 해서 비례대표제라고 하는 것이죠. 비례대표제는 단순다수제의 문제, 특히 승자독식 구조에서 오는 폐해를 상당히 해결할 수 있습니다. 하지만 비례대표제 의원석이 300석 가운데 47석(54석이었지만 20대 총선을 앞두고 축소됨)으로 제한적이라는 한계가 분명합니다.

단순다수제를 유권자 입장에서 생각해보기 위해 가상의 나라와 가상의 유권자를 상상해보겠습니다. 편의상 그 유권자를 J라고 부르겠습니다. 20세의 J는 한 대형마트에서 보통 하루 8시간 근무하는 노동자입니다. 몸을 많이 쓸뿐더러 고객과 상사의 비위를 맞추다보니 마음도 지치는 일입니다. 밤에는 햄버거 배달로 서너시간 알바도 합니다. 마침 국회의원 선거 전날 2시간 초과근무를 한 J는 선거 당일 지칠 대로 지쳐 있었죠. J는 마트의 상사에게 힘들게 이야기를 꺼내 겨우 투표장으로 향했습니다. 투표장도 마트에서 멀어 J는 서둘러 전철을 탔고 시간을 아끼기 위해 중간에서 택시로 갈아탔습니다. 몸과 마음, 게다가 돈과 시간까지, J는 이 투표를 하기 위해 커다란 비용을 지불했죠. 이렇게까지 선거에 참여하려는 것은 개인적 사정 때문입니다. 불안한 고용과 보장이 없는 미래, 있으나마나 한 의료보험 등으로 현 정부에 대한 불만이 컸고 이를 투표로 표현하고 싶었던 겁니다.

　문제는 누구를 찍느냐는 것이었죠. 투표소에 선 J는 앞의 컴퓨터 스크린에 보이는 10개 남짓한 후보 이름을 봅니다. 보수당 후보는 현체제를 더욱 보수적으로 몰고 가려는 사람입니다. 이에 맞서는 제1 야당인 그민주당 후보는 보수당 정책에 반대를 하기는 하지만 그것뿐 사실 보수당과 크게 차이가 나지는 않습니다. 굳이 차이를 찾자면 자신과 같은 임시직 노동자들의 고용 안정에 애를 쓴다는 정도입니다. J가 마음에 두고 있는 정당은 치우치는 경제발전 대신 강력한 복지정책과 세금개혁을 통해 경제평등을 이루겠다고 주장한 사회당이었습니다. 하지만 주저하게 됩니다. 왜냐하면 J는 자기 선거구에서 오직 한명만이 당선자가 된다는 것을, 그리고 사회당의 급진적 정책을 지지하는 사람은 소수라는 것을 잘 알기 때문이죠. 게다가 사회당 후보가 '당선'되리라고 생각하는 사람은 더더욱 소수입니다. 마지막 여론조사에서 사회당 후보는 6%대 지지율을 기록했습니다. 이를 뻔히 아는 J는 자신이 투표소에 서기 위해 지불한 비용을 생각합니다. 일을 빼먹어 사라진 시급, 찍혀서 재고용이 안 되면 어쩌지 하는 막연한 불안, 지하철 요금, 택시비 등을 생각하면 질 것이 뻔한 사회당 후보에게 투표하는 것은 정말 허망하죠. 그러니 그나마 자신의 생각과 비슷하면서도 당선 가능한 대안을 생각해봅니다. 결국 눈과 손이 그민주당에 향할 수 밖에요. 지지하지 않고 보수당과 별다를 바

정치 이데올로기 지도1

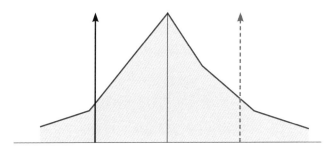

정치 이데올로기 지도2

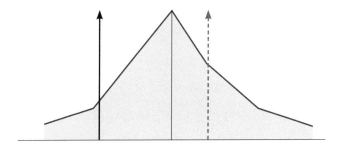

정치 이데올로기 지도3

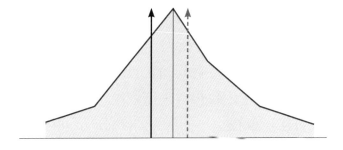

없다고 생각하지만 '현실은 늘 그렇게 팍팍한 거지'라며 그민주당에 투표합니다.

이 상황을 뒤집어서 정당의 입장에서 바라보죠. 다음의 정치 이데올로기 지도1과 2의 가로축은 이데올로기의 지평을 나타냅니다. 가운데로 몰릴 수록 중도적이고 오른쪽으로 멀어질수록 우파적, 왼쪽으로 갈수록 좌파적 이념을 나타냅니다. 세로축은 그 이데올로기를 지지하는 사람들의 수를 나타냅니다. 가운데에 사람들이 몰려 있고 좌우로 멀어질수록 지지자가 뚜렷이 줄어듭니다. 우리 사회도 이와 비슷하죠. 실선을 그민주당, 점선을 보수당이라고 하겠습니다. 지도1에서는 각자 자신의 이념에 충실한 것을 볼 수 있습니다. 각자 좌와 우 자신들의 이데올로기에 어느정도 충실한 모습이죠. 자, 이제 보수당이 가운데를 향해 성큼 다가섰다고 가정해보죠(지도2). 딱 가운데, 즉 표의 수가 가장 많은 지점에서 볼 때 보수당이 훨씬 더 친근해 보입니다. 그뿐 아닙니다. 중앙의 왼쪽, 즉 약간 좌파적 성향을 보이는 유권자들도 이제 그민주당보다 보수당이 더 가까워 보입니다. 그민주당은 극단적 좌파로 보이게 되니, 이 유권자들마저 보수당을 지지할 가능성이 커집니다. 그민주당은 어떻게 해야할까요? 선택의 여지가 별로 없습니다. 가운데로 가야죠. 그러지 않으면 어마어마한 수의 중도와 중도 좌파의 표를 잃게 되니까요. 그리고 이 두 당은 점점 더 가운데로 다가갈 수밖에 없습니다. 결국 지도3에서 보는 것과 같은 상황이 오는 것이죠.

여러 정당이 출몰해 경쟁해서 의석을 차지할 수 있는 상황이라면 이러기 힘들 것입니다. 자리에서 벗어나 가운데로 가면 기존 지지자들의 표를 잃을 테니 계산이 복잡해집니다. 하지만 그럴 가능성이 적은, 즉 단순다수제하에서는 이런 걱정이 없죠. 그러니 두 정당이 서로 거의 비슷해집니다. 결과적으로 좌나 우의 양극단에서 볼 때 소위 좌파, 우파 정당 둘의 차이는 별 의미가 없어지죠. 그나마 한 당이 다른 하나보다는 자신의 정치 이데올로기에 약간 더 가까우니, 울며 겨자 먹는 심정으로 그 당에 투표할 수밖에 없습니다. 이런 사정을 뻔히 아는 그민주당과 보수당은 소수 유권자의 목소리를 귀담아 들을 이유가 별로 없습니다. 결국 정치와 정책이 중도화될 수밖에 없죠.

위의 가상의 사회는 말 그대로 가상이지만 현실 정치의 주요한 단면을 드러냅니다. 양당제가 발달한 한국이나 미국의 사정은 이 가상 현실에서 크게 벗어나지 않죠. 그러니 유권자 J처럼 괴로운 사정은 좌와 우가 비슷합니다. 오른쪽에도 많은 극우적 성향의 유권자들이 있습니다. 하지만 이들도 할 수 없이 중도보수정당에 투표하죠. 자신의 표가 사표가 되는 게 싫은 J와 비슷한 이유입니다. 이렇게 좌와 우에서 많은 이들이 자신의 솔직한 심정과는 상관없이 투표하게 됩니다. 자연히 표는 중도성향의 정당들에 몰리게 되고요. 사회의 다수 유권자가 중도성향이고 그만큼 현실적으로 승리할 가능성이 큰 탓입니다. 사정이 이렇다 보니 과격한 이데올로기를 지닌 정치후보들 또한 의회에 진출하기 위해 이런 중도정당에 기웃거릴 수밖에 없습니다. 인재가 몰리고, 선거자금도 몰립니다. 그러면 그럴수록 이들 중도정당은 더욱 그 세를 불리게 됩니다. 결과적으로 좌우에 있는, '덜 중도적인' 정당들은 하나둘 떨어져나가거나 껍데기만 남게 되기 쉽습니다. 결국 중도 성향의 두 정당이 오른쪽에 하나, 왼쪽에 하나만 남아 선거판을 좌지우지하는 결과가 발생하죠. 두 정당으로서는 선거가 이제 땅 짚고 헤엄치기입니다. 좌파적 중도정당으로서는 급진적 좌파 유권자로부터 중도적 좌파 성향의 유권자까지 아우를 수 있게 되고 우파 정당 또한 비슷한 처지이니까요. 한국과 미국에서 양당체제가 유지되는 가장 중요한 이유는 바로 이 선거제도 때문입니다.

이러한 선거제도 때문에 두 나라 모두 중도보수의 자본주의 이데올로기가 정치 지형의 기반이 되었습니다. 자본주의 발달을 통한 경제성장, 무력 강화를 통한 군사대국화라는 너무나 뻔한, 그래서 가장 많은 사람들에게 먹히는 이데올로기를 주장하는 정당들이 판을 치고 있죠. 미국의 민주당과 공화당도 이런 이데올로기적 관점에서는 다를 바가 거의 없고 이는 사실 한국의 두 정당도 마찬가지입니다. 정책 면에서 약간 차이가 있을 수 있고, 이를 수행하는데에서 좀더 잘하고 못하고 차이는 있겠지만 이들이 추구하는 나라의 모습은 사실 크게 다르지 않습니다. 좀 비약하자면 이들의 이데올로기는 '경제성장을 이루고, 그때까지는 다들(특히 노동자 계급) 좀 참고, 군사력을 키워 적(소련, 중국, 북한)을 이기자'로 요약할 수 있습니다. '잘 살고 보자. 돈을 벌려면 경쟁에서 승리해야 한다. 승리하고 돈을 벌면 모든 것이 용서된다'로 이어지는 보수적 자본주의 이데올로기에 적당히 민족주의가 버무려집니다. '우리가 최고다. 무기를 개발하고 많이 사들여서 주변국보다 강력한 군대를 만들자. 그래서 적들도 쳐부수고 떵떵거리자'라고 정리되는 정치 이데올로기는 마땅한 대안이 없는 정치판에서 위풍당당합니다. 사상적 대안을 갖지 못한, 굉장히 제한적으로만 접할 수 있는 대중들은 마치 인질처럼 그러한 정치 이데올로기에 이리저리 끌려다니죠. 결국 대중은 더욱 좁은 시야를 갖게 되고 더욱 보수적인 자본주의 이데올로기에 매달리기 쉽습니다.

한국에서는 제3당에 대한 기대가 선거 때마다 심심치 않게 나옵니다. 무기력한 야당에 대한 질책도 매일 나오죠. 그러나 막상 선거를 하고 나면 결과는 비슷합니다. 새누리당과 민주당 일색이죠. 제3당에 대한 기대가 실제 등장으로 이어지기도 합니다. 최근 일들을 돌이켜보면 민주노동당에서 시작한 노동계 정당들이 국회에 진출했죠. 이는 위의 논의의 반증일 수도 있습니다. 하지만 조금 생각해보면 꼭 그렇지도 않습니다. 이 노동계 정당들은 노동계를 대표할 큰 목소리를 내지 못했습니다. 노동자의 정당임에도 이를 주장하는 데 있어서 쭈뼛거리기도 하고 중도정당의 모습을 보이기도 했죠. 결국은 쇠락의 길을 걸었습니다. 물론 여러 사정이 있었죠. 당 내 갈등이 당의 분열로 이어졌고, 그 이후에도 공조는커녕 갈등만 이어졌습니다. 박근혜 정부는 공안정국을 이끌어갔고 대법원은 이 장단에 맞춰 2015년 1월 통합진보당을 해산시키기까지 했습니다. 하지만 우리는 노동계 정당들이 잠시 반짝하고 말 수밖에 없는 근본적 이유인 선거제도를 놓쳐서는 안 됩니다.

2007년 대선의 문국현, 2012년 대선의 안철수 등 제3의 후보와 이들의 지지자들이 기를 펴지 못하는 것 또한 선거제도와 관련이 있습니다. 20대 총선에서 안철수가 이끄는 국민의당이 돌풍을 몰고 제3당으로 성장했습니다. 지역주의의 영향이었습니다. 지역주의의 영향이 선거제도의 영향력을 압도해 양당체제를 깰 수 있을지 예측하기는 어렵습니다. 하지만 충청권 맹주로 DJ와 연정을 이루었던 자민련의 역사를 생각해보면 제도적 한계를 극복하기란 쉽지 않아 보입니다.

선거제도와 정치 이데올로기의 다양성의 관계는 다른 나라와 비교해보면 더욱 선명히 보입니다. 단순다수제 선거제를 채택하지 않는 나라를 생각해볼까요? 앞에서 논의한 이스라엘을 살펴보겠습니다. 이스라엘의 의회는 크네셋이라고 불리며 120명의 의원으로 채워집니다. 이들이 정부를 꾸리는 의원내각제를 채택하고 있죠. 모든 의원은 비례대표제로 선출됩니다. 유권자는 당에 투표하고 당은 득표한 만큼 의석을 얻습니다. 20%의 득표를 한 정당은 약 20%의 의석을 차지하게 되어 있습니다. 4% 득표를 해도 4% 정도의 의석을 얻으니까 소수 정당들의 의회 진출이 굉장히 쉽습니다. 이렇게 소수정당도 의석을 차지할 가능성이 크다 보니 유권자들로서는 소신껏, 솔직하게 투표할 수 있습니다. 사회당을 찍고 싶지만 눈물을 머금고 민주당에 투표하는 일은 훨씬 드물죠. 결과적으로 다양한 정당들이 의회에 진출합니다. 한두개 당이 의석을 양분하는 일은 거의 없습니다. 사정이 이렇다 보니 정부 구성을 위한 과반수를 확보하기 위해 여러 정당들이 모여 연합해야 합니다. 소수정당이 권력을 가질 수 있는 기회죠.

이스라엘의 2015년 선거에서 의석을 획득한 정당의 수는 무려 10개나 됩니다. 제1당으로 연합정부를 꾸린 주역인 리쿠드당도 30석밖에 차지하지 못했습니다. 이것도 지난 2013년 선거 때보다 사정이 나아진 것입니다. 리쿠드당도 보수적이고 종교적이지만 유대조국당(8석) 등에 비하면 얌전한 편이죠. 하지만 이런 극우정당들의 도움 없이는 정부를 꾸릴 수 없었던 리쿠드당은 연정을 약속하고 이들이 요구하는 과격한 종교정책, 특히 적대적인 대팔레스타인 정책을 추구하게 되었습니다. 극단주의자들로서는 반가운 일이 아닐 수 없죠. 단순다수제 밑에서는 있을 수 없는 일입니다. 앞에서 살펴본 팔레스타인과 이스라엘 분쟁의 관점에서 본다면 안타까운 일이죠. 소수의 목소리에 평화와 타협을 원하는 이스라엘 국민 다수가 끌려다닌다고 볼 수 있으니까요. 하지만 다양한 정책과 다양한 정치 이데올로기가 공존한다는 원칙의 측면에서 본다면 반가운 일이 아닐 수 없습니다. 중도적 이데올로기를 추구하는 목소리뿐 아니라 보수적 목소리, 극단의 종교적 주장, 그리고 한편으로는 사회주의자 등 다양한 이데올로기가 꽃을 피울 수 있는 정치제도입니다. 한국에서는 상상도 할 수 없는 정도의 다양한 목소리가 사회에 공존하죠.

　이스라엘뿐 아니라 의회민주주의를 추구하고 동시에 비례대표제를 선거제도로 채택하고 있는 나라에서 흔히 볼 수 있는 광경입니다. 스위스 의회에는 자연보호를 최우선으로 하는 녹색정당이 두개나 진출해 있고, 네덜란드에서도 동물보호 정당이 하원에 의석 2개를 확보하고 있죠. 그리스 의회에는 공산당도 있고 인종차별적 극우정당인 '황금의 새벽'^{Golden Dawn}도 있습니다. 중도보수에서 한발자국만 잘못 내딛으면 빨갱이로 몰리는 한국이나, 사회주의가 조롱거리가 되는 미국에서는 상상하기 힘든 풍경입니다.

* * *

각종 사회제도 또한 정치 이데올로기를 전파하고 강화하는 역할을 합니다. 교육제도와 정치제도가 그러하죠. 원래의 기능인 교육, 정부구성, 선거관리 등이 워낙 중요하고 일상적이어서 이 정치적 기능이 잘 눈에 띄지 않는 것뿐입니다. 잘 보이지 않는다고 덜 중요한 것은 아닙니다. 잘 보이지 않아서 더 중요할 수도 있죠.

한국 정당들이 선거제도 개혁에 굼뜨다 못해 비례대표제 의석을 줄이는 등 반동적 조치를 취한 것은 보통 사람들 눈에는 잘 보이지 않는 이 정치적 기능을 너무나 잘 알고 있어서일 것입니다. 과반이냐 아니냐, 일당이냐 아니냐도 중요하지만 훨씬 더 중요한 것은 자기들끼리의 싸움에 다른 누군가 더 나서는 것을 막는 일일 테니까요. 싸움을 자기들끼리의 리그로 만드는 것, 자기들의 담론만 민중의 귀에 들리게 하는 것에는 제도만 한 것이 없을 겁니다. 일상적인 만큼 공기처럼 우리의 삶을 규정하기에, 사회제도야말로 정치 이데올로기적 기능을 가장 확실하게 수행하고 있는 것인지도 모르겠습니다.

정치 이데올로기에 적당한 자리를 찾아주고 싶어 이 책을 쓰기 시작했습니다. 난무하는 대립 속에 으르렁대고 호령하는 정치 이데올로기를 있는 그대로 드러내고 싶었죠. 위대할 것도, 거룩할 것도 없는 정치 이데올로기를 소개하고 싶었습니다. 이 책을 맺는 지금 그 일을 얼마만큼 잘 했는지는 잘 모르겠습니다. 다만 '정치 이데올로기는 누가 들을까 눈치 보면서 말할 것도 아니고, 욕할 때 쓸 것도 아니며, 그렇다고 자랑할 것도 아니다'라는 느낌을 독자 여러분께 전할 수 있었다면 절반의 성공이라 할 수 있을 듯합니다. 정치 이데올로기는 복잡한 사회현상을 생각할 때 이용하는 도구로서, '한 집단이 지향하는 이상적 사회의 모습과 그 사회를 이루기 위한 주된 방법에 대한 비전'일 뿐 그 이상도 그 이하도 아니니까요.

우리가 가끔씩 곱씹는, '있는 사람만 사람인가' '성경대로만 하면' 등의 생각도 큰 범주에서 보면 정치 이데올로기적 논의입니다. 사람마다 좋아하는 과일이 다르고 집단마다 성향이 다른 만큼 사회에 대한 비전이 다양해야 정상입니다. 즉 이런저런 정치 이데올로기들이 논의되고 치열히 경쟁하는 게 자연스럽습니다. 국회 회의장, 술집, 공장 한켠, 공원, 학교 등 사회 곳곳에서 사회주의자, 보수주의자, 민족주의자들이 큰소리로 떠드는 게 맞죠.

정치 이데올로기 경쟁은 시장과도 비교할 수 있습니다. 갖가지 물건이 쌓여 있는 시장에는 손님을 끄는 목소리가 시끄럽습니다. 손님은 힐끗 안 보는 척 물건을 둘러보고 이 가게에서 저 가게로 순례를 다닙니다. 돌아돌아 처음 봤던 가게로 오기도 하죠. 주인 인상이 좋아서일 수도 있고, 가격이 맞아서일 수도 있습니다. 정신없는 시장통의 매력은 바로 다양성입니다. 물건도 많고, 가게도 많습니다. 비슷한 물건도 질과 가격이 다릅니다. 정치 이데올로기 시장도 다양할수록 좋습니다. 하지만 불행하게도 한국의 정치 이데올로기 시장은 왜곡되어 있습니다. 과점도 아니고 독점에 가까운 상태죠. 백화점 한층에 물건은 많은데 한 회사의 품목 하나만 쌓여 있는 꼴이랄까요. 보수 이데올로기의 독점적 지위는 이승만 정부 수립을 통해 자리잡기 시작해 한국전쟁을 거치며 완전히 뿌리를 내렸습니다. 박정희도 죽고, 전두환도 감옥에 가고, 바나나 수입이 허용되고, 한미 자유협정까지 맺었지만 보수 이데올로기의 독점은 흔들리지 않고 있죠.

시장 독점은 여러 문제를 일으킵니다. 독점 기업은 경쟁이 없으니 마음대로 가격을 높일 수 있고 소비자는 싫어도 사지 않을 수가 없죠. 값은 계속 올라가고 질도 떨어집니다. 보수 이데올로기도 마찬가지입니다. 보수당과 항상 대립하고 몸싸움도 하지만 민주당계 정당들(민주당−신민당−통일/평화민주당−새정치국민회의−새천년민주당−열린우리당−민주당−더불어민주당)도 보수 이데올로기의 계승자라는 점에서는 크게 다르지 않습니다. 이들도 미국 중심의 세계에서 한미동맹을 부여잡고 경제발전을 지상 과제로 보는 것은 똑같습니다. 북한에 대해 적개심이 좀 덜하지만 적대적 관계임을 기본으로 하는 것은 비슷합니다. 소비자, 즉 시민들은 마땅한 선택지 없이 크게 다르지 않은 두 정당 사이에서 선택을 강요받아왔습니다. 경쟁이 없으니 보수 이데올로기는 발전할 필요가 없었고 박정희 시대로부터 크게 나아지지 않았고요. 아직도 정치 논의가 반북, 경제발전, 종미에 머물러 있죠. 이런 정치 이데올로기가 독점적 지위를 누리는 동안 우리는 그 틀 안에서 세상을 보도록 강요받았고 정치적 상상력은 짓밟혔습니다.

정치적 상상력이 제거된 한국사회이지만 힘겹게 새 세상의 꿈을 이어가는 사람들이 있습니다. 우선 비좁은 관문을 통과하고 의회에 진출해온 좌파 정당들이 있죠. 민주노총을 기반으로 민주노동당은 2000년에 출발하여 2002년 대선에 도전했고 2004년 17대 총선에서 10석을 획득하며 신선한 충격을 안겼습니다. 노동자가 주인되는 세상을 꿈꾸는 이들은 비정규직 차별 철폐, 비정규직 노동자의 정규직 전환, 부유세 부과 등 노동자의 권익을 높이고 빈부격차를 줄이는 일에 집중했습니다.[281] 2017년 대선에서는 정의당의 심상정 후보가 '노동이 당당한 나라'라는 슬로건을 앞세우며 노동세력의 전통을 이어갔죠. 녹색당 또한 다른 미래를 꿈꾸는 정당입니다. 2016년 총선 공약집 표지에 걸린 "성장 중독 탈출"이라는 커다란 문구만 보아도 그 차별점을 알 수 있죠.[282] 공약집을 펼치면 핵발전 반대, 지역 자립과 산업구조 전환 모색 등 특유의 주장이 눈에 띕니다. 연대와 공존을 추구하는 것도 새롭고, 자본주의의 폐해를 지적하며 인간과 자연이 하나임을 강조하는 것도 다른 정당과 다르죠. 녹색 이데올로기는 이미 서유럽에서 많은 지지를 얻고 있습니다. 독일 녹색당의 경우 연정을 통해 정부를 구성할 정도의 정치력을 선보였죠. 노동자 중심의 세상, 평화와 공존의 세상, 지역과 자연을 존중하는 세상 등은 보수 이데올로기에 젖어 있는 눈으로는 어색하거나 공허하게 들리기 쉽습니다. 우리가 얼마나 왜곡된 정치 이데올로기 시장에 갇혀 있는가를 보여주는 사례입니다.

공정한 경쟁은 시장 독점을 깨는 지름길입니다. 한국에는 '독점 규제 및 공정거래에 관한 법률'이 있고 이를 바탕으로 한 공정거래위원회도 있죠. '정치 이데올로기 공정 추구에 관한 법률'도 있으면 좋으련만 안타깝게도 없습니다. 현실에는 오히려 '정치 이데올로기 독점 강화를 위한 법률'이 존재하죠. 바로 '공직선거법'입니다. 국내의 공직선거법은 정치 이데올로기 독점을 가능케 하는 법적 체제입니다. 이는 다른 정치 요소들과 더불어 오랜 기간 한결같이 보수 이데올로기를 보호해왔죠. 여러 요소 가운데 이 법에서 가장 중요한 것은 두가지입니다. "하나의 국회의원 지역 선거구(이하 "국회의원 지역구"라 한다)에서 선출할 국회의원의 정수는 1인으로 한다"고 한 21조 2항과 "지역구 국회의원 선거에 있어서는 선거구 선거관리위원회가 당해 국회의원 지역구에서 유효 투표의 다수를 얻은 자를 당선인으로 결정한다"고 명시한 188조 1항입니다. 한 선거구에서 승자는 한명뿐이고 승자는 표를 가장 많이 얻은 사람으로 못 박아 두었죠. 아주 익숙한 규칙이고 심지어 당연하다고까지 생각됩니다. 문제는 바로 이 조항들이 앞서 살펴보았듯 유권자가 솔직하게 투표를 하는 데 걸림돌이 된다는 것입니다.

반대로 지역구에서 승자가 여럿 나온다면, 득표 2위나 3위도 의석을 얻을 가능성이 있다면, 그래서 내가 정말 좋아하는 정당의 후보자가 의석을 얻게 될 가능성이 있다면 마음뿐 아니라 손도 갈 테죠. 더불어민주당이나 자유한국당이 1등, 2등을 하더라도 나머지 정당이 의석을 차지할 가능성이 있다면 소수정당의 득표율도 올라갈 수밖에 없습니다. 거대 정당들이 권력을 독점하는 현실이, 보수 이데올로기가 독점해온 현실이 바뀔 길이 열리는 겁니다. 혹자는 '녹색당처럼 정당 같지도 않은 정당에 투표하는 게 말이 되냐'라고 할 수도 있습니다. 소수정당의 인적·물적 자원이 아직 모자란 것은 사실이죠. 하지만 그 모자람은 아직 기회가 주어지지 않아서일 공산이 큽니다. 현 제도하에서 득표가 저조하니 뜻이 있는 인재로서는 뜻을 펼칠 수 있는 곳, 즉 보수정당에 문을 두드리게 됩니다. 정책 아이디어도, 제보나 탄원도 이들에게로 향하죠. 정치적 인재를 키워내고 민심을 국회로 전달하는 일을 이들이 독점하게 되는 것입니다. 결과적으로 소수정당은 여러가지로 부족함이 커질 수밖에 없습니다. 표를

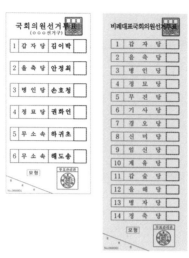

국회의원 선거 때 유권자가 받는 두장의 투표용지.

얻기가 더 힘들어지죠. 악순환의 연속입니다. 이 고리를 끊어야만 보수 이데올로기의 독점을 끊을 수 있습니다.

그 길은 생각보다 어렵지 않습니다. 그 첫걸음은 선거법 개정입니다. 이를 통해 국회와 정당정치가 강화되면 개헌을 통해 대통령제 정부에서 의원내각제로 옮겨가야 합니다. 한국 선거제도는 이미 이 길을 걷고 있다고 봐야 할 겁니다. 단순다수제와 비례대표제를 섞어 실행하고 있으니까요. 지역구는 단순다수제로 득표 1위의 후보가 의석을 차지합니다. 여기에 우리는 비례대표제를 겸행하고 있습니다. 선거법 189조 1항은 "유효 투표 총수의 100분의 3 이상을 득표하였거나 지역구 국회의원 총선거에서 5석 이상의 의석을 차지한 각 정당(이하 이 조에서 "의석할당정당"이라 한다)

에 대하여 당해 의석할당정당이 비례대표 국회의원 선거에서 얻은 득표 비율에 따라 비례대표 국회의원 의석을 배분한다"고 명시하고 있습니다. 유권자는 투표용지 두장을 받습니다. 한장으로는 지역구 후보를, 다른 한장으로는 정당을 찍죠. 정당 표 계산은 좀 복잡합니다. 어느 정당이건 정당 득표 3%를 넘거나 지역구 국회의원 5석 이상이면 비례대표 의석을 받을 수 있습니다. 일단 이 두 조건 가운데 하나만 맞으면 각 정당은 정당 투표율에 비례하여 비례대표 의석을 나누게 됩니다. 한 정당이 50%를 득표하면 비례대표 의석의 50%를 가져가고 10%를 얻으면 10%를 가져간다는 게 요점입니다. 지역구에서 50%를 얻은 후보자가 100%의 자리를 차지하는 것과는 크게 다르죠. 19대에서 5석 또는 3%선을 넘은 정당은 새누리당, 민주통합당, 통합진보당, 자유선진당이었습니다.

19대 국회에서는 비례대표 의석수가 300석 가운데 54석이었습니다.[283] 새누리당은 정당 투표의 42.8%를 차지했고 이를 가지고 54석 중 25석(46%)을 가져갔습니다. 민주통합당은 36.5% 득표로 21석(39%)을, 통합진보당은 10.3% 득표로 6석(11%)을, 자유선진당은 3.2% 득표로 2석(4%)을 얻었습니다. 한눈에도 정당 득표율과 비례대표 의석수가 비례하는 것을 알 수 있습니다. 2016년 20대 국회의원 선거에서는 비례대표 의석수가 54석에서 47석으로 줄었습니다. 하지만 정당 득표율과 비례대표 의석 비율은 여전히 비슷하죠. 이 선거로 제1당이 된 더불어민주당은 정당표(606만 9,744표)에서는 새누리당(796만 272표)과 국민의당(635만 5,572표)에 뒤처졌

	지역구 의석수	정당 득표율(%)	비례의석수	비례의석 비율(%)	총 의석수
새누리당	127	42.8	25	46	152
민주통합당	106	36.5	21	39	127
통합진보당	7	10.3	6	11	13
자유선진당	3	3.2	2	4	5
무소속	3				3
합계	246	92.8	54	100	300

표6. 19대 총선의 비례대표 선거 결과.

습니다. 정당표 득표율은 25.5%로 47석 가운데 13석, 약 28%의 비례의석을 가져갔습니다. 새누리당은 33.5%로 36%의 의석을, 더불어민주당과 정당표 득표율이 거의 같았던 국민의당도 26.7%로 28%의 의석을, 그리고 정의당은 7.2%로 8%의 의석을 차지했습니다.

정의당을 보면 지역구에서 불과 2석밖에 얻지 못했지만 비례대표 선거에서 선전한 결과 4석을 얻었습니다. 이로써 총 6석(2%)을 확보했죠. 상당한 지지(정당 득표율 7.2%)를 받았음에도 단순다수제 선거에서 얼마나 고전하는지를 잘 보여줍니다. 반대로 비례대표가 소수정당에 얼마나 중요했는지도 알 수 있죠.

거대정당들은 단순다수제 선거제도에서 아주 선전했습니다. 실제로 받은 지지보다 훨씬 더 많은 의석수를 차지한 것이죠. 정당 득표로 나타난 새누리당에 대한 전국적 지지는 33.5%였습니다. 하지만 총 300석 중 122석을 얻어 40.7%의 의석을 차지했죠. 더불어민주당의 경우 전국적 지지는 25.5%에 불과했지만 총 123석을

	지역구 의석수	정당 득표율(%)	비례의석수	비례의석 비율(%)	총 의석수
더민주	110	25.5	13	28	123
새누리당	105	33.5	17	36	122
국민의당	25	26.7	13	28	38
정의당	2	7.2	4	8	6
무소속	11				11
합계	253	92.9	47	100	300

표7. 20대 총선의 비례대표 선거 결과.

얻어 전체 의석수의 41%에 달하는 의석을 확보했습니다. 정당표로 드러난 민심(25.5%)과 선거 결과(41%)에 너무나 큰 차이가 있는 것입니다.

민심과 의석수를 비슷하게 하려면 비례대표 의석수를 늘리면 됩니다. 간단한 방법은 현 253석 대 47석 비율의 조정입니다. 200대 100이나 150대 150으로 늘리면 민심이 훨씬 더 많이 반영될 수 있죠. 한걸음 더 나아가 비례 정도를 강제할 수도 있습니다. 예를 들어 150석은 현재처럼 소선거구 단순다수제 선거로 채웁니다. 그리고 한 정당이 정당 투표로 얻은 득표율이 20%라고 하면 그 정당은 일단 총 의석 300석의 20%, 즉 60석을 배당받습니다. 그런데 만약 지역구 투표로 당선된 그 정당의 후보가 40명에 불과하다면 배당받은 60석을 20명의 비례대표 후보자들이 채우는 것이죠. 지역구 투표 승자가 50명이면 비례대표 후보자 10명이 채웁니다. 즉 그 정당은 정당 지지율에 맞는 수의 의석을 갖게 됩니다. 이는 독일에서 실행되고 있는 연동식 비례대표제입니다.[284]

지역구 선거 없이 정당투표로만 의원을 뽑을 수도 있습니다. 예를 들어 나라 전체가 하나의 선거구가 되고 정당에만 투표하는 거죠. 정당들은 정당 득표율에 따라 의석을 배당받습니다. 나라를 여러 권역으로 나누어 비례대표제를 실시할 수도 있습니다. 그리고 결과에 따라 현재의 비례의석처럼 정당은 의석을 순번에 따라 후보들에게 줍니다. 정당 득표율에 따라 의석을 배정한다는 게 말처럼 간단하지는 않습니다. 수많은 방식이 존재하고 각각의 방식을 이해하려면 공부가 필요하죠. 실제 비례제를 채택하고 있는 나라들도 이용하는 방식이 제각각입니다. 그 외에도 선거구의 크기(선거구를 거대 선거구, 즉위의 예처럼 나라 전체로 할 것인가, 작고 많은 선거구를 만들 것인가)에 집중하느냐, 컷오프 정도(3%, 5%, 아니면 6% 정도)에 집중하느냐에 따라 같은 방식이더라도 다르게 운영될 수 있습니다. 변수가 상당한 제도인 것이죠. 하지만 걱정할 필요는 없습니다. 어차피 정당에 투표하는 유권자 입장에서는 크게 다르지 않으니까요. 선관위의 골치는 좀 아프겠지만 민심에 비례하게 의석수를 배분하기 위해서는 마땅히 치러야 할 값입니다.

비례대표제가 정착되면 정당들은 각각 얻은 투표율에 부합하는 의석수를 확보할 가능성이 매우 커집니다. 40% 득표율은 40% 의석수로, 7% 득표율은 7% 의석수로 말이죠. 소수정당도 적은 수지만 의석을 확보하게 되고 제도권 정치에 참여할 기회가 많아집니다. 정의당뿐 아니라 노동당, 녹색당, 기독당 등도 의회에 진출할 수 있습니다. 더 나아가 그 기회를 활용해 더 큰 정당으로 성장할 수 있죠.

비례대표 확충은 선거법 개정으로 가능합니다. 하지만 기왕 거기까지 간다면 헌법 개정 논의도 나와야 합니다. 아무리 의회가 소수정당을 비롯해 다양한 정치 이데올로기를 담을 수 있다 해도 행정부를 한 개인이, 대통령이라는 이름으로 온전히 다스린다면 문제가 발생할 수밖에 없죠.

박근혜가 그 좋은 예입니다. 박근혜 정부는 1988년 헌법의 한계를 고스란히 보여주었습니다. 헌법은 삼권분립을 규정했지만 동시에 국무총리라는 직책을 통해 대통령의 권위에 더 무게를 실었습니다. 대통령의 책임을 물을 일이 있더라도 잘못은 총리가 뒤집어쓰고 물러나니, 대통령에게 정치적 여유가 있는 셈이죠. 모든 정부에서 수많은 총리가 정치적 희생양으로 사라졌습니다. 박근혜의 청와대는 세월호 정국을 지나며 지지율이 지속적으로 하락하자 정홍원 총리를 경질하고 이완구 원내대표를 총리후보로 지명하는 안을 포함한 인사·조직 개편 방안을 발표했습니다. 대통령 특별보좌관을 신설하고 안보과 홍보 담당 등 비서관들을 교체했죠.[285] 하지만 그걸로 끝이었습니다. 세월호 사태 수습 과정에서 보여준 대통령의 행태는 실망스럽다는 말이 모자란 정도였지만 정작 박근혜는 아무 책임도 지지 않았습니다. 세월호 침몰 당일 박근혜는 적절한 대응을 내놓기는커녕 행방을 아예 감추어버렸습니다. 이후 유가족을 위로하는 등의 국가수반으로서의 기본도 거의 지키지 않았습니다. 시간이 흐르며 침몰과 정부의 대응에 대한 의혹은 더 커졌지만 박근혜 대통령은 이를 수사할 의지를 보이지 않았을 뿐 아니라 오히려 유가족들과 의문을 갖는 국민들을 겁박했죠.[286] 정부에 대한 비판, 대통령의 행방에 대한 의문은 철저히 무시됐습니다.

박근혜 정부는 매해 굵직굵직한 의혹과 게이트에 휘말려왔습니다. 주요 의혹만 간추려봐도 한둘이 아닙니다. 청와대 비선 최순실의 미르재단과 K스포츠재단, 정유라 이화여대 특혜, 문화예술계 블랙리스트, 전경련과 국정원의 어버이연합 지원(2016), 성완종 리스트 의혹(2015), 정윤회의 청와대 문고리 3인방을 통한 국정 개입, KBS 세월호 보도 통제(2014), 국정원 등 국가기관의 대선 개입(2013)[287] 등 하나하나가 다 국가의 근본과 민주주의의 기초를 뒤흔드는 일이었죠. 수습과 사과, 재발 방지 약속이 나와도 모자랄 판에 박근혜는 뻔뻔하게 청와대 회의와 외국 순방에만 매달렸습니다. 박근혜 전 대통령의 행보가 아무리 기가 막혀도, 화가 나도, 그래서 지지율이 땅에 떨어져도 어쩔 수 없었습니다. 시위를 해보고 서명도 해보았지만 대통령이 듣지 않으면 국민은 할 수 있는 게 없습니다.

약간이라도 귀가 열린 이가 대통령이 되면 듣는 척이라도 하지만 그런 태도를 보일 의지조차 없는 이가 대통령이 되면 어찌되는지를 박근혜는 보여주었습니다. 선거와 선거 사이의, 머슴보다 못한 국민의 신세는 다름 아닌 우리의 헌법이 규정해놓은 것입니다. "대통령의 임기는 5년으로 하며, 중임할 수 없다."(제70조) 우리 헌법은 대통령이 중임할 수 없다는 제한은 두었지만 5년의 임기를 보장하고 있습니다. 탄핵소추가 가능하지만(제65조) 쉽지 않습니다. 어느정도 의회의 지지가 있는 한(탄핵소추는 국회재적의원 3분의

1 이상의 발의가 있어야 하며, 그 의결은 국회재적의원 과반수의 찬성이 있어야 한다) 대통령은 5년은 버틸 수 있습니다.

박근혜는 탄핵의 성공 사례이기도 하지만 탄핵이 얼마나 힘든 일인지 보여주는 사례이기도 합니다. 선거에 정당성이 없어도, 언론을 통제해도, 최순실에게 권력을 내주어도, 시민을 몰래 감시해도, 관제데모를 조장해도 위풍당당했죠. 권력을 내어준 국민이 아무리 발을 동동 굴러도 별 도리가 없었죠. 최순실의 태블릿PC라는 결정적인 물증을 확보한 JTBC의 보도 이후에나 새누리당 의원들이 동요하기 시작했습니다. 그래도 쉽지 않았습니다. 탄핵안 상정, 국회 결의, 헌법재판소 심의 등 넘어야 할 산이 한둘이 아니었죠. 이를 잘 알았던 박근혜는 오히려 나서서 법대로 하자며 배짱을 부렸습니다. 백만을 넘나드는 민중이 주말마다 광화문 광장을 메우지 않았다면 탄핵 가결은 불가능했을 것입니다. 말도 안 되는 정치인 하나를 파면하는 데 어이 없을 만큼 많은 희생이 필요한 것을 우리는 경험했습니다. 박근혜 사태를 복기해보면 오늘날 한국 대통령제는 수능을 끝낸 학생을 교실에 붙들어두는 것과 비슷합니다. 시험이 없으면 공부할 맛이 안 나듯 이미 권력의 정점에 와 있고 더 이상 선거 걱정도 없는 정치인이 국민 눈치를 왜 보겠습니까? 아무리 야생마처럼 뛰어도 대학에 가면 시험 때문에 공부를 하게 되듯 — 그게 바람직한 현상은 절대 아닙니다만 — 최고권력자도 국민을 두려워할 기제가 있어야 합니다. 다음 선거까지 기다리지 않고 당장 들 회초리가 있어야 합니다.

2013년 6월 체코의 네차스Petr Necas 총리가 사임했습니다. 임기를 마친 게 아니라 논란에 휩싸여 더 이상 자리에 있을 수가 없었죠. 최측근 보좌관이 권력을 남용하여 군 정보국으로 하여금 이혼한 총리의 전 부인을 감시하라고 명령한 것이 발단이었습니다. 곧 권력 남용 등의 혐의로 측근들이 체포됐고 이 과정에서 약 67억 원 상당의 현금과 금괴가 압수되면서 논란이 증폭됐죠.[288] 특히 총리의 최측근인 나지요바 Jana Nagyová의 뇌물수수 등 전횡이 큰 문제가 되었습니다. 선출되지 않은 자가 뇌물을 챙기고 권력을 휘두른 것이 큰 반감을 일으켰고 정부에 대한 지지는 땅에 떨어졌습니다. 총리 본인은 아무 혐의를 받지 않았지만 야당들은 총리의 사퇴를 요구했죠. 여론이 나쁘게 돌아가자 연합정부를 구성하고 있던 다른 두 정당도 등을 돌리면서 네차스 총리는 결국 물러나야 했습니다. 8월 의회는 해산을 결정하고 이에 대처하기 위한 선거를 10월에 치렀고, 야당이었던 사민당이 제1당으로 등장하면서 정권을 교체했습니다.

여기서 민심이 총리를 갈아치울 수 있다는 점을 눈여겨봐야 합니다. 체코 민심이 바닥을 치자 정치인들은 총리에 대한 지지를 보낼 수가 없었습니다. 그런 총리를 감쌌다가는 앞으로 있을 선거에서 참패가 뻔했기 때문이죠. 이런 사정은 연정에 참여했던 정당, 심지어 총리의 정당도 비슷했습니다. 민심을 두려워한 의회가 총리와 정부를 압박하고 여기에 총리가 굴복한 것입니다. 이것이 가능했던 주요 이유는 권력의 구도가 민—의회—정부—총리, 이렇게 일직선으로 이어지기 때문입니다. 한국의 그것(민—의회, 민—대통령)과는 판이하게 다른 의회내각제의 힘이죠.

유럽 대부분의 나라에서는 비례대표제를 채택하고 있습니다. 정부는 의원내각제로 꾸리고요. 유권자는 정당에 투표하고 이를 바탕으로 의석수를 나눕니다. 앞서 논의했듯 다양한 정당들이 의회에 진출하고 있죠. 한 정당이 과반을 차지하는 일은 거의 없습니다. 여러 정당이 모여야만 과반이 되죠. 여러 정당이 모이려면 어느정도 정치 이데올로기가 비슷하기도 해야 하지만 지속적으로 양보와 타협을 해나가야 합니다. 정치 이데올로기와 추구하는 정책이 비슷해도 같을 수는 없으니까요. 일단 과반을 이룬 정당 연합은 의회에서 거칠 것이 없습니다. 과반이 넘는 의석이 있으니까요. 이들이 하는 첫번째 일은 정부를 구성하는 겁니다. 과반을 이룬 정당의 지도자들이 입각하는 것이 당연하겠죠. 정당수에 따라 중요한 자리를 나눕니다. 연합 내 제1당 지도자가 총리를, 제2당의 지도자는 경제부총리를 맡는 식으로 말이죠. 이렇게 정부를 구성하면 의회의 신임을 얻는 표결을 합니다. 이들이 과반을 차지하고 있으니 정부 구성은 일사천리죠. 유권자가 권력을 의회에 주고, 그 의회가 정부 인사를 고용하는, 그리고 그 정부가 총리를 지탱하는 일직선 권력구조입니다. 그러니 의회의 신임을 잃으면 정부는 무너지게 됩니다. 총리도 마찬가지죠. 총리가 신임을 잃는 것은 간단합니다. 의회가 불신임안을 처리하면 됩니다. 보통 때라면 불신임안이 처리될 일이 없습니다. 정부를 이루는 정당 연합이 과반을 차지하고 있으니까요. 하지만 체코의 예에서 보듯 민심이 싸늘해지면 사정은 돌변할 수 있습니다. 야당은 불신임안을 처리하자고 목청을 높이고, 여당 측에서는 눈치를 살피다 등을 돌리는 일이 생기죠. 정부의 연합이 무너질 수도 있고 반란 표가 늘어날 수도 있습니다. 헌법이 보장한 임기를 채우지 않았다 해도 총리는 언제든 쫓겨날 수 있는 것이죠. 간단히 말해 일을 못하면 의회에 의해 해고당하는 처지입니다. 이 해고의 가능성은 정치적으로 중요한 제어장치입니다. 아무리 권력의 정점에 있는 총리라도 내각의 눈치를 보지 않을 수 없죠. 내각을 이루는 이들은 만만한 수족이 아니라 연정을 함께하고 있는 파트너이니까요. 이들이 어떤 이유에서건 등을 돌리면 정권은 위태로울 수밖에 없습니다. 전횡을 일삼고 싶어도 그럴 수가 없죠. 이런 사정이니 다른 정당들도 눈을 시퍼렇게 뜨고 총리나 정부의 흠집을 찾으려고 애를 씁니다. 다음 선거까지 기다리지 않고도 정권을 바꿀 수 있는 기회니까요.

체코의 예는 박근혜 측근 의혹이나 대통령선거의 불법성, 이명박의 사대강 사업 논란에 비하면 귀여운 수준이죠. 하지만 그런 일로 체코에서는 정권이 바뀌었습니다. 한국에서는 상상도 못할 노릇이죠. 그런 일로 정권이 바뀌었다면 한국에서는 살아남는 정부가 거의 없었을 것입니다.

한국에서 비례대표제를 바탕으로 한 의원내각제를 시행했더라면 혼란만 가중되고 민주주의가 퇴보했을 것이라고 전망하는 사람도 있습니다. 하지만 이는 선후관계를 잘못 짚은 것입니다. 황제적 대통령제에서 살아남은 지금의 정당을 바라보고 하는 소리니까요. 비례대표제를 통해 다양한 정당이 경쟁하고 협의와 타협을 하지 않을 수 없는, 당장 내일이라도 정부가 무너질 수 있는 의원내각제를 시행했더라면 정당들은 훨씬 더 민주적으로 성숙해갔을 가능성이 매우 큽니다. 유권자의 눈치를 보지 않고는 정권을 유지할 수 없으니 말이죠. 정치권에 대한 냉소와 불신도 지금보다 훨씬 덜했을 것입니다.

　비관적 전망은 익숙지 않아서이기도 하지만 정치적 이유에서 나왔을 가능성도 있습니다. 박정희가 쿠데타로 무너뜨린 제2공화국은 의원내각제 정부를 바탕으로 했습니다. 이승만 독재를 무너뜨리고 만든 1960년 헌법은 대통령을 의회에서 선출하고(53조), 행정권은 국무원이라 불린 정부에 주었습니다(68조). 정부의 수반은 국무총리로, 민의원이라고 불린 의회에서 선출되었고요(69조). 정부는 의회의 불신임 결의안이 있으면 해산 또는 사직해야 했습니다(71조). 전형적인 의원내각제였죠. 이는 물론 이승만 독재를 겪은 민의의 소산이었습니다. 다시는 선거를 통한 독재자를 만들지 말자는 정치적 의지가 헌법에 반영되었던 것입니다. 하지만 그 꿈이 미처 여물기도 전에 또다른 독재자의 손에 산산히 부서져버렸죠. 또 하나의 현대사의 비극이었습니다.

*　*　*

　한국의 정치제도는 사회의 다양한 정치 이데올로기를 담기에는 턱없이 부족합니다. 정당은 두개의 중도정당밖에 살아남을 수 없고 그나마도 제왕 노릇을 하는 대통령 앞에 꼼짝도 하지 못하죠. 민주제도의 기본 전제가 민에 의한 통치라는 것을 상기한다면 이는 크게 잘못된 상태입니다. 당장 수술을 해야 합니다. 우선 선거제도를 획기적으로 바꿔 다양한 생각이 경쟁할 수 있는 터전을 마련해야 합니다. 그래야만 다수의 정당이 민의를 제대로 대변하고 정치력도 키울 수 있죠. 이렇게 커진 정당들이 권력을 갖고 제왕이 아니라 인민의 편에 설 수 있도록 해야 합니다. 의원내각제로의 개헌이 필요한 이유입니다. 박정희가 파괴한 민주주의의 꿈을 이제는 되살릴 때가 아닐까요?

1장

1 조정래 『태백산맥 6』, 해냄 2007, 357면.

2 '민주주의체제'가 일반적인 표현이지만 이 책에서는 민주체제라는 용어로 대신할 것이다. 민주
주의란 민주적 정치체제에 관련된 사상을 더한 정치용어로 더 적합할 듯하다. 그러한 사상적 의
미가 아닌 체제를 지칭하는 경우에는 '민주적 체제', 즉 민주체제라고 표현하는 것이 올바르다.

3 김대중 『김대중 자서전 1』, 삼인 2010, 242~48면.

4 9·11테러를 이유로 2003년 미국은 이라크를 침공했고, 이후 이라크는 잠잠할 날이 없었다.
독재자 후세인이 물러나면서 이 정권을 지지했던 이슬람 수니파가 세력을 잃은 것이 큰 이유
였다. 수니파는 이슬람교도의 다수가 속하는 거대 분파지만 묘하게도 이라크에서는 소수이다.
후세인은 이들을 우대하며 정권유지의 기반으로 이용했고, 다수인 시아파는 정치적·사회적으
로 핍박했다. 그러던 차에 후세인이 제거되자 시아파가 득세했다. 하지만 오랫동안 핍박받아
온 시아파가 수니파를 따뜻하게 다독여줄 턱이 없었다. 이번에는 거꾸로 수니파가 핍박과 차
별을 받았고 수니파는 무장봉기를 일으켰다. 그 절정이 2007년이었고, 잠잠해졌다가 2011년
말에 미군이 철수하자 2014년 다시 불거진 것이다.

5 이 내용에 관한 시각자료를 『뉴욕타임스』 웹사이트에서 볼 수 있다(http://www.nytimes.com/
interactive/2014/06/12/world/middleeast/the-iraq-isis-conflict-in-maps-photos-
and-video.html).

6 "Background check: what it really takes to buy a gun," Market Place 2013.2.7.

7 "What's in Obama's Gun Control Proposal," *The New York Times* 2013.1.16.

8   "Growth Has Been Good for Decades. So Why Hasn't Poverty Declined?" *The New York Times* 2013.6.4.

9   Anthony Downs, *An Economic Theory of Democracy*, HarperCollins 1957, p.96. 이하 이 장의 정치 이데올로기에 대한 이론적 논의는 이 책 6~7장을 참조함.

10   남태현 『왜 정치는 우리를 배신하는가』, 창비 2014, 3~4장 참조.

2장

11   John T. Jost, Christopher M. Federico, Jaime L. Napier, "Political Ideology: Its Structure, Functions, and Elective Affinities," *Annual Review of Psychology* Vol.60: 307 337, pp.318~20.

12   「고난의 행군 때 공화국이 생존한 리유」, 『우리민족끼리』 2008.8.28.

13   Christopher H. Achen, "Parental Socialization and Rational Party Identification," Political Behavior Vol.24, No.2(2002.6), pp.151~70.

14   "Political Polarization in the American Public," Pew Research Center 2014.6.12.

15   "How the most ideologically polarized Americans live different lives," Pew Research Center 2014.6.12.

16   "Political Polarization in the American Public," Pew Research Center 2014.6.12.

17   Fox News(http://foxnewsinsider.com/2013/10/22/oreilly-obamacare-part-socialist-vision-america).

18   Anthony Downs, 위의 책, 7장.

19   「정몽준 아들, 세월호 실종자 가족에게 '국민 정서 미개'」, 『한겨레』 2014.4.21.

20   「박원순 공약이행률 85.6%의 그늘 '우리는 왜…'」, 『오마이뉴스』 2014.5.30.

3장

21   「한국 20대 3명 중 1명 "통일 필요 없어"」, *Voice of America* 2013.11.19; 「한국 국민 10명 중 7명 "통일 원해"」, 자유아시아방송 2014.12.4.

22   임지현 『민족주의는 반역이다: 신화와 허무의 민족주의 담론을 넘어서』, 소나무 1999.

23 박노자, 「'단일 민족'의 신화」(2009.7.13. 강연노트) 한겨레 블로그; 이진경 「역사의 공간」, 휴
머니스트 2010; 임지현, 위의 책.

24 「장정일의 독서 일기: 제국의 위안부」, 「한겨레」 2015.3.12.

25 L. Berg, M. Hjerm, "National Identity and Political Trust," *Perspectives on European Politics and Society* Vol.11, No.4(2010), pp.390~407.

26 Benedict Anderson, *Imagined communities: reflections on the origin and spread of nationalism*, Verso 1991.

27 「한민족은 단일민족 아니다」, 「위클리조선」 2009.1.9.

28 「'친일' 김무성 아버지가 애국자로 둔갑하고 있다」, 「한겨레」 2015.7.31; 「명단: 친일인명사전 수록 대상자 4,776명」, 「오마이뉴스」 2008.4.29.

29 「중국: 분신 자살한 티베트 19인이 남긴 유언」, *Global Voices* 2012.12.17.

30 "Timeline of Tibetan protests in China," CNN 2012.1.31; Robert Barnett, "The Tibet Protests of Spring 2008: Conflict between the Nation and the State," *China perpectives* 2009.3.

31 "Tibetan Sovereignty Has a Long, Disputed History," The National Public Radio 2008.4.11.

32 "Tibet: The CIA's Cancelled War," *The New York Review of Books* 2013.4.9.

33 Jean-Pierre Cabestan, "The Many Facets of Chinese Nationalism," *China Perspectives* 59(2005); Yang Lijun, Lim Chee Kia, "Three Waves of Nationalism in Contemporary China," *EAI Working Paper* No.155(2010); Parks M. Coble, "China's 'New Remembering' of the Anti-Japanese War of Resistance, 1937~45," *The China Quarterly* No.190(2007.6), pp.394~410; Chalmers A. Johnson, *Peasant Nationalism and Communist Power: The Emergence of Revolutionary China, 1937~45*, Stanford University Press 1962; Baogang He, "China's national identity: A source of conflict between democracy and state nationalism," in Leong Liew and Shaoguang Wang, eds., *Nationalism, Democracy and National Integration in China*, RoutledgeCurzon 2004, pp.170~95; "Neoconservatism and the End of the Dengist Era," *Asian Survey*, Vol.35, No.2(1995.7), pp.635~51; Zhao Shuisheng, "China's Intellectuals' Quest for National Greatness and Nationalistic Writings in the 1990s," *China Quarterly* No.152(1997.12), pp.730~38.

34 1993년 출판된 새뮤얼 헌팅턴의 「문명의 충돌」은 중국인들에게는 서구의 주도권을 공식적으

로 선언하는 문건으로 보일 수밖에 없었다. 헌팅턴은 특히 아랍권과 중화권이 공조하여 서구에 도전할 것이라고 경고함으로써, 중국에 대한 서구의 반감을 중국인들에게 보여주었다.

35 중국은 한족과 50여개의 소수민족으로 구성되어 있다.

36 "Beijing Mixes Messages Over Anti-Japan Protests," *The New Yor Times* 2012.9.16.

37 「중국: 분신 자살한 티베트 19인이 남긴 유언」, *Global Voices* 2012.12.17.

38 "Tibet—Its Ownership and Human Rights Situation," Information Office of the State Council of the People's Republic of China 1992.9; "China's White Paper on Tibet, 2013," The Information Office of State Council 2013.10(http://www.fnvaworld.org/download/whitepapers/chinas-white-papers/China's-White-Paper-on-Tibet-2013.pdf).

39 "Report on economic and social development of Tibet," China Tibetology Research Center 2009.3.30.

40 "China's Money and Migrants Pour into Tibet," *The New York Times* 2010.7.24.

41 "Qinghai Tibet Railway," Tibet Vista(http://www.tibettravel.org/qinghai-tibet-railway).

42 "Tibet sees record high tourist arrivals in 2014," *China Daily* 2015.1.11.

43 "Taming the west," *The Economist* 2014.6.21.

44 "Country Reports on Human Rights Practices for 2013: China(includesTibet, Hong Kong, and Macau)," The US Bureau of Democracy, Human Rights and Labor(http://www.state.gov/documents/organization/220402.pdf).

45 "China tortured Tibetan prisoner with pain-inducing injections" *The Tibet Post International* 2014.4.11; "Torture is the new normal in Tibet," *Salon* 2014.10.4.

46 George N. Katsiaficas, *Asia's Unknown Uprisings: South Korean social movements in the 20th century*, PM Press 2012, p.265.

47 오종혁 「청장철도(靑藏鐵道)를 통해 바라본 서장(西藏)의 변화: 서장의 경제적 효과를 중심으로」 2009.

48 "Tibet: A Human Development and Environment Report 2007," The Department of Information and International Relations Central Tibetan Administration(DIIR), pp.54~70.

49 "Temporary Labor Migration in TAR," *China's Internal and International Migration*, edited by Li Peilin, Laurence Roulleau-Berger 2014, p.106.

50 "International Religious Freedom Report for 2013: China(Includes Tibet, Hong Kong, and Macau)-Tibet," The US Bureau of Democracy, Human Rights and Labor.

51 Mark Kernan, "The Displacement of Tibetan Nomads, International Law and the Loss of Global Indigenous Culture," *Global Policy Essay*, 2013.3.

4장

52 현재 이집트 정부는 무슬림형제단이 이끌던 정부를 군사 쿠데타로 몰아내고 들어섰다. 무슬림형제단과 동지관계에 있던 하마스로서는 그런 이집트를 믿을 수가 없었던 것이다.

53 휴전에 대한 논의는 계속되었지만 타협점을 찾기가 어려웠다. 이스라엘은 하마스 측에 무기를 완전히 내려놓을 것을 요구했지만 점령하에서 무장투쟁을 유일한 해방의 길로 여기고 있는 하마스는 받아들이지 않았다. 하마스는 이스라엘 정부 측에 가자지구에 대한 육해공 봉쇄를 풀라고 요구했다. 봉쇄를 통해 가자지구의 경제를 몰락시키고 이를 바탕으로 하마스 통치를 끝내고자 하는 이스라엘은 이를 무시했다. 결국 휴전 논의는 논의로만 끝났다.

54 공습 전에 민간인들에게 전단을 뿌리는 등 노력을 했다고는 하지만 많은 경우 민간인들이 피란을 하기에 충분한 시간이 주어지지도 않았고, 설사 시간이 있다고 하더라도 그 좁은 땅 안에서 전쟁의 화마를 피할 곳은 없었다. 실제로 피란처로 지정되어 있던 UN의 학교가 공습을 당해 피란민들이 피해를 입기도 했다.

55 가자지구의 이스라엘 점령은 아리엘 샤론 총리의 명령으로 2005년에 끝이 났다. 정착촌도 이스라엘군에 의해 강제 철거되었다.

56 이는 민간인과 군인의 수를 합한 것이고, 이스라엘 내와 가자·서안지구 두 점령지의 통계를 합산한 수치이다.

57 David Engels, *Zionism*, Taylor and Francis 2013, pp.28~34.

58 David Engels, pp.46~49.

59 Tamar Hermann, "Zionism and Palestinan Naitonalism: Possibilities of Recognition," *Israel Studies* Vol.18, No.2, p.138.

60 Hermann, p.139.

61 David Engels, pp.162~64.

62 고대 이스라엘 왕국의 다윗 왕이 예루살렘을 수도로 정한 것이 기원전 1000년경이고 바로 옆의 땅, 현재 서안지구로 불리는 지역 또한 고대 유대왕국들(이스라엘왕국, 북부왕국, 유다왕국)이 땅이었다. 이후 아시리아·이집트 등의 영향권에 있던 이 지역은 기원전 586년 마침내 바빌론왕국에 점령당한다. 뒤이어 페르시아, 마케도니아, 로마제국이 점령해 유대인의 고

난의 역사가 계속 이어졌다.

63 Motti Inbari, *Messianic Religious Zionism Confronts Israel Territorial Compromises*, Cambridge University Press 2012, pp.21~22.

64 David Engels, p.176.

65 "Guide: Gaza under blockade," BBC 2010.7.6.

66 "Gaza Economy on the Verge of Collapse, Youth Unemployment Highest in the Region at 60 Percent," The World Bank 2015.5.21.

67 "Suffocating Gaza-the Israeli blockade's effects on Palestinians" *Amnesty International* 2010.6.1.

68 "Gaza becoming uninhabitable as blockade tightens, says UN," *The Guardian* 2013.11.22.

69 예를 들어 초기 정착촌 가운데 하나인 크파르 엣지온(Kfar Etzion)의 경우에는 1920년대 초기 정착민이 박해로 떠나야 했고, 1948년 전쟁 때는 주민 대부분이 살해를 당한 곳이어서 1967년 전쟁 직후 정착민들의 선택지가 되었다.

70 이 조그마한 부락은 이제 케두밈(Kedumim)이라는 대규모 정착촌으로 성장했다. Motti Inbari, *Messianic Religious Zionism Confronts Israel Territorial Compromises*, Cambridge University Press 2012, p.4.

71 "Israel's settlement policy in the occupied Palestinian territory," American Friends Service Committee. 이스라엘 정부의 구체적인 재정적 지원은 "The Price of the Settlements," Peace Now(https://peacenow.org/WP/wp-content/uploads/Price-of-Settlements-2013-English.pdf) 참조.

72 "The Humanitarian Impact of Israeli Settlement Policies," The United Nations Office for Coordination of Humanitarian Affairs(http://unispal.un.org/pdfs/OCHA_IsrSettlementPolicies.pdf).

73 "Civil Administration demolishes nearly half the homes in community of Id'eis, the Jordan Valley," B'Tselem-The Israeli Information Center for Human Rights in the Occupied Territories.

74 "Checkpoints, Physical Obstructions, and Forbidden Roads," B'Tselem-The Israeli Information Center for Human Rights in the Occupied Territories.

75 법체계 또한 이원화되어 있다. 한편으로는 팔레스타인인을 다스리는 군사계엄법이 있다. 팔레스타인인들의 시위는 끊이지 않고 이에 대한 공권력 대응도 강경하다. 수많은 팔레스타

인 젊은이들이 체포, 부상에 시달리고 심지어 목숨을 잃기도 한다. 하지만 공권력은 유대인들에게는 한없이 부드럽기만 하여, 2005~10년 유대인 정착민들에 의한 폭력 사건의 90%는 소환조차 없이 흐지부지 끝났다. 유대인 정착민은 이스라엘의 소위 민주적 법을 적용받기 때문이다. 근본적인 법체계의 이중성이 유대인과 팔레스타인인 간 불평등의 토양이 되는 것이다. "The Humanitarian Impact on Palestinians of Israeli Settlements and Other Infrastructure in the West Bank," United Nations Office for the Coordination of Humanitarian Affairs 2007(http://unispal.un.org/pdfs/OCHA_IsrSettlementPolicies.pdf).

76 "Poll: Most Israelis support heavy cuts to settlement funding," *The Haaretz* 2013.1.14.

77 예를 들어 1979년 당시 리쿠드당 정부를 이끌던 베긴(Menachem Begin)은 이집트와 평화협약을 맺고 그 댓가로 6일전쟁으로 빼앗았던 시나이반도를 돌려주었고, 1991년에는 수상이었던 샤미르(Yitzhak Shamir)가 이스라엘 수상으로서는 처음으로 팔레스타인 지도자들을 만나기도 했다.

78 리쿠드당과 맞먹는 의석을 가진 예시아티드당은 세속적 중도파로서 이스라엘의 기존 정당들을 비난하고 혁신을 약속하며 2012년에 혜성같이 등장했다. 주로 중산층에서 두터운 지지를 받고 있다. 뉴스앵커였던 당대표 라피드(Yair Lapid)는 연정에 참여하는 대신 재무장관직을 얻었다. 정부 내의 제4당인 이스라엘베이테누당의 지도자 리버먼(Avigdor Lieberman)은 외무장관으로 대 팔레스타인 정책 기조상 강경파이지만, 팔레스타인 국가를 인정해 이스라엘과 공존하도록 하는 안을 지지하기도 한다. 하트누아당은 중도온건 노선의 정당이다.

5장

79 "The Future of the Global Muslim Population," Pew Research Center 2011.1.27.

80 "27 maps that explain the crisis in Iraq," *VOX* 2014.8.8.

81 헌법을 보면 선거 등 민주 절차가 남아 있기는 하지만 결정적 권력은 '최고지도자'로 불리는 시아 지도자가 지니고 있다. 종교 지도자들로 구성된 '보호자위원회' 등을 설치해 정부 내 종교권력을 극대화하는 장치도 마련되어 있다. 예를 들어 대통령선거는 보통선거에 의해 민주적으로 치르지만 대통령선거 후보가 되려면 이 위원회의 승낙이 필요하다. 선거 이후에도, 당선자는 최고지도자의 승인을 받아야 대통령이 될 수 있다. 사정은 군대도 비슷하다. 일반 군대는 국경을 방어하고 혁명수비대라는 별도의 조직이 혁명을 수호하는 체제이다. 이 혁명수비대가 일반 군대보다 조직도 더 크고, 영향력도 강한 것이 현실이다. 사회적으로도 종교적

색채가 강해졌다. 보수적 종교의 억압 때문에 혁명 이전에 누렸던 여성들의 자유가 급속히 감퇴되었다. 바시즈 민병대는 이슬람의 질서를 지키는 것이 주요 임무로, 길거리에서 히잡을 두르지 않은 여성을 단속하거나 젊은 남녀의 파티 등을 규제한다.

82 Greg Cashman, Leonard C. Robinson, *An Introduction to the Causes of War: Patterns of Interstate Conflict from World War I to Iraq*, Rowman & Littlefield 2007, chapter 5.

83 "Iran in Iraq," International Crisis Group.

84 U.S. Army, "A Timeline of Operation Desert Storm," *ARMY LIVE* 2013.2.26.

85 "Shitte Politics in Iraq: The Role of the Supreme Council," International Crisis Group 2007.

86 특히 인접한 파키스탄의 지원은 아주 중요했다. 당시 파키스탄은 이 지역의 주요 세력인 파슈툰족을 신경 쓰고 있었다. 이들은 파키스탄 북쪽과 아프가니스탄 남쪽에 퍼져 있던 민족으로, 자신들만의 국가를 원하는 민족주의 성향이 강했다. 소련군에 대한 저항이 자칫 파슈툰 민족주의의 폭발, 그리고 궁극적으로 새로운 국가 건설로 이어질 것을 파키스탄은 두려워한 것이다. 파키스탄 정부는 극단적 수니세력을 적극적으로 지지, 지원함으로써 대소련 투쟁이 민족주의를 키우는 대신 수니 이슬람의 투쟁이 되도록 유도하는 데 성공했다. 일단 수니의 투쟁으로 발전하자 아프가니스탄은 이들의 성지가 됐고, 수니파 지원병들이 중동 지역과 남아시아에서 줄지어 모여들었다. 그중 사우디아라비아 출신 오사마 빈 라덴이 있었다. 그는 동료들과 구성한 조직을 통해 자금을 모으고, 이를 비밀리에 아프가니스탄에 보내는 등 지도적 역할을 수행했다. 미국의 CIA, 파키스탄의 ISI 등 정보기관 등과 관계를 쌓는 등 서방과 무자헤딘을 잇는 정치적 교량 역할도 했다. Joy Aoun, Liora Danan, Sadika Hameed, Robert D. Lamb, Kathryn Mixon, Denise St. Peter, *Religious Movements, Militancy, and Conflict in South Asia*, Center for Strategic and International Studies 2012, pp.16~17.

87 남태현 『왜 정치는 우리를 배신하는가』, 창비 2014, 2장.

88 Zachary Laub, "The Taliban in Afghanistan," *Council on Foreign Relations* 2014.7.4.

89 "Afghanistan: The Massacre in Mazar-I Sharif," Human Rights Watch 1998.11.

90 바트당은 시리아에서 시작한 범아랍 정당으로 이라크에서 특히 세력이 강했다. 1960년대 바트당은 국정 운영에 참여할 정도의 정당으로 성장했고, 당의 주요 지도자였던 후세인의 지위도 그만큼 높아졌다. 이후 정권을 잡은 후세인은 바트당을 사당화하며 적극적으로 이용했다. 후세인 치하에서 바트당은 군사조직까지 갖추며 충실한 주구 노릇을 했고 이라크 북부의 쿠르드족, 남쪽의 시아파 등 정권을 위협하던 세력에 맞섰다. 후세인은 점차 바트당과 군대의 고위직을 자신의 부족(알부나시르족)을 비롯한 수니 부족 출신 사람들로 채웠다.

91 Miranda Sissons, Abdulrazzaq Al-Saiedi, "A Bitter Legacy: Lessons of De-Baathification in Iraq," *International Center for Transitional Justice* 2013.3.

92 Anthony H. Cordesman, "Iraq's Sectarian and Ethnic Violence and the Evolving Insurgency: Developments through mid-December 2006," Center for Strategic and International Studies.

93 "Mahdi Army," Standford University(http://web.stanford.edu/group/mappingmilitants/cgi-bin/groups/view/57).

94 M.J. Kirdar, "Al Qaeda in Iraq," Center for Strategic and International Studies 2011.

95 "The Clash Within Civilisations: How The Sunni-Shiite Divide Cleaves The Middle East," *The Global Mail* 2012.8.22.

96 Keith Crane, "The Role of Oil in ISIL Finances," Testimony presented before the Senate Energy and Natural Resources Committee on 2015.12.10.

97 "The Rise of ISIS," FRONTLINE PBS(http://www.pbs.org/wgbh/frontline/film/rise-of-isis).

98 "Efforts to stem the rise of the Islamic State," *The New York Times*, 2015.12.28.

99 「한국사 국정교과서 논란, 새누리당 '국정화는 국민 안위를 위한 길」, 『머니투데이』 2015.10.9.

6장

100 Taehyun Nam, Leonard Robinson, *Introduction to Politics 1st edition*, Kendall Hunt Publishing 2012; 김수행, 『자본론 공부』 돌배개 2014.

101 이현정 『지금 여기 협동조합: 우리 협동조합의 오늘을 말하다』, 어젠다 2013.

102 "Social Expenditure Database(SOCX)," The OECE(www.oecd.org).

103 버니 샌더스 웹사이트(https://berniesanders.com).

104 연방정부 기준보다 낮게 측정한 주는 딱 두 곳이다. 와이오밍과 조지아 모두 5.15달러로 정해놓았지만 연방정부 기준을 따라야 한다. 이들은 각각 정치적 이유에서 이렇게 낮게 책정해 놓았을 뿐 실질적으로는 아무런 소용이 없다.

105 버니 샌더스 웹사이트(https://berniesanders.com/issues/reforming-wall-street).

106 "Here's How Outrageous The Pay Gap Between CEOs And Workers Is," *The Huffington Post* 2015.8.27.

107 버니 샌더스 웹사이트(http://www.sanders.senate.gov/newsroom/recent-business/
    worker-owned-businesses-2014).

108 베른트 파울렌바흐, 「FES Information Series: 독일 사회민주주의 150년」, *FES Information
    Series* 2013.5.

109 "Social Benefits," Sweden Sverige(http://work.sweden.se/living-in-sweden/social-
    benefits).

110 Social Expenditure Database(http://www.oecd.org/social/expenditure.htm).

111 노르딕 모델과 사민주의의 성장은 다음을 참조. Matti Alestalo, Sven E.O. Hort, Stein
    Kuhnle, "The Nordic Model: Conditions, Origins, Outcomes, Lessons," *Hertie
    School of Governance-Working Papers*, No.41(2009.6); Steve Valocchi, "Origins
    of the Swedish WelfareState: A Class Analysis of the State and Welfare Politics,"
    Social Problems, Vol.39, No.2(1992.5); Rudolf Meidner, "Comments: The Rise and
    Fall of Swedish Model." *Studies in Political Economy* 39(1992); 손혜경, 「국제노동동
    향: 스웨덴의 새로운 노사 기본 협정 체결을 위한 논의」; 정병기, 「세계화 시기 코포라티
    즘 정치의 전환」, 「한국정치연구」 13집 1호(2004); Göran Therborn, Anders Kjellberg,
    Staffan Marklund, Ulf Öhlund, "Sweden Before and After Social Democracy: A First
    Overview." *Acta Sociologica* 1978-supplement, pp.37~58; 신광영 『스웨덴 사회민주
    주의」, 한울아카데미 2015.

112 이미 1907년에 산업노동자 48%가 노동조합에 가입했다.

113 Javier Corrales, "Explaining Chavismo: The Unexpected Allinace of Radical Leftists
    and the Military in Venezuela under Hugo Chavez," 미출간 2010.3; Harold A.
    Trinkunas, "The Transformation of Venezuela," *Latin American Research Review*
    Vol.45, No.3(2010); Dick Parker, "Chavez and the Search for an Alternative to
    Neoliberalism." *Latin American Perspective* Vol.32, No.2(2005); Anthony Spanakos,
    "Venezuela Before Chávez: Anatomy of an Economic Collapse," by Ricardo
    Hausmann and Francisco R. Rodríguez, *Americas Quarterly*, 2014(Summer); 카를로
    스 마르티네스·마이클 폭스·조조 파렐 『사회주의는 가능하다』, 임승수·문이얼 옮김, 시대의
    창 2012.

114 Kirk Hawkins, "Populism in Venezuela: The Rise of Chavismo," *Third World Quarterly*
    Vol.24, No.6(2003); Anthony P. Spanakos, "Review: Liberalism and Postliberalism in
    Bolivarian Venezuela," *Latin American Politics and Society* Vol.54, No.3(2012).

115 학문적으로 보면 포퓰리즘이라는 현상은 대중과 카리스마적 정치 지도자 사이 직접적 고리를 바탕으로 하며, 이 고리는 다른 정치 기관, 즉 정치정당이나 정부기관보다 우선시된다. 이들은 기존의 정치 지도자에게는 굉장히 적대적이다. 사회 문제의 근원이 기득권층의 무능과 부패에서 온다는 믿음이 강하기 때문이다. 덕분에 기존 엘리트 대신 자신들이 문제를 직접 해결하겠다는 의지를 표출하는 경향이 강하며, 그 운동의 양상은 흔히 대중적이고 비제도적이다. 카리스마적 지도자의 인기와 그에 대한 믿음이야말로 포퓰리즘의 핵심이다. 이렇게 본다면 차베스의 정치 스타일을 포퓰리즘으로 보는 데에도 큰 무리가 없을 수 있다. 하지만 이 말을 부정적 뜻으로 쓰는 것은 생각해볼 일이다. 차베스의 경우에서 보듯, 포퓰리즘은 대체로 기존 정치제도의 실패가 가져온 결과이다. 정당이나 정부가 인민들의 불만에 귀를 기울이고 문제 해결에 적극적이었다면 일상에 바쁜 사람들이 들고 일어설 리가 없다. 그런 면에서 포퓰리즘을 나쁘게 보는 것은 권력을 잃어버린 이들의 정치적 수사인 경우가 많다.

116 김순배, 「차베스 정책을 평가하다: 스티브 엘너 교수 인터뷰」 웹진 트랜스라틴, 서울대학교 라틴아메리카연구소(SNUILAS); "Factbox: Venezuela's nationalizations under Chavez," *Reuters* 2012.10.7.

117 "Factbox: Venezuela's nationalizations under Chavez," *Reuters* 201210.7.

118 Steve Brouwer, *Revolutionary Doctors: How Cuba and Venezuela are Changing the World's Conception of Healthcare*, Monthly Review Press 2011.

119 이 프로그램의 성공에는 쿠바의 도움이 결정적이었다. 초창기 정치적 반대와 의사들의 불참으로 난관에 봉착했지만 쿠바 의사들이 빈자리를 채우면서 상황이 변화했다. 이후에도 참여 의사의 절반가량은 쿠바 의사들이었다.

120 Russell Bither-Terry, *Anti-Hunger Policy in Brazil and Venezuela*, North Carolina at Chapel Hill 2008.

121 Mark Weisbrot, "Poverty Reduction in Venezuela," *ReVista: Harvard Review of Latin America*, 2008(fall); "How did Venezuela change under Hugo Chávez?" The *Guardian*, 2013.3.6.

122 "상대적 빈곤율이란 소득이 중위 소득의 50% 미만인 계층이 전체 인구에서 차지하는 비율을 말한다. 중위 소득이란 인구를 소득 순으로 나열했을 때 한가운데 있는 사람의 소득을 말한다. 예를 들어, 2009년도 우리나라 전국 가구의 가처분소득 기준의 상대적 빈곤율이 15.3%인데 이것은 우리나라 인구 전체를 연간소득 순으로 한 줄로 세웠을 때 딱 중간에 있는 사람의 소득이 4000만원이리고 하면 2000만원 미만인 사람의 비율이 15.3%라는 뜻이다. 상대적 빈곤율은 소득이 빈곤선(중위소득의 절반)도 안 되는 빈곤층이 전체 인구에서 차

지하는 비율로 상대적 빈곤율이 높다는 것은 그만큼 상대적으로 가난한 국민이 많다는 것을 의미한다." (통계청 웹사이트)

123 0은 완전평등, 1은 완전불평등 상태이다. 즉 수치가 클수록 불평등이 심각하다는 의미이다.

124 PDVSA 운영에 불만을 품은 관리자와 노동자들이 2002년 말 파업에 들어가면서 경제 전체를 위협했다. 3개월을 버텼지만 2만명에 이르는 파업 참여자들을 해고하면서 사태는 일단락됐다. 선거전도 뜨거웠다. 새 헌법에 따른 2000년 대선에서는 차베스는 60%의 득표율로 여유 있게 야당 후보 까르데나스(37.5%)를 눌렀다. 2006년에도 사정은 비슷했다. 하지만 2012년 마지막 대선에서 야권 후보는 44.3%를 얻으며 차베스(55%)를 위협했다. 그만큼 야권의 세가 커졌다는 반증이다.

125 "Venezuela: Oil shock and economic catastrophe," *Al Jazeera* 2016.6.14; "Venezuelan Government Losing Grip as Low Oil Prices Take Their Toll," *Times* 2015.12.8; "Recession, retrenchment, revolution? Impact of low crude prices on oil powers," *The Guardian* 2015.12.30; "How Bad Off Is Oil-Rich Venezuela? It's Buying U.S. Oil," *The New York Times* 2016.9.20; "Venezuela's PDVSA 2016 financial debt drops 6 percent to $41 billion," *Reuters* 20171.20; "Venezuela 2016 inflation hits 800 percent, GDP shrinks 19 percent: document," *Reuters* 20171.20.

7장

126 배순영 「한국정당의 보수성향에 관한 연구」, 부산대학교 정치학석사 학위논문.

127 「유승민 "헌법 가치 지켜야 제대로 된 보수"」, 『세계일보』 2016.5.31.

128 「이념평가」, 아산폴, 아산정책연구원 2013.6.30.

129 강원택 「제19대 국회의원의 이념 성향과 정책 태도」, 『의정연구』 제18권 2호(통권 제36호).

130 이동복 「위험수위에 서 있는 한국적 보수세력」, 『한국논단』 2012년 5월호.

131 배순영, 위의 논문, 33~35쪽.

132 「한반도 신뢰프로세스, 원칙만 내세우다 '제자리걸음'」, 『경향신문』 2015.2.22.

133 「박 대통령 UN 대북 강경 발언… "당분간 남북 대화 어려울 듯"」, 『중앙일보』 2014.9.25.

134 「'6·15선언 16주년' 새누리 "북핵 있는 한 공염불… 핵 야욕 포기해라"」, 『스포츠동아』 2016.6.15.

135 「"안보는 새누리"… 與, 북핵 변수에 정국 주도권 장악 태세」, 『연합뉴스』 2016.1.7.

136 「새누리당 지도부, 핵무장론 두고 의견충돌」, 「미디어오늘」 2016.1.8.

137 「개성공단 폐쇄… "북한이 아니라 우리가 뼈아프다"」, 뉴스타파 2016.2.18.

138 「개성공단 폐쇄 1년… "피해액 1조 5000억, 재개촉구"」, SBS 뉴스 2017.2.10.

139 신은미, 「재미동포 아줌마, 북한에 가다」, 「오마이뉴스」.

140 「박 대통령, '신은미 콘서트' 비판… 백색테러엔 침묵」, 「오마이뉴스」 2014.12.15.

141 「김진태 "정윤회씨가 신은미·황선보다 더 잘못했나」, 「오마이뉴스」 2014.12.15.

142 「황우여 "野, 종북세력 숙주 노릇 했는지 반성해야"」, 「조선닷컴」 2013.9.9.

143 「노동당, "종북연대" 발언 김을동 고발」, 「레디앙」 2014.7.29.

144 「여당 "조봉암 사형 정당… 통진당 해산해야"」, 「오마이뉴스」 2013.10.18.

145 「새누리 "이석기 유죄 판결, 민주당도 석고대죄해야"」, 「오마이뉴스」 2014.2.17.

146 「김진태 "이석기 사형시켜야 한다는 얘기 많다"」, 「조선닷컴」 2014.2.4.

147 「"나치정당" "공산화" "최악 내전"」, 「오마이뉴스」 2013.11.6.

148 「정해걸 "이석기 체포동의안에 반대한 31명, 종북 아니면 간첩"」, 「조선닷컴」 2013.9.6.

149 「대법원, 이석기 '내란 음모' 무죄… 징역 9년 확정」, 「한겨레」 2015.1.22. 대법원의 무죄판결은 헌재의 결정과 통진당 해체 뒤에 나와 논란이 되었다. 정당 해체의 주요 근거가 사라졌으나 정당은 이미 사라진 후였다. 대법원의 판결을 기다리지 않은 헌재의 결정이 당연히 도마 위에 올랐다.

150 「박 대통령 "민의 겸허히 받들겠다… 국회와 긴밀 협력"」, 「중앙일보」 2016.4.18.

151 「"통일은 대박이다" 장내 술렁이게 한 박 대통령 발언 전문」, 「민중의소리」.

152 「은수미 의원이 말하는 노동개혁: 해고가 더 쉬워지는 나라」, 「허핑턴포스트코리아」 2015.9.23.

153 새누리당만 노동권을 제도적으로 훼손해온 것은 아니다. 이는 김대중·노무현 정부에서도 이루어졌다. 「박근혜 정부 '노동5법'이 가짜 노동개혁인 이유」, 「한겨레」 2016.5.20.

154 김무성 대표최고위원 교섭단체대표 연설문.

155 「미국 최대 노조, 박근혜 정부의 노동탄압 비판」, 「경향신문」 2015.12.20.

156 「국제노총, 박근혜 대통령에게 "노동탄압 우려" 서한」, 「경향신문」 2015.11.25.

157 「한상균 징역 3년 확정… 국제사회 "석방" 촉구」, 「한겨레」 2017.5.31.

158 「박근혜 정부 3년 평가, 환경·에너지 정책 5점 만점에 2점」, 환경운동연합 2016.2.22.

159 「'묻지마' 원전 추진… 삼척, 제2의 부안되나」, 뉴스타파 2014.9.23; 「정부, 이 와중에 핵발전소 2기 증설 계획 공개」, 「쓰레시안」 2015.6.8; 「원자력산업실태조사」, 미래창조과학부 2015.4; 「'핵발전 중독' '전력 중독' 사회로 이끄는 7차 전력수급기본계획」, 「허핑턴포스트」

2015.6.26.

160 2013년 국제원자력기구(IAEA), 아랍에미리트, 미국, 일본, 중국, 프랑스, 스페인, 덴마크, 요르단, 벨기에 등 12개국으로 64건(전년 대비 23.1% 증가)에 1억 947만달러(전년 대비 73.0% 증가) 규모를 수출했다. 출처 미래창조과학부 자료(2015).

161 「원전 팔아 먹고살자는 MB, 수주 실적을 보니」, 『프레시안』 2012.11.28.

162 「李 대통령 "원전 수출, 나라 품격 높이는 것"」, 『아시아경제』 2010.1.13.

163 「"신고리 5·6호, 4조 지역경제 효과는 허구"」, 『국제신문』 2016.6.24.

164 「與 "건설 불가피" 수긍… 野 "시민안전 위협" 성토」, 『국제신문』 2016.6.24.

165 「영덕군수, 원전 필요 입장 재확인」, 대구MBC 뉴스 2015.4.14.

166 「김대수 삼척시장 "원전유치로 세계적 에너지 도시 건설"」, 『더리더』 2011.3.10.

167 「소통·통합·복지·경제민주화보다 성장·발전·시간제 일자리 중시」, 『신동아』 2014.2.

168 「경제민주화 대선 공약 "박근혜 정권, 이행한 것 거의 없어"」, 『레디앙』 2016.1.21.

169 「역대급 경제민주화? 재벌회장이 웃는다」, 『오마이뉴스』 2016.1.22.

170 「朴 대통령 "지금 교과서로 배우면 북한에 의한 통일돼"」, 『연합뉴스』 2016.4.26.

171 "비약적인 발전의 발판이 된 (…) 새마을운동은 경쟁과 인센티브를 통해 자신감과 주인의식을 일깨우고, 주민의 참여 속에 지역사회의 자립기반을 조성한다." 박근혜 전 대통령, UN 총회 기조연설. 『한겨레』 2015.9.29.

172 「리퍼트 대사 "북한 위협 대비, 첨단 군사력 배치"」, *Voice of America* 2015.6.5.

173 「릴리 주한 미국대사 임기 종료 귀국」, MBC뉴스 1989.1.3.

174 여기에 미군의 핵우산, 한미연합군의 압도적 군사력과 군예산, 한국 단독으로도 북한을 쉽게 제압할 수 있다는 국군의 자신감 등은 빠져 있다. 위험이라는 개념은 절대적일 수 없으며 언제나 상대적이다. 그런 면에서 우리가 흔히 듣는 '북한의 위협'이라는 말은 반북의 정치 수사일 따름이다. Taehyun, Nam "Book Reviews: Red Rogue: The Persistent Challenge of North Korea by Bruce E. Bethel, Jr," *Contemporary Security Policy*, No.29, Vol.2, 2008, pp.388~90.

175 「한강의 기적 만든 건… 미국의 '보이지 않는 손'」, 『경향신문』 2017.3.28.

176 「리퍼트 대사 '쾌유 기원' 정치인 등 병문안 잇따라」, 『뉴시스』 2015.3.8.

177 「리퍼트 美 대사 쾌유 기원에 부채춤까지…」, 『경향신문』 2015.3.8.

178 「박근혜 한국 대통령 "북한, 남남갈등 조장… 사드배치 정쟁화 안 돼"」, *Voice of America* 2016.7.21.

179 Leonard Robinson, Taehyun Nam, *Introduction to Politics*, Kendall Hunt 2012.

180 "The legal fight over North Carolina's transgender bathroom law, in 4 questions." *The Washington Post* 2016.5.9.

181 "Global Warming: What Should Be Done?" *The New York Times* 2015.1.29.

182 "Bill O'Reilly on Boston's Extreme Snow and Global Warming."(https://www.youtube.com/watch?v=IAKD0MUsEFl)

183 "Why Are U.S. Health Care Costs So High?" *Forbes* 2012.3.1.

184 Tara Parker-Pope, "Medical Bills Cause Most Bankruptcies," *The New York Times Blog* 2009.6.4.

185 "6 reasons health care costs keep going up," *CNN Money* 2012.7.12.

186 "Health expenditure, total(% of GDP)," The World Bank(http://data.worldbank.org/indicator/SH.XPD.TOTL.ZS).

187 Julie Appleby and Kaiser Health News, "Seven Factors Driving Up Your Health Care Costs," *PBS Newshour* 2012.10.24.

188 "Health Care for Members of Congress?" FactCheck.Org(http://www.factcheck.org/2009/08/health-care-for-members-of-congress).

189 "Is Employer-Based Health Insurance Worth Saving?" *Economix* 2009.5.22.

190 Mary Mahon, Bethanne Fox, "Insured and Still at Risk: Number of Underinsured Adults Increased 80 Percent Between 2003 and 2010," The Commonwealth Fund 2012.7.20.

191 "Medical bills prompt more than 60 percent of U.S. bankruptcies," CNN 2009.6.5.

192 "Obama & Health Care: The Straight Story" *The New York Review of Books* 2012.6.21.

193 Joie Meissner, N.D. "Unraveling the Crisis in American Healthcare," *Vital News* 2013 (Spring).

194 "Sick Around America." PBS Frontline(http://www.pbs.org/wgbh/pages/frontline/sickaroundamerica/consumer).

195 이 액수가 어마어마해 보이기는 하지만 사실 그렇게 큰 숫자는 아니다. 2011년 한해 텍사스의 한 카운티(한국으로 치면 군 같은 행정 단위)에서만 공공병원 관리와 보험 없는 사람들을 지원하기 위해 5억달러를 지출했다. 이렇게 쓰는 돈(텍사스의 카운티 숫자는 254개)이 다른 데 쓰일 수 있게 되니 텍사스 주로서는 커다란 혜택이 아닐 수 없다.

196 Manny Fernandez, "Texas Counties Fear Residents Will Pay the Price of Perry's

Medicaid Rebuff," *The New York Times* 2012.7.17.

197 텍사스 주지사 페리와 오바마케어에 관한 설명의 일부는 『왜 정치는 우리를 배신하는가』에서 인용했다.

198 1980년대 민주당에서 텍사스 주의원으로 정치를 시작할 때만 해도 온건한 보수였다. 공화당으로 당적을 옮기고서도 중도적 성향을 유지했다. 예를 들어 1993년 당시 민주당 대통령의 퍼스트레이디인 힐러리 클린턴이 논란이 많았던 의료보험 개혁을 추진할 때 그 노력을 응원하는 내용의 편지까지 보냈다. 2000년대 초, 처음 주지사로 활동하기 시작할 때까지도 성소수자, 의료보험, 이민자들에 대해 균형적·실용적 시각을 유지했다.

199 "As Texas grew more Republican and conservative, Perry's politics evolved," *The Dallas Morning News* 2011.11.19.

200 "Obamacare Investment Income Tax: Wealthy To Pay 3.8 Percent Surcharge On Capital Gains, Dividends," *Reuters* 2012.4.12.

201 "The Anti-Obamacare FAQ," *Slate* 2014.11.14.

202 "Defending the Affordable Care Act," The US Department of Justice(http://www.justice.gov/healthcare).

203 "Status of the Lawsuits Challenging the Affordable Care Act's Birth Control Coverage Benefit," National Women's Law Center 2015.4.21.

204 "With latest Obamacare repeal vote, GOP sets 'record' for futility," *The Washington Post* 2015.2.3.; "The House has voted 54 times in four years on Obamacare. Here's the full list," *The Washington Post* 2014.3.21.

8장

205 "Ghosts Of Rwanda," Frontline PBS 2004.4.1; "Rwanda's Untold Story" BBC, 2014.

206 John F. Clark, "Rwanda: Tragic Land of Dual Nationalisms," Barrington ed., *After Independence: Making and Protecting Nation in Postcolonial and Postcommunist States*, The University of Chicago Press 2006, pp.162~86.

207 독립한 르완다의 초대 대통령이 된 카이반다는 식민지 시절 가톨릭계 신문의 편집장이 되어 후투 민족주의를 이끌었다. 커피조합을 꾸려 후투 농민들의 경제발전을 도모함과 동시에 후투계 지도자들의 양성에 열을 올렸다. 1957년에는 후투 지도자들이 성명서를 발표해 현재

의 정치체제를 비난하고 소외되었던 후투의 정체성을 강조하면서 르완다에 큰 파장을 일으켰다. 한편으로는 북쪽의 후투 부족장들이 정치연합체를 꾸리며 후투의 정치세력화가 가속화되었다. 이러한 후투 민족주의의 성장은 자연히 투치를 자극했고 이들은 더욱 강화된 투치 민족주의로 맞섰다. 이 와중에 일어난 1959년의 충돌은 수백명의 사망자를 내면서 양측에 씻을 수 없는 적개심을 불러넣었다. 이런 상황에서 정치정당의 발달이나 선거는 기대했던 결과를 불러오지 못했다. 서구가 기대했듯이 민주체제 발달을 통해 안정된 정치를 이루는 대신 양측은 새로운 제도를 통해 자신들의 이익을 극대화하기에 혈안이 되었다. 결과적으로 민주체제가 민족주의적 대립을 오히려 고조시킨 것이다. 혼란스럽고 대립이 심한 정치판에서 늘 그렇듯이 투치-후투 양측 모두 가장 강경한 목소리를 대변하는 정당들이 가장 많은 지지를 얻어냈고, 양측의 거리는 점점 더 멀어졌다.

208 "Rwanda File"(www.rwandafile.com/rtlm); Meghan Lyon, "Radio in the Rwandan Genocide," *Dukr University Libraries Blog* 2013.5.10; "After the Genocide: When a people murders up to a million fellow-countrymen, what does it mean to survive?" *The New Yorker* 1995.11.18.

209 Colette Braeckman, "Incitement to Genocide." Crimes of War(www.crimesofwar.org).

210 David Yanagizawa-Drott, "Propaganda vs. Education: A Case Study of Hate Radio in Rwanda," *The Oxford Handbook of Propaganda Studies*, Oxford University Press 2013; David Yanagizawa-Drott, "Propaganda and Conflict: Evidence from the Rwanda Genocide," *The Qurterly Journal of Economics* Vol.129, No.4(2014).

211 Greg Cashman, Leonard C. Robinson. *An Introduction to the Causes of War: Patterns of Interstate Conflict from World War I to Iraq*, Rowman & Littlefield Publishers 2007.

212 "US public backs Bush to go it alone," *The Guardian* 2003.2.11.

213 Naco, Bloch-Elkon, Shaprio eds., *Selling Fear: Counterterrorism, The Media, and Public Opinion*, The University of Chicago Press 2011; "Buying the War," Bill Moyers' Journal, the PBS.

214 이렇게 정국을 전환할 수 있었던 것은 정말 놀라운 일이었다. 테러 사태는 부시 정권의 무능을 보여주는 것이었기 때문이다. 여러차례 테러를 막을 수 있는 기회가 있었기에 정부를 비난하는 형국으로 갈 수도 있었지만 정부의 적극적 개입으로 사태를 역전했다.

215 「War Room With Wolf Blitzer」, CNN 2001.11.19.

216 "Mohamed Atta Was Here… And met with Saddam Hussein's man in Prague," *The*

Weekly Standard 2002.8.12.

217 "A Necessary War: Unless Saddam Hussein is removed, the war on terror will fail," *The Weekly Standard* 2002.10.21.

218 "Prague Connection," *The New York Times* 2001.11.12.

219 「Fox News」 2002.8.1.

220 "U.S. Says Hussein Intensifies Quest for A-Bomb Parts," *The New York Times* 2002.9.7.

221 "Irrefutable," *The Washington Post* 2003.2.6.

222 "CNN Chief Orders Balance in War News," *The Washington Post* 2001.10.31.

9장

223 "Joint Meeting & Joint Session Addresses Before Congress by Foreign Leaders & Dignitaries," United States House of Representatives(http://history.house.gov/Institution/Foreign-Leaders/Joint-Sessions).

224 "Israel, the Palestinians," PollingReport.com 2017.2.1~5(http://www.pollingreport.com/israel.htm).

225 AIPAC Policy Conference(www.policyconference.org).

226 "The Israel Lobby," *London Review of Book* 2006.3.23; "U.S. foreign aid to Israel: 2014 congressional report" 2015.3.2(http://journalistsresource.org); Jeremy M. Sharp, "U.S. Foreign Aid to Israel," Congressional Research Service 2014.4.11.

227 John Mearsheimer, Stephen Walt, *The Israel Lobby*, Farrar, Straus & Giroux 2007. 한국어판은 『이스라엘 로비』. 형설출판사 2010.

228 "The Israel Lobby," *London Review of Book* 2006.3.23; John Mearsheimer, Stephen Walt, *The Israel Lobby*, Farrar, Straus & Giroux 2007.

229 '한국통'이라고 불리는 인사가 한두명 될까말까 하고 그것도 낮은 자리의 관리인 것을 생각해보면 이들의 힘을 상상해볼 수 있다.

230 이스라엘 군인들이 레바논 남부, 이스라엘과의 국경에서 한 무장단체인 헤즈볼라의 공격을 받아 그중 일부가 납치당하는 일이 벌어졌다. 헤즈볼라가 레바논 내의 한 단체였으니 이들에 대한 공격은 곧 레바논에 대한 침공으로 이어졌다. 민간인 피해가 커지자 UN의 안전보장

이사회 내에서 휴전을 요구하는 목소리가 커졌다. 하지만 이사회는 휴전을 강제할 의정서를 발표하지 않았다. 거부권을 가진 미국의 반대 때문이었다. 부시 행정부는 테러단체인 헤즈볼라가 존재하는 한 이런 전투와 침공은 되풀이될 것이라면서 이들을 제거할 충분한 시간을 이스라엘 군대에 주고자 했다. 정부 내 친이스라엘 인사들의 정치적 조직화가 없었다면 이러한 발상 자체가 불가능했을 것이다.

231 "Jewish Members of U.S. Congress: 114th Congress," Jewish Virtual Library(www.jewishvirtuallibrary.org).

232 Israel Allies Foundation website(www.israelallies.org).

233 "Franks Introduces Bill to Recognize Jerusalem and Golan Heights, Move American Embassy in Israel to Jerusalem," US Congressman Trent Franks' website(franks.house.gov).

234 "America's Changing Religious Landscape," Pew Research Center 2015.5.12.

235 서유럽 내 유대인 박해의 오랜 역사를 보면 알 수 있듯이, 기독교 교육을 받았다고 자동적으로 유대인들에게 우호적으로 되는 것은 아니다. 하지만 현대 미국 사회에서는 이런 교육이 이스라엘에 대한 이해로, 더 나아가 친밀감으로 이어지고 있는 상황이다.

236 남태현 『왜 정치는 우리를 배신하는가』, 창비 2014; 「Bill Moyer's Journal」, PBS 2008.3.7(www.pbs.org/moyers/journal/03072008/watch.html).

237 쿠파 웹페이지.

10장

238 "Inside the Koch Brothers' Toxic Empire," *Rolling Stones* 2014.9.24; "Covert Operations," *The New Yorker* 2010.8.30; Tony Carrk, "The Koch Brothers," The Center for American Progress Action Fund 2011.4; "How The Koch Brothers Remade America's Political Landscape," The National Public Radio 2014.5.21.

239 "The 2012 Money Race: Compare the Candidates"라는 『뉴욕타임스』의 웹페이지 (http://elections.nytimes.com/2012/campaign-finance)를 보면 항목별 2012년 선거 비용을 알아볼 수 있다. OpenSecrets.org의 "2012 Presidential Race" 페이지(https://www.opensecrets.org/pres12)도 참조함.

240 "In Wichita, Koch Influence Is Revered and Reviled," *The New York Times* 2014.6.17.

241 그는 수돗물 불소화도 정부의 개입이라며 반대했다. 재미있게도 이 주장은 큐브릭 감독 1964년작인 「닥터 스트렌지러브」에서 중요한 모티프로 쓰였다.

242 Leonard Robinson, Taehyun Nam, *Introduction to Politics*, Kendall Hunt 2012.

243 "Rand Paul Created ISIS," *The Wall Street Journal* 2015.5.27.

244 "Poll: 22 percent of Americans lean libertarian," *The Washington Post* 2013.10.29.

245 "Koch Industries Pollution," The Green Peace website(www.greenpeace.org/usa).

246 최근 관심사 중 하나는 바로 지구의 기후변화이다. 오바마 대통령이 지구온난화와 인간의 행위 사이의 인과관계가 과학적으로 결론이 난 사안이라고 하자마자, 카토 연구소는 대대적인 공세를 퍼부었다. 이는 단지 이론일 뿐이고 정부의 시장개입의 핑계에 지나지 않는다는 것이다. 기후변화가 과학적 사실로 굳어지면 연방정부가 문제해결을 위해 나서게 될 것을 걱정하는 자유지상주의자들의 전형적인 반응이었다고 할 수 있다.

247 1997년에 연방환경국은 정유소 등 산업체에서 대량으로 발생시키는 오존물질을 규제하는 법안을 준비했다. 그러자 머카터스센터에 속한 수전 더들리 박사는 환경국 측이 오염물질을 줄이면 피부암이 늘어날 것이라는 황당한 주장을 펴면서 이 정책을 비난했다. 결국 이 연구는 법정까지 가서 연방환경국의 발목을 잡았다. 코크 형제의 정치적 승리였다. 2009년에는 환경국이 지구온난화를 연구할 필요가 있느냐며 도전했고, 2012년에는 정부의 의료보험 개혁이 정부의 재정적자를 악화시켜 경제를 몰락으로 이끌 것이라는 연구를 발표해 물의를 일으켰다. "Koch Industries Climate Denial Front Group: Mercatus Center," The Green Peace website.

248 "TED Case Studies: US BTU Tax," The American University Website(www1.american.edu/TED).

249 Suzanne Goldenberg, "Tea Party movement: Billionaire Koch brothers who helped it grow," *The Guardian* 2010.10.13.

250 "Americans For Prosperity," OpenSecrets.org(https://www.opensecrets.org/outsidespending/detail.php?cmte=Americans+for+Prosperity&cycle=2014).

251 AFP가 '비정치단체인가' '정당과의 연계가 정말 없었는가'라는 의혹 및 논란은 끊임없이 제기되고 있다.

252 총 13명의 의원 후보(이 가운데 8명이 상원)가 이들의 공격의 대상이었는데 이중 8명이 실제로 선거에서 패했다. 이들의 선거 개입이 60% 이상의 성공률을 보인 것이다. 13명이라는 숫자가 그렇게 많아 보이지 않을 수 있지만 그렇지 않다. 미국 선거라는 것이 많은 경우 지역 등 여러가지 사정으로 결과가 뻔한 경우가 많다. 예를 들어 텍사스에서는 공화당 후보가,

캘리포니아에서는 민주당 후보가 상당한 우세를 보이는 식이다. 그러니 정말 예측할 수 없는 선거의 수는 상대적으로 적은데, 그 가운데서도 가장 치열하고 정치적으로 민감한 후보를 고른 것이니 AFP의 개입을 무시하기는 어렵다.

253 "AFP Holds Senator Pryor Accountable for ObamaCare," Youtube(www.youtube. com).

254 "The Tea Party movement: deluded and inspired by billionaires," *The Guardian* 2015.10.25.

255 "Koch Industries," OpenSecrets.org(https://www.opensecrets.org/orgs/summary. php?id=D000000186).

256 "Koch Brothers' Budget of $889 Million for 2016 Is on Par with Both Parties' Spending," *The New York Times* 2015.1.26.

11장

257 2016년 6월 현재 공산당은 중의원 475석 중 21석, 참의원 242석 중 11석을 차지하고 있다.

258 김석범 『화산도 3』, 보고사 2015.

259 Rose Reed, "Teaching Democracy: Education Reforms During the Allied Occupation of Japan, 1945~1952," *Masters' thesis of History Department*, Washington State University 2007; Yuan Cai, "The Rise and Decline of Japanese Pacifism," *New Voice* Vol.2; Ruriko Kumano, "The US Occupation and Japan's New Democracy," *Educational Perspectives* Vol.40, No.1(2007).

260 앞서 언급한 교사의 사상검증에도 교원노조가 적극적 역할을 했다.

261 「어버이연합 10년 활동 분석… 알고보니 원조 진박」, 『뉴스타파』 2016.4.28.

262 「어버이연합·고엽제전우회 등, '역사학대회'에 난입해 막말을 쏟아내다」, 『한겨레』 2015.10.30.

263 「어버이연합 집회 '일당 2만원 탈북자 동원' 장부 나와」, 『경향신문』 2016.4.11.

264 「보수집회 동원 탈북 할아버지 "하루 2만원이 어디야"」, 『한겨레』 2016.4.24.

265 「일당 2만원에 '집회 동원'… 불·탈법에 내몰리는 그들」, JTBC뉴스 2016.4.28.

266 「전경련, 어버이연합에 서엑 입금 의혹 … 확인해보니 」, JTBC뉴스 2016.4.19.

267 「어버이연합과 전경련, 청와대 '검은 커넥션' 의혹 총정리」, 『한겨레』 2016.4.22.

268 「"전경련 돈 추선희 차명계좌 입금되면 기다렸다는듯 보수단체로 빠져나가"」, 『한겨레』 2016.4.21.

269 「"전경련, 어버이연합 차명계좌에 4억원 추가 송금"」, 『한겨레』 2016.4.26.

270 「CJ·SK하이닉스도 어버이연합에 '수상한 돈' 송금」, JTBC뉴스 2016.4.27.

271 「돈으로 만난 탈북자-어버이연합, 결국 돈 때문에 파국」, 『한국일보』 2016.5.3; 「끊이지 않는 증언… 배후설 논란에 청와대 "사실 아냐"」, JTBC뉴스 2016.4.21; 「어버이연합 "청와대가 보수집회 지시했다"」, 『시사저널』 2016.4.20; 「"청와대 행정관이 집회 열라고 문자 보냈다"」, 『시사저널』 2016.4.22.

272 「시대정신-전경련-청와대-국정원… '4각 커넥션' 드러나나」, JTBC뉴스 2016.5.10; 「어버이연합 각종 집회 '국정원 배후설, 살펴보니」, JTBC뉴스 2016.5.3.

273 「문성근 "국정원이 나를 겨냥, 어버이연합에 돈 주고 관제시위 공작"」, 『한국일보』 2017.9.18.

274 「경찰, 최근 3년간 '어버이연합 집회 신고' 모두 허용」, JTBC뉴스 2016.6.9.

275 「'유령법인' 비전코리아…정부, 3500만원 지원 배정」, JTBC뉴스 2016.4.21.

276 『일년에 딱 한권으로 끝: 6학년 1학기』, 도서출판아이옥스 2011, 33면.

277 「박근혜 대통령 "지금과 같은 교과서로 배우면 정통성은 북한에"」, 『경향신문』 2016.4.26.

278 "박근혜 대통령은 2014년 1월 친일, 독재를 미화했다는 비판을 받는 '교학사 한국사 교과서'가 현장에서 거의 채택되지 않자, 2014년 2월 교육부 업무보고를 받는 자리에서 '이번 기회에 사실에 근거한 균형잡힌 역사교과서 개발 등 제도 개선책을 마련하라'고 지시했다. 교육부 공문에 따르면 교육부는 이 지시를 받아 교과서 개선 작업을 추진했다. 대통령과 정부 여당이 지지하는 교학사 한국사 교과서가 현장에서 외면받자, 아예 국가가 발행하는 방식인 국정체제로 교과서 발행 방식을 바꿔버린 셈이다." 「박근혜의 '자식된 도리'… 국정교과서」, 뉴스타파 2015.10.15.

279 「정부 맘에 쏙 든 교학사 『한국사』, 뭘 더하고 뭘 뺐나」, 『오마이뉴스』 2015.10.15.

280 「'교학사'의 한국사 재해석… 독재·친일까지 '긍정사관'으로 합리화」, 『경향신문』 2013.10.30; 「교학사 교과서 수정본도 오류 600건…박정희 미화 여전」, 『프레시안』 2013.12.18; 「교학사 한국사 교과서 문제점 총정리」, 오마이뉴스TV 2013.9.12; 「'천안함 폭침', 중·고교 역사 교과서 중 '교학사'만 기술」, 국민통일방송 2014.3.24.

281 「권영길-심판대에 오른 공약」, 『한겨레』 2002.12.2; 「민주노동당 권영길 후보-공약과 과제」 『노동과 세계』 2007.11.8.

282 「녹색당 2016총선 정책 공약집」, 녹색당 홈페이지(www.kgreens.org).

283 비례대표 국회의원 의석은 각 의석 할당 정당의 득표 비율에 비례대표 국회의원 의석 정수

(이하 이 조에서 "의석 정수"라 한다)를 곱하여 산출된 수의 정수(整數)의 의석을 당해 정당에 먼저 배분하고 잔여 의석은 소수점 이하 수가 큰 순으로 각 정당에 1석씩 배분하되, 그 수가 같은 때에는 당해 정당 사이의 추첨에 의한다(189조 3항).

284 「독일식 정당명부제가 보고 싶어요! 」, 『경향신문』 2016.5.7.

285 「박 대통령 지지율 30%, 취임 이후 최저를 경신」, 『요미우리신문』 2015.1.23.

286 「朴 "악성 유언비어, 사회적 혼란 야기 불순 의도… 끝까지 추적"」, 『헤럴드경제』 2014.4.21.

287 「이것만 보면 다 안다, 최순실 게이트 총정리」, 『한겨레』 2016.9.26; 「어버이연합과 전경련, 청와대 '검은 커넥션' 의혹 총정리」, 『한겨레』 2016.4.22; 「'성완종 리스트' 총정리… '경남기업 수사'에서 '대선 자금' 메모까지」, 『한겨레』 2015.4.12; 「한 눈에 딱 들어오는 '정윤회 파문' 총정리」, 『한겨레』 2014.12.6; 「청와대의 '세월호 보도' 통제 드러났다. 『한겨레21』 2016.7.4; 「국정원 대선 개입」, 뉴스타파.

288 「체코 총리, 사임… "부인 감시" 스캔들 책임」, 『교도통신사』 2013.6.17; "Q&A: Czech scandal," BBC News 2013.6.17.

세계의 정치는 어떻게 움직이는가

초판 1쇄 발행/2017년 10월 13일

지은이/남태현
펴낸이/강일우
책임편집/최지수 김효근
조판/박지현
펴낸곳/(주)창비
등록/1986년 8월 5일 제85호
주소/10881 경기도 파주시 회동길 184
전화/031-955-3333
팩시밀리/영업 031-955-3399 편집 031-955-3400
홈페이지/www.changbi.com
전자우편/nonfic@changbi.com

ⓒ 남태현 2017
ISBN 978-89-364-8620-4 03300